Unfreiwillige Wege
Auf den Spuren der Familie Trinker

Die Autorin

Christa Malitz-Picard, 1950 in Bremen geboren und dort aufgewachsen, lebt mit ihrem Mann in Worpswede und ist hier schriftstellerisch tätig. Bisher sind von ihr erschienen: *Annas Weg* (2013), *Die Engelkens – Eine Familiengeschichte aus dem Teufelsmoor* (2014) sowie die Krimis *Mord im Moorexpress* (2019), 4. Aufl. (2018), *Verschollen im Teufelsmoor* (2018), *Moorblues* (2019).

Christa Malitz-Picard

Unfreiwillige Wege

Auf den Spuren der Familie Trinker
Eine Familiengeschichte

Edition Falkenberg

Bildnachweis:
Gemeinfrei: 135, 136. Alle übrigen Abbildungen stammen aus dem Familienarchiv der Autorin.

Titelabbildungen:
Der Zächerlegghof heute. Foto von Christa Malitz-Picard (oben).
Emigrant Hans Gruber aus Kärnten mit seiner Familie. Kupferstich von Elias Bäck (unten) © gemeinfrei

Erste Ausgabe 2011 im Schardt Verlag, Oldenburg.
2. Auflage 2020

ISBN 978-3-95494-206-0
www.edition-falkenberg.de

Inhalt

1. SALZBURGER LAND

2. DIE EMIGRATION

3. OSTPREUSSEN

DIE TRINKERS IN OSTPREUSSEN – VOR UND IN DEN ZWEI WELTKRIEGEN

DIE ZWEITE VERTREIBUNG DER TRINKER JANUAR 1945

1. SALZBURGER LAND

Christina und Martin, Gut Ranstl

Noch waren die umliegenden Wiesen und Berge vom Schnee bedeckt. Die wärmenden Strahlen der Vormittagssonne ließen eine Ahnung vom baldigen Frühling aufkommen. An einem anderen Tag hätte es Martin längst hinausgetrieben, in den Stall oder auch in der Mühle nach dem Rechten zu schauen oder auch Holz zu hacken oder Zäune zu reparieren. Doch heute hielt es ihn im Haus fest. Unruhig lief er durch die Stube, er konnte sich kaum ablenken und die Zeit erschien ihm endlos. Auch das Gesinde hielt inne, bis auf die Hausmagd, die eifrig zwischen Küche und Schlafkammer hin- und hereilte.

Dann hörte er den Schrei, die Hebamme rief ihn zu seiner Frau und zeigte ihm den neugeborenen Sohn, einen gesunden Buben, noch ganz rot und gezeichnet von der Geburt, die Augen geschlossen, das Mündchen und die kleinen Fäuste schon in Bewegung.

Vorsichtig näherte sich Martin dem Ehebett in der Schlafkammer. Christina sah erschöpft aus, doch Gott sei Dank, hatte sie auch diese Geburt gut überstanden. Er küsste seine Frau vorsichtig auf die Stirn. Sie lächelte, nahm den Sohn, der ihr von der Hebamme gereicht wurde, und legte ihn das erste Mal an die Brust.

Wenig später duften auch die fünfjährige Margaretha und der zweijährige Johannes ihren kleinen Bruder sehen. Sie sahen ernst und still auf das neugeborene Kind, das jetzt satt und müde von der Geburt in der geschnitzten und bemalten Familienwiege schlief.

Schon eine Woche später, am 14. März 1689 wurde der Säugling in der Kirche von Altenmarkt auf den Namen Wolfgang getauft, zu Ehren von Martins Vater Wolf Drinkher. Margaretha und Johannes standen mit vor dem Taufbecken. Die beiden Kinder schauten mit großen Augen zu, wie ihr kleiner Bruder mit dem Weihwasser bespritzt, heftig zu schreien begann. Martinus dankte Gott ein wiederholtes Mal, dass dieser ihm einen zweiten gesunden Sohn beschert hatte und seine Frau wieder wohlauf war.

Lieber hätte er Wolfgang und zuvor auch schon Johannes nach dem lutherischen Ritus taufen lassen, aber es gab im Salzburger Land weder evangelische Geistliche noch Kirchen, die Lehre war gänzlich verboten.

Martin und seine Ehefrau Christina bekannten sich schon lange zum lutherischen Glauben, studierten die Bibel und evangelische Schriften, hielten gemeinsame Andachten mit ihrem Gesinde und Gleichgesinnten. Doch musste es heimlich geschehen, vor der Obrigkeit verborgen.

Das Salzburger Land war zu dieser Zeit ein großes Erzbistum; der Erzbischof gleichzeitig der kirchliche und weltliche Herrscher. Kraft seiner weltlichen Hoheitsrechte, die ihm vom Kaiser übertragen wurden, regierte der Erzbischof als Reichsfürst eines der größten und reichsten geistlichen Territorien des römisch-deutschen Reiches.

Bereits im 8. Jahrhundert war die Erzdiözese gegründet worden und hatte selbst im Verlauf der heftigen Auseinandersetzungen des Mittelalters ihre Unabhängigkeit gegenüber den österreichischen und bayerischen Dynastien behaupten können.

Ein Salzburger Erzbischof, Matthäus Lang von Wellenberg, führte den Vorsitz bei dem Wormser Reichstag 1521, auf dem Martin Luther seinen offenen Bruch mit der katholischen Kirche vollzog. 1529 wurde der Erzbischof von Salzburg anstelle des Erzbischofs von Magdeburg Primas von Deutschland, als diese nördliche Metropole sich zum evangelischen Glauben bekannte.

Salzburgs bischöflicher Hof und Staat war weit entfernt von den Lebensbereichen der Bauern des Fürstentums. Diese lebten verstreut auf einzelnen Gutshöfen an den Berghängen und in Hochtälern, nur selten zu Dörfern gruppiert. Die politischen und religiösen Behörden der Provinzstädte hatten wenig Einfluss auf die Bergbauernfamilien, die wirtschaftlich weitgehend unabhängig von den Städten ein deutliches Autonomiebestreben entwickelten.

Das Leben der Bergbauern, ihres Gesindes und der Handwerker auf dem Lande war hart. So mussten auch Martin und Christina schwer arbeiten, um den Lebensunterhalt für die Familie zu erwirtschaften.

Martin war zur Zeit der Eheschließung noch als Zimmermann im Sägewerk des Gutes Ranstl in Reitdorf angestellt. Er wirtschaftete gut und so konnte er einige Jahre später dem Bauern das Sägewerk abkaufen. Dazu gehörte ein kleines Gehöft weit oberhalb von Reitdorf. Auf den Wiesen ober- und unterhalb grasten in den warmen Monaten zwei Kühe und einige Schafe. Das Gelände war steil und schwer zu mähen, der schneereiche Winter schien oft nicht enden zu wollen und die Vorräte wurden knapp. In dieser Zeit wurde überall in der Umgebung das Holz geschlagen und zu den Sägemühlen gebracht. So hatte Martin viel zu tun, verdiente genug für den Lebensunterhalt der Familie. In den wärmeren Monaten mussten immer wieder die Zäune erneuert und das aus Holz bestehende kleine Wohnhaus, der Stall und die Heustadel ausgebessert werden. Auch Christina und ihre Magd hatten viel zu tun, jeden Tag melken, füttern, kochen, buttern und käsen, das Gemüse und die Kräuter im Garten am Haus anbauen, alle zwei Wochen Brot backen, einmal im Monat große Wäsche machen. Immer wieder wurde geschlachtet, vor allem vor den Festtagen, das Fleisch von den Frauen weiter verarbeitet. Im Brechelbad, einem Gebäude mit einem großen Ofen, musste der Flachs getrocknet werden, bevor er zu Leinen verarbeitet wurde. Vor allem im Winter wurde gesponnen, gewebt, gestrickt und geflickt.

Doch bestand das Leben nicht nur aus Arbeit und Gebet, es wurde auch gefeiert, einmal im Monat das Brechelbad eingeheizt und alle Familienmitglieder und auch das Gesinde nahmen nackt ein Schwitzbad. Als von kirchlicher Seite ein Badeverbot aus sittlichen Gründen erging, konnte dies Martin und Christina wie viele andere Pongauer Bauern nicht davon abhalten; sie setzten ihre Tradition fort. Wie gesagt, die Salzburger Bergbauern waren ein freiheitsliebendes Volk, das sich nicht gerne Vorschriften machen ließ.

Bereits zur Lebenszeit Luthers fanden erste Prediger seiner Lehre ihren Weg in die Stadt und das Land Salzburg. Sie wurden entweder des Landes verwiesen oder zum Tode verurteilt und hingerichtet. Dennoch verbreitete sich seine Lehre rasch bis in die entlegensten Täler des Erzstiftes.

Der schlechte Bildungsstand und Lebenswandel der damaligen Priester sowie die Verpflichtung zu den hohen Abgaben an die Geistlichen hatten die Bergbewohner schon seit langem verärgert. Viele Priester, die von der Kanzel und im Beichtstuhl die Befolgung der Gebote der heiligen Kirche forderten, kümmerten sich selbst wenig um deren Einhaltung. Als Sünden des Klerus wurden aus dieser Zeit das Schlagen von Mitgeistlichen, das Tragen von Waffen, Besuch von Schänken, Würfelspiel, Halten von Konkubinen, Nichtbezahlung von Schulden und Nichtablieferung von Kollekten bekannt.

Nur wenige Pfarrer übten ihr Amt selbst aus. In den Landgemeinden ließen sie sich durch Kapläne oder Gesellpriester vertreten, die von ihnen schlecht bezahlt wurden und sich daher an den Pfarrkindern schadlos hielten. Die hohen Abgaben hatten ein solches Ausmaß angenommen, dass sie mit zur Verarmung des Bauernstandes führten.

Zudem war es um die Predigten mancher Pfarrer schlecht bestellt. Die lateinische Messe konnte die Bevölkerung nicht verstehen und eine religiöse Literatur, aus der das Volk wenigstens zuhause hätte lesen können, gab es nicht.

Viele Bewohner aus den bäuerlichen Regionen, vor allem unverheiratete Töchter und Söhne, mussten Arbeit außerhalb des Landes suchen. Sie zogen aus den Bergen nach Norden, in die Regionen um Regensburg, Augsburg und darüber hinaus in andere protestantische Regionen.

Einige der Saisonarbeiter brachten Bücher für den Eigenbedarf oder den Verkauf mit nach Hause. So fanden die lutherischen Schriften, vor allem Andachtsbücher für den Gottesdienst ohne Priester, reißenden Absatz.

Dies blieb den kirchlichen und staatlichen Behörden nicht unbekannt. Die Bemühungen, die Einfuhr der Bücher zu verhindern, führten zu einem lebhaften Schmuggelhandel. Handlungsreisende, Viehtreiber, Hausierer, Fuhrmänner, entlassene Soldaten legten ihre Ersparnisse in Büchern an und brachten sie unter die Leute. Lesen wurde oftmals heimlich bei einem Bauern zur Winterzeit gelernt, um die lutherischen Schriften lesen und verstehen zu können. Sehr viele Frauen konnten lesen und schreiben und lehrten es ihre Kinder.

So war schon Martins Vater Wolf zu der Lutherbibel gekommen. Ein Handlungsreisender, der öfter nach Radstatt kam, hatte Bestellungen der interessierten Bauern aufgenommen und Wolf das Buch mitgebracht. Dieser zahlte nicht wenig für die Bibel, doch das war sie ihm wert, und die Familie hütete sie wie ein Augapfel. Sie wurde im Zwischenboden der Stube versteckt und immer zu den Andachten hervorgeholt.

Nach einer Zeit der stillschweigenden Duldung der wachsenden Protestantengemeinde wurde sie im 17. Jahrhundert unter Erzbischof Max von Kuenberg wieder heftiger verfolgt. So auch die Bewohner des Defereggentals. Die Armut des Tales zwang viele von ihnen dazu, sich als Hausierer und Spielleute zusätzliche Einnahmen in deutschen Landen zu verschaffen. So brachten sie ebenfalls protestantische Bücher mit, die Bibel, den Kleinen Katechismus sowie ein Gebetbuch, die eifrig gelesen und bei Zusammenkünften besprochen wurden.

Kapuziner wurden ins Tal geschickt, um sie »zurückzupredigen«. Als dies erfolglos blieb, befahl der Erzbischof, die Rädelsführer in Ketten zu legen und ihm vorzuführen.

Am 24. Juni 1684 überreichten 70 Bauern aus dem ganzen Tal eine Bittschrift an den Erzbischof, in dem sie ihn baten, ihren Glauben frei ausüben zu dürfen.

Doch er blieb unerbittlich, am 7. November erging der Befehl zur Auswanderung. Alle Kinder unter fünfzehn Jahren mussten zurückbleiben und wurden Katholiken zur Erziehung übergeben.

Zweidrittel des Verkaufspreises ihrer Güter sollten die Ausgewiesenen für den Unterhalt ihrer Kinder zurücklassen. Doch es gelang nur wenigen, in der kurzen Zeit Käufer für ihre Höfe zu finden.

Bereits im Dezember, mitten im kalten Gebirgswinter, mussten die ersten Protestanten das Tal verlassen. Fast 1.000 Bewohner wanderten aus, ihre Kinder wurden ihnen weggenommen. Um zu verhindern, dass diese heimlich von den Eltern abgeholt würden, wurden sie über das ganze Erzstift verteilt, nicht einmal Geschwister durften zusammenbleiben.

Nach dem Tod des Erzbischofs wurde den Auswanderern erlaubt, ihre Kinder zu holen; sie benötigten aber eine besondere Erlaubnis. Viele fürchteten eine Falle und reisten ohne Genehmigung ein und holten ihre Kinder heimlich fort. 1693 wurden einige dabei ertappt, verhaftet und als Galeerensklaven an Venedig verkauft.

Die Knappen des Dürrnberger Salzbergwerkes gehörten ebenfalls der lutherischen Lehre an. Ihre führenden Prediger, darunter auch der Knappe Joseph Schaitberger, wurden 1686 gefangen genommen und schließlich zusammen mit siebzig Dürrnbergern des Landes verwiesen. Ihre Kinder mussten auch sie zurücklassen. Diese wurden an katholische Bauern verteilt, die sie zum rechten Glauben erziehen sollten.

Auch Schaitberger und seine Frau Magdalena durften ihre beiden Töchter Magdalene und Anna nicht mitnehmen. Magdalena konnte den Verlust der Töchter und der Heimat nicht verwinden; sie starb schon ein Jahr nach der Vertreibung.

Auf dem Weg nach Nürnberg dichtete Schaitberger sein bekanntes Exulantenlied, das spätere Trost- und Wanderlied aller Salzburger Emigranten. Und in seinem Nürnberger Exil verfasste er viele Schriften, die Sendbriefe, die immer wieder gedruckt und im Salzburger Land verbreitet wurden.

Als die protestantischen Fürsten von der Austreibung der Dürrnberger erfuhren, legten sie beim Erzbischof Einspruch ein, da sein Vorgehen gegen die Bestimmungen des Westfälischen Friedens verstoßen hatte. Doch die Vertriebenen hatten unterschreiben müssen, er weise sie »ihrer neu hervorgebrachten Seckt halber« aus und stellte sie damit außerhalb des Schutzes der Bedingungen des Augsburger Friedens.

Margaretha, die Tochter von Martin und Christina, war gerade geboren worden, als die Bewohner des Defereggentals 1684 vertrieben wurden. Bei der Ausweisung der Dürrnberger zwei Jahre später war Christina gerade schwanger mit Hans. Die Nachricht von deren Verfolgung erreichte wie alle anderen Salzburger auch die Drinkhers und mahnte sie zu noch größerer Vorsicht. Die katholischen Gottesdienste wurden auch von ihnen wieder eifriger besucht, und die eigenen Versammlungen nur in noch größerer Heimlichkeit abgehalten.

Dennoch kaufte Martin Drinkher die Schaitberger Schriften, als diese nach einigen Jahren auch in Radstadt angeboten wurden. Inzwischen hatten Margaretha das dreizehnte, Johannes das achte und Wolfgang das sechste Lebensjahr erreicht. Gerufen wurden die drei von den Eltern und dem Gesinde Greta, Hans und Wolf. Christina brachte ihnen mithilfe der Bibel das Lesen und Schreiben bei. Gemeinsam mit den Kindern lasen die Eltern die Texte bei den heimlichen Andachten, an denen das Gesinde und manches Mal auch Verwandte teilnahmen.

In den folgenden Jahren wuchsen die beiden Söhne zu selbstständigen jungen Männern heran, die vom Vater umfassend in das Zimmerhandwerk und in die bäuerliche Arbeit eingeführt wurden.

Margaretha half der Mutter im Haus und auf dem Hof. Hans nahm die ihm zugewiesenen Aufgaben sehr ernst und verbrachte die Freizeit viel mit dem Studium der Bibel und anderer Erbauungsschriften. Wolf dagegen liebte die Natur und erwanderte in seiner freien Zeit die umliegenden und auch weiter entfernten Berge und Täler. Doch er erfüllte seine Aufgaben gewissenhaft, bewunderte auch den großen Bruder, der bald die Aufgabe eines Predigers in der evangelischen Gemeinde übernahm.

Anna und Hans, Kornberghof

Am 22. Februar 1713 heiratete Hans die zwanzigjährige Anna Ellmer, geborene Buchsteiner. Für sie war Hans bereits der zweite Ehemann. Der erste war wenige Monate nach der Hochzeit an einer Lungenentzündung gestorben. Da war Anna bereits in guter Hoffnung.

Die Familie Buchsteiner war in Radstadt bekannt, sie gehörte auch zur evangelischen Gemeinde wie die Drinkhers. So hatte Hans vom Tod des Johann Ellmer und Annas frühen Witwenschaft erfahren. Gemeinsam mit seinem Bruder nahm er an der Beerdigung teil und sprach Anna sein Beileid aus. Er bot ihr seine Hilfe an und besuchte sie danach öfter.

Nach einem halben Jahr, kurz nach der Geburt des Sohnes von Anna und Johann Ellmer, wurde Hochzeit gefeiert. Hans nahm den Säugling als seinen Sohn an. Und er wurde im Salzburger Land noch selbst Vater von fünf Kindern, die Anna in den folgenden Jahren zur Welt brachte, Christina, Georg, Margaretha, Anna und Johannes.

Der elterliche Hof und die Zimmerei der Drinkherfamilie waren zu klein, um beide Familien zu ernähren. So griff Hans freudig zu, als ihm nach der Eheschließung der ältere Bruder von Anna, Johann Buchsteiner, 1723 den Kornberghof zur Bewirtschaftung anbot. Johann selbst hatte ihn seit mehreren Jahren gepachtet und plante, ein benachbartes Gut zu erwerben.

So zog die junge Familie zusammen mit Hans’ verwitweter Mutter Christina auf den 1.100 Meter hoch gelegenen Paarhof über Eben im Pfleggericht Radstadt. Als der Vater Martin 1720 starb, erbte Hans das kleine Sägewerk, das vom Wasser der Enns getrieben wurde. Hans wirtschaftete gut und konnte in den folgenden Jahren den Hof beim vorherigen Besitzer Michael Lammerhofer abbezahlen.

Barbara und Wolf, Zächerlegghof

Vier Jahre nach seinem Bruder konnte auch Wolf endlich Hochzeit halten. Schon sehr lange waren Barbara und er ein Paar.

Bereits im Alter von 15 Jahren war er ihr das erste Mal begegnet, als er wieder einmal zum Aigenberg gewandert war, von dem seine Großmutter Margaretha Schölperin stammte. Zum Hof der Verwandten musste er gerade mal zwei Fußstunden zurücklegen. Hier war er immer herzlich willkommen. Rup, der Vetter des Vaters, mochte den lebensfrohen, lebendigen Wolf. Rups Frau Anna war eine gute Köchin, und es gab häufig leckere Sonntagsspeisen, die Wolf zuhause nicht so häufig bekam.

An einem warmen Sommersonntagmittag im Jahr 1704 trat Wolf erhitzt in die Stube ein. Er war spät dran, hatte am Morgen zuhause noch schnell einen Zaun reparieren müssen und sich sehr beeilt, noch rechtzeitig zum Essen auf dem Aigenberghof einzutreffen. Rup, seine drei Söhne und der Knecht Michael saßen bereits am Tisch, Anna richtete den Braten an und füllte die Knödel und die Soße in die Terrinen, ihre Tochter Maria, die Magd Christina und ein fremdes junges Mädchen trugen das Sonntagsessen auf. Rup begrüßte Wolf herzlich, auch die anderen Familienmitglieder freuten sich über seinen Besuch. Wie immer setzte er sich neben seinen Großcousin Georg. Neugierig musterte Wolf das junge Mädchen, das ihm sehr gut gefiel mit ihrem dunklen, dichten Haar und den braunen Augen. Sie schaute ihn aber kaum an, blickte schüchtern auf den Boden und nahm still neben den anderen Frauen Platz.

Nach dem Tischgebet schnitt Rup den Braten an, Anna und die Mädchen verteilten das Essen und alle langten herzhaft zu. Wie immer schmeckte es Wolf wunderbar.

Nach dem Essen wurde noch ein Dankesgebet gesprochen, Wolf verließ zusammen mit seinem Großcousin Georg die Stube. Sie setzten sich auf eine Bank im Schatten des Hauses und Wolf fragte sofort nach dem fremden Mädchen. So erfuhr er, dass sie Barbara Steinlechner hieß, die ledige Tochter des Knechts Michael. Ihre Mutter Ursula Hamöschin stammte aus der Flachau und war in Altenmarkt in Stellung. Hier wurde Barbara 1689 geboren, wuchs bei der Mutter auf und half bereits früh auf dem Hof mit. Doch Ursula war vor zwei Monaten an einer Lungenentzündung gestorben, und so hatte sich Michael dazu durchgerungen, seinen Bauer zu fragen, ob er seine Tochter zu sich nehmen könne. Sie würde eine gute Magd abgeben, sei das Arbeiten gewohnt. Anna und Rup hatten zugestimmt, so war Barbara vor einer knappen Woche auf dem Aigenberghof angekommen. Sie trauerte um die Mutter, den Vater hatte sie nur selten gesehen, da er sich wenig um die Tochter gekümmert hatte. Aber die Bauersleute aus Altenmarkt vermisste sie nicht, denn sie waren hartherzig gegenüber Mutter und Tochter gewesen. Auf dem Aigenberghof fühlte sie sich willkommener und sie nahm von Anfang an an den Andachten teil. Zuerst erschienen sie ihr noch fremd, denn sie kannte nur die Messen in der Kirche zu Altenmarkt, fand aber bald Gefallen an den gemeinsamen Lesungen, Gebeten und Gesängen. Zum ersten Mal verstand sie, was in der Bibel gelehrt wurde.

Von jetzt ab wanderte Wolf so oft wie möglich zu den Verwandten und suchte den Kontakt zu Barbara. Es dauerte eine lange Zeit, bis sie aufgetaut war und begann, sich auf Wolfs Besuche zu freuen.

Doch er musste erst einmal Geld verdienen. Als zweitgeborener Sohn hatte er keinen Anspruch auf die Mühle und die kleine Landwirtschaft. So verdingte er sich als Knecht auf den Zächerlegghof über St. Johann. Die Besitzer, die Grubers, waren entfernte Verwandte und Evangelische wie er. Sie waren kinderlos geblieben und brauchten einen neuen Knecht. Der Zächerlegghof lag über dreißig Kilometer weit entfernt von Reitberg, aber die Nachricht, dass eine Stellung frei geworden war, erreichte auch die Familie Drinkher.

1708 begann er auf dem Hof zu arbeiten. Die Familie Gruber war sehr zufrieden mit dem jungen, fleißigen Knecht. Der alte Johann, schon seit vielen Jahren bei ihnen in Stellung, hatte an Kraft verloren. Andere junge Burschen, die vor Wolf einige Zeit auf Zächerlegg gearbeitet hatten, war die Bewirtschaftung des Bergbauernhofs zu anstrengend gewesen, und sie hatten den Hof bald wieder verlassen. Doch Wolf blieb und war Georg Gruber eine große Hilfe. Seine Frau und er fanden Gefallen an dem fröhlichen jungen Mann.

Viele Jahre gingen ins Land. Der Weg nach Aigenberg war weit, doch Wolf besuchte die Verwandten und Barbara, so oft er konnte. Als Georg Gruber, der Zächerleggbauer merkte, dass seine Kräfte nachließen, entschied er, Wolf als seinen Erben einzusetzen. Er wusste, Wolf würde den Hof gut weiterführen und auch ihnen ihr Altenteil sichern.

Wolf war natürlich einverstanden; endlich konnte er Barbara heiraten! So wurde 1717 Hochzeit gefeiert, und Barbara zog als Jungbäuerin auf den Zächerlegghof ein.

Die Grubers fanden Gefallen an Barbara, die fleißig und ruhig ihre Aufgaben auf dem Hof übernahm. Bald stellte sich Nachwuchs ein und die beiden Alten erfreuten sich an den kleinen Kindern.

1721 wurde Wolf Bauer auf dem Hof, da die Grubers kurz hintereinander starben. So war Wolf einer der wenigen zweitgeborenen Bauernsöhne, die es im Salzburger Land zu einem eigenen Hof brachten und sich nicht ein Leben lang als Knecht verdingen mussten.

Die Ehe von Barbara und Wolf war sehr fruchtbar. Barbara gebar im Abstand von ein bis zwei Jahren acht Kinder. Ihre beiden Ältesten tauften sie auf denselben Namen wie Annas und Hans' Erstgeborene: Martin und Christina, eine besondere gemeinsame Ehrung der Großeltern Martin Drinkher und Christina Rainerin, die ihnen die lutherische Lehre näher gebracht hatten.

Firmian und die protestantischen Bergbauern

Nach der Wahl Leopold Freiherr von Firmians zum neuen Erzbischof im Jahr 1727 war dieser fest entschlossen, sein Land wieder zu rekatholisieren. 1729 wurde der Besitz lutherischer Bücher unter Strafe gestellt. Immer neue Hausdurchsuchungen, Beschlagnahme von Büchern, Verhöre, Geld- und Kerkerstrafen sowie Ausweisungen waren die Folge. Doch diese Willkürmaßnahmen schweißten die evangelische

Bevölkerung noch enger zusammen. Nun versammelten sich die Familien bei den wenigen, die ihre Schriften rechtzeitig verstecken konnten. Aus Bauernstuben wurden Kirchen und aus den gläubigen Männern Prediger.

Hans und Wolf, inzwischen verheiratet und selbständige Bauern, hielten weiterhin auf ihren Höfen ihre Andachten ab und trafen sich an kirchlichen Festtagen mit ihren Familien auf dem Kornberghof oder auf dem Gut Zächerlegg zum gemeinsamen Gebet. Ihre Bücher wurden nicht gefunden, sie waren zu gut im Zwischenboden der Stube versteckt.

In beiden Wohnhäusern hatten die Brüder inzwischen eine Rauchküche angebaut. Zuvor war in der Rauchstube mit dem offenen Herd die Decke, vor allem im Winter bei geschlossenen Fenstern, von einer dicken Rauchschicht bedeckt gewesen: So musste dieser Raum mindestens eine Höhe von drei Metern haben, um das Leben für seine Bewohner einigermaßen erträglich zu machen. Nun befand sich der Herd in der angrenzenden Küche und beheizte die Stube mit. Die hohe Decke war nicht mehr notwendig; ein Zwischenboden wurde eingezogen und diente als gutes Versteck für die verbotenen Bücher.

Im Juni 1731 erreichte die Vertretung der evangelischen Reichsstände in Regensburg, dem Corpus Evangelicorum, eine Bittschrift von 19.000 Glaubensbrüdern aus sieben Pongauer Pfleggerichten, die auch von Hans und Wolf unterschrieben wurden. In dieser Schrift wurde über die Drangsale berichtet, welche die Evangelischen erleiden mussten und darum gebeten, das Corpus Evangelicorum möge sich beim Salzburger Erzbischof für die freie Glaubensausübung sowie um die Entsendung eines evangelischen Predigers je Pfleggerichts verwenden. Sollte diese Bitte abgeschlagen werden, möge ihnen der Erzbischof wenigstens den Verkauf der Güter und den ungehinderten Abzug aus dem Salzburger Land ermöglichen.

Das Corpus Evangelicorum umfasste alle lutherischen und reformierten Reichsstände. Die Mitglieder des Corpus, eine Gruppe akkreditierter Gesandter, die sich regelmäßig im Reichstagsgebäude in Regensburg traf, repräsentierten mächtige deutsche Fürsten wie die Herrscher von Preußen, Sachsen und Braunschweig-Hannover sowie Städte wie Nürnberg, Frankfurt am Main und Hamburg.

In einem der Verträge des Westfälischen Friedens waren das Corpus Evangelicorum und das Corpus Catholicorum gegründet, beide Konfessionen, die katholische wie die evangelische, vollkommen gleichgestellt worden; die evangelische Minorität durfte auf den Reichstagen in Religionsangelegenheiten nicht überstimmt werden.

Die Veröffentlichung der Salzburger Bittschrift löste eine heftige Kontroverse aus und lenkte reichsweit die Aufmerksamkeit auf die Lage der Salzburger Bauern. Firmian wies den Anspruch auf freie Religionsausübung eines im Bistum nicht anerkannten Bekenntnisses als rebellische und aufrührerische Handlung zurück und setzte eine Kommission ein, die sich in den Bergregionen ein Bild von der Lage machen sollte.

Die Überbringer der Bittschrift kehrten ins Salzburger Land zurück und berichteten auf der ersten Schwarzacher Versammlung im Salzburger Land von ihren Erlebnissen in Regensburg sowie von der bevorstehenden Entsendung der Salzburger Kommission.

Am 17. Juli trafen sich 150 evangelische Abgesandte, darunter auch Hans Drinkher, in Schwarzach an der Salzach, das zentral zwischen den sieben Pfleggerichten lag. Der Bericht der Abgesandten enthielt die Botschaft, die Salzburger Protestanten könnten auf die Unterstützung des Corpus Evangelicorum rechnen, vorausgesetzt, sie bekannten sich offen zu ihrem Glauben.

Es folgten Lesungen aus der Bibel, das Singen von Kirchenliedern sowie das Abfassen eines Glaubensbekenntnisses, das der Kommission vorgelegt werden sollte. Auf dieser Versammlung fand das »Salzlecken« statt, ein gemeinsamer Schwur, bei dem einige Bauern ihre Finger in ein Salzfass tauchten und sie dann als Bekräftigung ihrer Verpflichtung zu dieser unbeugsamen Haltung ableckten.

Unmittelbar nach dieser Versammlung wurden auf Zusammenkünften in einigen Pfleggerichten öffentliche Bekenntnisse zum evangelischen Glauben abgelegt und diese Resolutionen an die örtlichen Amtsträger geschickt.

Bei der Befragung durch eine Kommission bekannten sich jetzt die meisten Betroffenen zu ihrem Glauben. So wurden als Ergebnis der Befragung 20.000 Protestanten in den Pfleggerichten des Pongau namentlich verzeichnet. Diese große Anzahl sowie deren offenes Bekenntnis führten Firmian dazu, härter gegen die evangelischen Salzburger vorzugehen. Er erließ ein Versammlungsverbot und bat den Kaiser in Wien, ihm Truppen zur gewaltsamen Unterdrückung der evangelischen Bewegung zu senden.

Nach dem öffentlichen Bekenntnis zum evangelischen Glauben verweigerten die katholischen Geistlichen den Protestanten die Taufe ihrer Kinder, die Trauung der Brautleute sowie die Beerdigung der Verstorbenen auf den Friedhöfen.

Dies gab den Anlass für die zweite Schwarzacher Versammlung, die den Beschluss fasste, die Kinder selbst zu taufen und die Toten in den Hausgärten zu beerdigen.

Dies wurde vom Erzbischof als völliger Bruch mit der katholischen Kirche und als Ausdruck der Rebellion angesehen. Die militärischen Vorkehrungen, das bewaffnete Aufgebot der katholischen Bauern und die militärische Besetzung der Pässe und Burgen führten zur dritten Schwarzacher Zusammenkunft. Am 5. August trafen sich trotz des Versammlungsverbots 300 Abgeordnete im Schwarzacher Gasthaus. Es wurde beschlossen, eine Gesandtschaft von Männern aus den sieben Pfleggerichten im Pongau nach Regensburg zu entsenden, um dort die protestantischen Stände um Hilfe zu bitten.

Zwei Tage später, am 7. August 1731, machten sich die Abgeordneten, darunter auch Hans Drinkher, auf den Weg, ausgestattet mit den Listen von 18.000 namentlich aufgeführten Protestanten.

Anna, Kornberghof

Anna Drinkher hatte den ganzen Tag schwer gearbeitet, wie immer zusammen mit ihrer Magd Else in der Frühe und am Abend die Kühe gemolken, die Kälber gefüttert, Frühstück, Mittagessen und Abendbrot für sich und die Kinderschar bereitet, Anna, die Kleinste, zu Bett gebracht.

Das gehörte zu ihrer alltäglichen Arbeit, darüber klagte sie nicht, auch nicht so kurz vor der Geburt des sechsten Kindes. Doch sie war unruhig und sorgte sich. Fast einen Monat wartete sie schon vergeblich auf eine Nachricht von ihrem Mann.

Zum Glück hatten sie schon die Heuernte abgeschlossen. Sie waren auch dieses Jahr bereits am »Veitstag«, dem 3. Juni um vier Uhr früh, auf die Wiesen gezogen, um zu sensen, das Gras auf den Heumandeln zu trocknen und später in den Heustadeln zu lagern. Die Sonne schien die ganze Zeit und sie hatten bereits nach einer Woche eine gute Heuernte eingefahren. Doch die Freude wurde immer wieder getrübt durch die schlechten Nachrichten, die von den Glaubensbrüdern kamen.

Anna wusste nicht, wie lange ihr Mann unterwegs sein würde. Regensburg, so weit entfernt. Und wie würde es Hans dort ergehen? Würden sie beim Reichstag Gehör finden?

Sie hatte ihr Tal noch nie verlassen. Schon Salzburg war so weit entfernt.

Christian , Zächerlegg

Ein kräftiger Wind trieb die weißen Wolken über den Himmel und machte die Spätsommerhitze erträglich. Der Duft von Heu lag noch in der Luft, doch es war bereits eingefahren. Einige Schafe blökten, vertieften sich dann wieder in die übrig gebliebenen Halme auf der Weide.

Aus der Ferne hörte Christian, der zweitgeborene Sohn von Barbara und Wolf, das vereinzelte Muhen der Kühe, die oberhalb des Hofes grasten. Immer wieder ließ er die Hacke sinken und schaute hinunter ins Tal. In der klaren Sicht konnte er weit nach St. Johann schauen, auch die gegenüber liegenden Berge mit ihren grünen Hängen waren gut zu erkennen. Im Dorf standen die Höfe eng um die gotische Pfarrkirche St. Johannes und die Annakapelle, ganz anders als die vereinzelten Bauernhäuser in der Höhe.

Christian hackte weiter. Gemeinsam mit seiner Schwester Christina sollte er noch zwei abgeerntete Beete von den Gemüsestrünken befreien und für die nächste Saat vorbereiten.

Christina sah seltener auf, war auch bereits weiter mit ihrem Beet, hackte verbissen in die trockene Erde und zog die dürren Salatwurzeln heraus. Sie wollte fertig werden und sich lieber wieder um ihre kleine Schwester kümmern.

So sah Christian den Vater zuerst. Noch war er weit entfernt auf dem unteren Abschnitt des Weges, der sich von St. Johann den Berg zum Zächerlegghof hinaufschlängelte. Doch bald war er klarer zu erkennen auf dem kräftigen Ackergaul. Den letzten steileren Wegabschnitt stieg er ab und führte das schnaufende Pferd am Zügel.

Christian rief nach dem Vater und lief ihm entgegen, gefolgt von seiner Schwester. Der Vater beugte sich zu beiden hinunter und umarmte sie. Gemeinsam erreichten sie den Platz vor dem Hof. Christian band das Pferd an und hob den groben Leinensack vom Sattel.

Die Mutter und die Geschwister hatten Christians Rufe gehört, kamen aus Stall und Haus herausgelaufen und begrüßten ebenfalls den Vater. Die Kinder wollten sofort wissen, was es Neues aus Eben gäbe, ob der Onkel Hans wirklich in Haft wäre, wie berichtet wurde, und wie es Tante Anna sowie den Vettern und Basen gehe. Doch die Mutter sprach ein Machtwort, der Vater würde schon erzählen, solle aber erst einmal ins Haus kommen und eine Vesper einnehmen.

So folgten alle dem Vater ins Haus. Die Mutter stellte einen Krug mit Milch, einen Laib Brot und ein Stück Käse auf den Tisch, schenkte ihrem Mann ein, schnitt ihm eine kräftige Scheibe von beidem ab und reichte sie ihrem Mann. Still folgten die Kinder dem Geschehen, der begehrliche Blick löste ein Lächeln bei der Mutter aus. Sie fragte, wer ausnahmsweise so kurz vor der Abendbrotzeit auch noch ein Brot wollte. Bis auf Gertraudt wollten alle und so schnitt die Mutter weitere Scheiben von Brot und Käse für die Kinder ab. Alle kauten zufrieden; für eine Zeit war es still am langen Küchentisch. Der Vater wischte sich den Milchschaum mit dem Jackenärmel vom Mund und begann mit seinem Bericht aus Eben.

Er war schon am frühen Vormittag auf dem Hof Kornberg bei Eben angekommen und hatte ihre Tante Anna, seine Schwägerin, ganz aufgeregt vorgefunden. Auch sie wusste erst seit gestern, dass Onkel Hans, sein Bruder, in Haft wäre. Er wäre in der Feste Hohensalzburg eingekerkert worden. Und keiner wisse, wie es ihm ginge und wie lange er dort bleiben müsse. Anna und die Kinder machten sich große Sorgen um Hans, denn vielen Glaubensbrüdern war es schlecht in der Haft ergangen, nur wenige überlebten die Torturen und Entbehrungen im Kerker.

Die Mutter hatte sich während der Erzählung des Vaters auf einen Stuhl gesetzt und schaute ihn mit entsetzten Augen an. Der Vater hatte sehr gefasst berichtet, aber an seinem ernsten Blick spürte Christian, wie schlecht es um den Onkel stand und welche Sorgen sich der Vater um seinen Bruder machte.

Nun forderte der Vater Frau und Kinder auf, für Onkel Hans zu beten. Gemeinsam wurde das Vaterunser gesprochen, selbst der sechsjährige Michael kannte es schon. Gertraudt schaute zu allen hin und bewegte die Lippen mit, wie sie es bei den anderen beobachtete.

Auch Christian sprach das Vaterunser, war aber in Gedanken auf dem Kornberghof bei Onkel und Tante und den sechs Vettern und Basen und dachte an die vielen Besuche dort. An Festtagen spannen der Vater oder Martin am frühen Morgen Pferd und Wagen an und es ging zu den Verwandten. Allein die Fahrt dorthin, hinunter nach St. Johann, am rauschenden Wagrainer Bach entlang, durch Wagrain, die Burg thronte über dem Ort, zum Schwaigerhofbach, dem Litzlingbach, schließlich zur Enns und zum Sägewerk von Onkel Hans, kurz danach hinauf zum Kornberghof, all das war ein besonderes Erlebnis.

Manchmal durfte er vorne beim Vater und dem großen Bruder Martin sitzen, doch meistens nahm die Mutter diesen Platz ein, die kleine Gertraudt auf dem Schoß; er saß mit Christina, Rosina, Thomas und Michael hinten. Auch wenn sich Thomas und Michael häufig knufften, störte ihn das kaum, er hatte nur Augen für die Landschaft um ihn und atmete tief die Luft ein, die so verschieden war auf den Bergen und im Tal. Auf den eigenen Hängen roch es frisch, im Frühling auch würzig nach den vielen Blumen und Kräutern auf den Wiesen, im Sommer nach trockenem Gras. Es wehte oft ein leichter, machmal auch stürmischer Wind, der an heißen Sommertagen eine angenehme Kühlung brachte, ihn aber in den kälteren Jahreszeiten, auf dem Wagen stillsitzend, frösteln ließ.

In St. Johann und Wagrain standen die Häuser so dicht gedrängt um die Kirchen. Von der Straße konnte er in einige der kleinen Fenster schauen. Die Mutter sagte zwar, das gehöre sich nicht, aber er tat es manchmal doch, wenn sie nicht hinschaute. In vielen Stuben sah es so ähnlich aus wie bei ihnen, der Kachelofen, darum die Bank, der Holztisch mit der Bank und den Stühlen für die Familie, die bunten Fleckerlteppiche auf den groben Holzdielen. Es gab auch Geschäfte, in die er sehen konnte, der Schlachter, der Bäcker, der Schuster. Und es roch nach frischem Brot aus der Bäckerei, aber auch nach den Ausscheidungen der Bewohner.

Im Tal folgten sie dem Lauf des Baches. Dort war es meistens schattig, manchmal fegte auch ein ordentlicher Wind durch die Enge. Christian hörte das Rauschen und Gluckern des Wassers; die Räder der vielen Wassermühlen am Bach klapperten. Es roch nach frischem Wasser, Moos und Erde.

Und er wusste, kurz hinter der Wassermühle, die zum Kornberghof gehörte, ging es hinauf zum Bauernhaus von Onkel und Tante. Die beiden kräftigen Pferde hatten jetzt ordentlich zu ziehen, langsam näherten sie sich dem obersten Hof am Berg.

Christian hielt es, genau wie seine Geschwister, nun kaum noch auf dem Wagen aus. Meistens sprangen sie vorher ab und liefen die letzten Meter zu Fuß. Vor der Haustür wurden sie schon von Onkel, Tante und den Kindern erwartet.

Christian erinnerte sich besonders an den letzten gemeinsamen Besuch zu Pfingsten. Die Kornberger hatten sie zu einer gemeinsamen Andacht und einem festlichen Mittagessen eingeladen. Sein großer Bruder Martin hatte schon zeitig nach dem Melken und dem Frühstück die Pferde angespannt, und so waren Christian und seine Familie bereits um halb Acht in der Frühe unterwegs in Richtung Kornberg. Noch war es recht kühl, doch kündigte sich bereits ein warmer Frühsommertag an. Dieses Mal saß Christian vorn bei dem Vater und Martin, die Mutter nahm hinten bei seinen Geschwistern Platz. Auf Christinas Schoß saß Gertraudt, sehr zur Freude von beiden, die gerne zusammen waren. Mutters Bauch rundete sich schon mächtig, da war nicht mehr viel Platz für die Kleine. Christian wusste, das neue Baby würde Ende des Sommers kommen.

Um halb Eins erreichten sie den Kornberghof. Wie immer wurden sie schon von der Familie erwartet. Onkel Hans und Tante Anna standen vor der Haustür. Der Bauch der Tante war fast so rund wie der der Mutter, auch sie erwartete wieder ein Kind. Georg, Margaretha und Anna hüpften aufgeregt herum und liefen ihnen entgegen. Der Vetter Martin und die Base Christina standen neben ihren Eltern, sie waren zu alt, um so herumzuspringen, Martin schon achtzehn und Christina sechzehn Jahre.

Christian kletterte schnell vom Wagen herunter und lief auf Georg zu, seinem Lieblingscousin. Sie waren beide fast gleich alt, Georg drei Monate jünger als er. Im Oktober würde er zwölf Jahre alt werden; Christian bereits am fünften Juni. Dabei überragte Georg Christian schon um ein paar Zentimeter, sehr zum Ärger von Christian, der sich bemühte, schneller zu wachsen. Ansonsten hätten sie Zwillingsbrüder sein können, so ähnlich sahen sie sich, die gleichen braunen, lebendigen Augen, die schmalen Gesichter und mittelblonden lockigen, widerspenstigen Haare, die die Kämme, sehr zum Ärger der Mütter, bereits einige Zinken gekostet hatten. Zudem dünn, mit langen Armen und Beinen und sehr flink. Sie wuchsen sehr schnell, im Moment war Georg vorne, aber Christian würde ihn wieder einholen.

Noch eine andere Familie war gekommen, die Rainers aus Radstadt, Verwandte und Evangelische wie sie, David und Margaretha und ihr Sohn Simon mit seiner Verlobten Catharina. Christian wusste, dass seine Großmutter Christina Rainer und der Vater von David Geschwister waren, der Vater und der Onkel Hans damit Cousins von David Rainer, Simon ihr Großcousin. Die Kinder hatten weder die Großeltern noch den Großonkel Johann Rainer kennengelernt, sie waren vor ihrer Geburt gestorben. Der Großvater hatte schon die Lutherbibel besessen und sie mit seinen Söhnen gelesen, sie vom evangelischen Glauben überzeugt. Bei den Andachten auf dem Hof der Großeltern war auch häufig Onkel David dabei gewesen und wurde somit auch einer der ihren. Von den Gebetsstunden in seiner Jugend hatte der Vater Christian und seinen Geschwistern öfter erzählt. Wie jetzt hatten sie diese heimlich abhalten müssen, waren dennoch im großen Kreis beisammen gewesen, die Familie und das Gesinde.

Die Frauen gingen in die Küche, das Pfingstmahl war schon vorbereitet. Tische, Bänke und Stühle standen auf dem Platz vor dem Haus, die Tische bereits gedeckt.

Der Duft nach gebratenem Hühnerfleisch und frisch gebackenem Brot zog hinaus in den Garten; Christian bekam Hunger. Endlich wurde aufgetragen, alle sprachen gemeinsam das Tischgebet und das Essen konnte beginnen. Es schmeckte wunderbar, Christian lief in Erinnerung an die leckeren Hühnerschenkel das Wasser im Munde zusammen. Fleisch gab es nicht so oft und er aß es so gerne.

Nach dem Essen deckten die Frauen und Mädchen ab und trugen das Geschirr zum Abwaschen in die Küche. Wie immer verschwanden Georg und Christian schnell auf den Boden des Rinderstalls, bevor auch ihnen eine Aufgabe zugewiesen wurde; sie bauten sich eine Rutsche im alten Heu und tobten eine Weile. Viel Zeit blieb ihnen nicht, nach einer halben Stunde wurden sie von den Eltern zur Andacht gerufen.

Christian und Georg liefen in die große Stube im Haus, dort hatten sich schon alle Familienmitglieder versammelt. Die beiden Buben saßen eng zusammengedrängt auf der Ofenbank neben den anderen großen Kindern, Christina hatte wie immer Gertraudt auf dem Schoß, die mit dem Daumen im Mund eingeschlafen war.

Der Onkel Hans leitete die Andacht und begann mit einem Gebet, las dann einen Text aus der Lutherbibel zum Pfingstfest, zur Verbreitung des christlichen Glaubens in so vielen Ländern und Sprachen als Gebot Christi an seine Jünger. Luther habe diese Aufgabe auch sehr ernst genommen und die Bibel für die Menschen übersetzt, damit sie nicht nur der Pfarrer verstehe.

»So ist seine Lehre auch in das Salzburger Land angekommen und hat hier Verbreitung gefunden. Seit dieser Zeit werden wir evangelischen Bauern von der katholischen Kirche und der Obrigkeit verfolgt, so viele unserer Prediger eingekerkert oder gleich hingerichtet. Die Defereggentaler Bauern, die sich auch zum evangelischen Glauben bekannten, wurden des Landes verwiesen. Mitten im kalten Winter mussten sie aufbrechen und ihre Kinder zurücklassen. Doch mit dem Versteckspiel muss es jetzt ein Ende haben, deswegen sind wir Abgeordneten nach Schwarzach gezogen und haben dort geschworen, uns offen zum evangelischen Glauben zu bekennen.«

Die ganze Familie war stolz und Christian ebenso, dass der Onkel Hans zum Abgeordneten gewählt und zur Versammlung nach Schwarzach geschickt wurde. Der Onkel war einer der Wortführer der Evangelischen, von allen geschätzt und geachtet. Er hielt viele Andachten und stand den Glaubensbrüdern mit Rat und Tat zur Seite. Christian bemerkte, dass auch sein Vater, der viel zurückhaltender war, seinen älteren Bruder bewunderte und auch seinen Ratschlägen folgte.

»Seit wir uns offen zu unserem Glauben bekennen, verweigern die Pfarrer uns die Taufe und das Begräbnis. So geht das nicht! Wieder wird es eine Versammlung in Schwarzach geben, zu der ich gehen muss. Wir müssen weiter zu unserem Glauben stehen und ihn verteidigen!«

Es war sehr still im Raum. Die festen Worte von Hans wirkten nach. Christian spürte den großen Zusammenhalt der Familie, die Festigkeit im Glauben, aber auch die Angst vor dem, was auf sie zukommen würde.

Er verstand nicht, was der Erzbischof gegen sie hatte. Sie hatten doch nichts Unrechtes getan. Die Eltern und die Onkel und Tanten waren fleißige Bauern, keiner hatte gestohlen oder betrogen, sie waren alle gläubig. Was war denn so schlimm an ihrem Glauben?

Noch einmal wurde gesungen und gebetet, dann endete die Andacht.

Gleich darauf wurde wieder angespannt und die Heimfahrt angetreten, denn der Weg nach Zächerlegg war weit. Sie würden nicht pünktlich zum Melken zurück sein, doch das würden dieses Mal die beiden Mägde besorgen.

Christian erwachte aus seinen Gedanken, als Christina ihn in die Seite stieß. Das Vaterunser war längst beendet. Der Vater verließ die Wohnstube und forderte die Kinder auf, vor dem Abendessen ihre Arbeiten zu erledigen. Christian ging mit Martin in den Stall und fütterte die Kälber. Dabei war er in Gedanken bei Onkel Hans. Wie es ihm wohl im Kerker erginge?

Zwei Wochen nach dem dritten Treffen in Schwarzach war ein Nachbar mit einer schlimmen Nachricht gekommen: Die vierundzwanzig Abgeordneten hatten gerade zwischen Durchsage und Gasau den Pass Schutt, die Grenze nach Oberösterreich überschritten, als sie in der Nähe von Bad Ischl, in Wildenstein, durch ihren Salzburger Dialekt auffielen und verhaftet wurden. Nur drei von ihnen, die gültige Pässe besaßen, durften die Reise nach Regensburg fortsetzen. Die übrigen wurden nach Linz gebracht und im September von den nach Salzburg marschierenden kaiserlichen

Soldaten mitgenommen, wo sie in der Feste Hohensalzburg eingekerkert wurden.

Christian wusste auch, wie schwer es für Tante Anna war, dass ihr Mann im Kerker eingesperrt saß und sie nicht sicher sein konnte, ihn lebendig und gesund wiederzusehen.

Auch Vater und Mutter hatten große Angst um Onkel Hans, wussten auch nicht, wohin die Verfolgung durch den Erzbischof noch führen sollte.

Die Nachricht von der Verhaftung der Männer verbreitete sich im ganzen Land und löste große Bestürzung bei den Evangelischen aus. Überall gab es heimliche Beratungen, was nun zu unternehmen sei. Einige Hitzköpfe wollten zur gewaltsamen Befreiung aufrufen, doch die Besonnenen waren in der Überhand und mahnten zu Ruhe.

Bis Mitte Oktober waren die 3.600 kaiserlichen Soldaten auf alle Märkte, Dörfer und Ortschaften im Gebirge verteilt. Sie nahmen vor allem Quartier bei den Evangelischen, die sie auch versorgen mussten, manchmal bis zu 50 Soldaten auf einem Hof. Das war eine enorme Belastung.

Zu Anna kamen sie zum Glück nicht. Wie hätte sie da zurechtkommen sollen? Der Mann in Haft, das sechste Kind gerade geboren. Sie war am 8. Oktober mit einem Sohn niedergekommen und nannte ihn Hans, nach seinem Vater. Auch die Familie von Wolf blieb verschont.

Zur selben Zeit wurde Hans auf der Hohensalzburg verhört und bekannte sich zur lutherischen Lehre, der er ebenso wie Frau und Kinder zugetan sei. Wie die anderen gefangenen Abgeordneten stritt er ab, einen Aufstand gegen den Landesfürsten vorzubereiten. Er habe pünktlich seine Steuern bezahlt und die Dienstleistungen verrichtet, zu denen er verpflichtet war.

So war der Versuch Firmierens, die evangelischen Salzburger als Aufwiegler zu diffamieren, wieder einmal fehlgeschlagen. Rebellen hätte er gleich ausweisen können.

Barbara, Zächerlegg

Am frühen Morgen des 10. Oktobers strich Barbara die Vesperbrote für ihren Mann und packte sie zu dem Speck und den Windeln in den Rucksack. Die Sonne war gerade aufgegangen, als Wolf nach dem Frühstück wieder einmal aufbrach und sich vom Gut Zächerlegg nach Kornberg zum Hofe seines Bruders Hans aufmachte. Für die dreißig Meilen würde er sicher vier, fünf Stunden brauchen, erst gegen Mittag ankommen.

Gern wäre Barbara mitgekommen. Den Hof hätte sie schon für einen Tag dem Gesinde und den großen Kindern überlassen können, doch die gestandene, gut vierzigjährige Bäuerin war selbst noch im Wochenbett, hatte gerade erst vor drei Wochen ihr neuntes Kind zur Welt gebracht, die kleine Ursula.

Sie und ihr Mann waren in Sorge um Hans, der immer noch auf der Feste Hohensalzburg einsaß und von dem sie so lange nichts mehr gehört hatten. Und auch um die Schwägerin Anna. Die Nachricht von der Geburt des kleinen Hans war bereits angekommen und Anna war ebenfalls eine erfahrene Mutter, aber sie wussten nicht, wie es um sie und dem Hof stand, wie es ihr ging in den ständigen Gedanken an den in Haft sitzenden Ehemann und die bevorstehende Ausweisung.

Barbara verabschiedete sich von ihrem Mann und richtete ihm Grüße an die Schwägerin und die Kinder aus. Besonders sollte er Margaretha grüßen, ihre Patentochter, und nicht vergessen, Anna die Windeln für den kleinen Hans zu geben.

Noch einmal umarmte sich das Paar, dann trat Wolf in die kühle Morgenluft hinaus. Der Wind wehte frisch vom Berg hinunter. Es schien ein trockener, sonniger Tag zu werden, früher Schnee war noch nicht zu erwarten. Das Pferd war gesattelt und Wolf ritt den Weg talwärts nach St. Johann.

Barbara schaute ihrem Mann noch einen Augenblick nach, ging dann wieder ins Haus hinein. Ursula schrie und wollte gestillt werden. Barbara nahm sie aus der Holzwiege, setzte sich mit ihr auf die

Ofenbank und gab ihr die Brust. Noch einen Moment Ruhe, bevor die Arbeit weiterging. Danach wickelte sie das Baby und legte es wieder in die Wiege.

Die Morgengrütze war schon gekocht, Wolf hatte als erster gegessen und war gegangen, als sie den Tisch für die anderen deckte. Rosina kam in die Küche und half ihr beim Auftragen. Christina und die Magd Johanna traten kurz darauf ein, sie hatten bereits die Kühe gemolken. Der Knecht Josef und Christian nahmen nach dem Füttern der Tiere ebenfalls Platz auf der Küchenbank, hinzu kamen noch Thomas und Michael. Die frische, noch warme Milch wurde im Krug auf den Tisch gestellt, ebenso die große Pfanne mit der Morgengrütze. Jeder erhielt einen Becher Milch und einen Löffel. Alle aßen gemeinsam aus der Pfanne.

Die zweijährige Gertraudt wachte gerade auf und tappte im Nachthemd barfuß in die Küche. Johanna stand auf, zog Gertraudt an, brachte sie zurück in die Küche und setzte sie zu sich auf die Bank. Sie fütterte die Kleine mit der Grütze und gab ihr aus einem Becher von der Milch zu trinken.

Christina fragte nach dem Vater. Am Abend zuvor hatten die Kinder mitbekommen, wie sich die Eltern über den bevorstehenden Besuch bei der Tante, den Vettern und Basen vom Kornberghof unterhielten. Vor allem die großen hatten schon viel erfahren von der Verfolgung durch die Behörden, die Angst der Eltern vor der drohenden Ausweisung, von der Sorge um Onkel Hans.

Barbara berichtete von Wolfs frühem Aufbruch, er war sicher schon weit hinter St. Johann. Am Abend würde er zurückkommen, so denn alles gut liefe auf dem Kornberghof.

Und so war es auch. Christina hatte ihn schon aus der Ferne wahrgenommen und rief die anderen Geschwister. Auch Barbara begrüßte mit der kleinen Ursula im Arm ihren Mann. Die Kinder umringten den Vater und fragten aufgeregt nach den Verwandten vom Kornberghof. Doch erst einmal rief die Mutter alle in die Küche zum Abendessen.

Danach berichtete der Vater: Hans wäre noch nicht zurück, Anna habe auch keinen Brief von ihm erhalten, nur erfahren, dass die Haftbedingungen nicht gut wären und die Gefangenen streng verhört würden. Aber alle stünden zu ihrem Glauben.

Auch die evangelischen Nachbarn, die immer wieder nach Anna schauten, sorgten sich um die Zukunft. Die Hoffnung, über die Abgeordneten des Salzacher Tages doch die Ausweisung verhindern zu können, würden immer geringer. Doch vielleicht könnten die drei, die durchgekommen waren, doch noch die Stände in Regensburg dazu bewegen, Firmian ins Gewissen zu reden.

Dem neugeborenen Hans ginge es gut, er wäre gut beieinander und alle hofften, dass er den Winter gut übersteht. Doch wie traurig, dass sein Vater noch nichts von ihm wisse! Wie würde er sich freuen, dass Anna den Kleinen nach ihm benannt hat. Die Schwägerin halte alles zusammen, wirke sehr gefasst. Doch er habe schon gemerkt, dass die Sorge um ihren Mann und die ungewisse Zukunft sie belaste..

Die Kinder, die bisher ruhig zugehört hatten, stellten noch viele Fragen zu ihren Vettern und Basen. Und wann würden sie sie mal wiedersehen? Viel zu selten kamen sie zusammen!

Barbara schickte ihre Kinder wieder an die Arbeit und zum Spielen, sie wollte ihren Mann noch einen Moment allein sprechen. Wolf berichtete von den Sorgen, die sich Anna machte, auch von dem Gerücht, von dem er unterwegs gehört habe, das Gesinde würde bald ausgewiesen.

Barbara erschrak. Wie sollten sie die Arbeit auf dem Hof ohne die Knechte und Mägde schaffen? Und wie erst die Ausreise ohne deren Unterstützung?

In dem Moment meldete sich Ursula. Es war wieder Zeit, sie zu stillen. Wolf ging hinaus zu den Knechten zur Holzarbeit. Die Zäune unterhalb des Hofes mussten dringend ausgebessert werden. Im nächsten Frühjahr sollten die Kühe sicher stehen, nicht ausbrechen können. Doch lohnte sich die Arbeit überhaupt noch? Wenn sie doch fortmussten? Wolf verscheuchte die schlechten Gedanken. Mit Gottes Hilfe würden sie bleiben können. Und der Hof musste schließlich erhalten werden, komme, was wolle.

Inzwischen hatte Barbara den Säugling an die Brust gelegt und genoss die Ruhe und die Wärme des Kachelofens in ihrem Rücken. In ihren Gedanken holte sie sich noch einmal das Gespräch mit Wolf zurück. Sah die Schwägerin vor sich mit dem kleinen Johannes, gerade mal einen knappen Monat jünger als Ursula. Was musste sie tapfer sein, diese schweren Zeiten allein zu durchleben. Und dann mit dieser Ungewissheit. Der Schwager könnte in der Haft sterben wie viele Glaubensbrüder vor ihm, ein furchtbarer Gedanke.

Das würde auch Wolf schwer treffen, waren die beiden Brüder doch sehr eng verbunden. Johannes als der zwei Jahre Ältere war immer sein Vorbild gewesen. Beide bewirtschafteten einen großen Bergbauernhof, den sie nicht geerbt hatten. Barbara war froh darüber, hatte sie doch auf diese Weise das schwere Leben als Magd hinter sich lassen können und war Bäuerin auf dem schönen Zächerlegghof geworden, auf dem sie sich sehr wohlfühlte.

An die Zeit vorher mochte sie nur ungern denken. Nur ihre Mutter vermisste sie. Auch wenn sie als Magd schwer arbeiten musste, so kümmerte sie sich in der wenigen freien Zeit liebevoll um die einzige Tochter. Die Mutter konnte froh sein, ihre Stellung behalten zu können, als sie mit Barbara in guter Hoffnung war. Was heißt gute Hoffnung für eine ledige Magd. Auch wenn sie und der Vater Michael, schon damals Knecht auf dem Aigenbergerhof, einander liebten, sie hatten als Besitzlose kaum eine Chance, eine Familie zu gründen und sie zu ernähren. Diese bitteren Gedanken mochte Barbara nicht, aber sie kamen ihr öfter in den Sinn. Auf der anderen Seite, Wolfs Vater war auch kein besitzender Bauer, als er Wolfs Mutter heiratete. Doch er bewirtschaftete die Mühle des Guts Ranstl und heiratete eine Tochter des Besitzers des Aigenbergerhofs. Und er verdiente mit der Arbeit in der Mühle genug Geld, um sich diese und das dazugehörige kleine Gehöft zu kaufen. Anders ihr Vater Michael. Er war und blieb Knecht und kümmerte sich wenig um sie. Erst als die Mutter gestorben war, hatte er sie zu sich auf den Aigenbergerhof geholt.

Wolf hatte auch darauf bestanden, ihre beiden Erstgeborenen so zu nennen wie die Kinder von Hans, Martin und Christina. Die beiden großen Kornberger Kinder waren schon fast erwachsen, Martin neunzehn Jahre und Christina siebzehn, und sicher eine große Hilfe für die Mutter in diesen schweren Zeiten. Ein Jahr nach der Geburt der Kornberger Christina hatte sie ihren ersten Sohn Martin zur Welt gebracht, zwei Jahre später folgte ihre Christina. Für die beiden waren die Namensvetter immer ein großes Vorbild, alle vier eng miteinander verbunden.

Zwei Jahre darauf bekamen Anna und sie wie auch jetzt fast gleichzeitig ihr drittes Kind, beide einen Sohn, die Schwägerin den Georg und sie den Christian. Die beiden konnten sie ja nun wirklich nicht mehr auf denselben Namen taufen. Doch dass beide so kurz aufeinander Mutter wurden, vertiefte noch die Verbindung zwischen den beiden Schwägerinnen, die sich schon vorher sehr nahe gestanden hatten. So oft es die Arbeit zuließ, besuchten sich die Familien, auf jeden Fall zu den großen kirchlichen Festen und den Kindstaufen.

Barbaras Gedanken gingen zurück zu den Kindern, den eigenen wie denen des Schwagers und der Schwägerin. Sie selbst hatte alle zwei Jahre ein Kind geboren, Rosina, Thomas, Michael, Katharina, Gertraudt und jetzt nach eineinhalb Jahren die kleine Ursula. Neun Kinder hatte ihr der Herrgott geschenkt, eines aber wieder genommen. Katharina war kurz nach der Geburt an einem heftigen Fieber gestorben. Anna hatte kein Kind verloren, bekam noch Margaretha, genannt nach der Großmutter ihres Mannes, Anna und nun den kleinen Johannes. Da waren es jetzt sechs.

Eigentlich konnten beide Familien Gott danken für so eine große, gesunde Kinderschar, wenn nicht die Verfolgung durch Fürsterzbischof Firmian gewesen wäre. Sie litten schon lange schwer unter den Repressalien der Obrigkeit. Und jetzt auch noch die drohende Ausweisung.

Wo sollten sie denn hin? Den Hof verlassen, den sie erst vor zwölf Jahren übernommen hatten? Weg aus der Bergheimat? Und das ohne ihre Knechte und Mägde, die doch auch zur Familie gehörten, mit denen sie am Morgen wie am Abend gemeinsam beteten, am Wochenende die Andacht hielten und aus der Lutherbibel lasen?

Ursula war satt an der Brust der Mutter eingeschlafen, Barbara schrak aus ihren Gedanken auf, schloss die Bluse wieder und wickelte den Säugling, der darauf wieder erwachte. Sie legte die Kleine zurück in die Wiege.

Das Emigrationspatent

Der Kaiser in Wien und selbst der Papst wünschten kein gewaltsames Vorgehen gegen die Salzburger Protestanten und versuchten, mäßigend auf den Salzburger Bischof einzuwirken.

Die evangelischen Reichsfürsten hatten schon gegen die Ausweisung der Dürrnberger und Deferegger protestiert und die Einhaltung des Westfälischen Friedens gefordert. Die politische Doktrin des Augsburger Religionsfriedens »Cuius regio, eius religio (Wes das Land, des der Glaube) ermöglichte die Ausweisung andersgläubiger Landeskinder, billigte ihnen aber eine Auswanderungsfrist von drei Jahren zu. Doch Firmian fürchtete, dass in dieser Zeit noch mehr Salzburger der lutherischen Lehre folgen würden und er eine so große Anzahl von Untertanen nicht mehr ausweisen könne.

Er wollte erreichen, dass sein Land so schnell wie möglich wieder ganz katholisch würde. So erließ er am 31. Oktober 1731 das Emigrationspatent, in dem er den Evangelischen Aufruhr und Rebellion unterstellte und sie unter Verweigerung der Dreijahresfrist des Landes verwies.

Alle Versuche des Kaiserhofs in Wien und des Corpus Evangelicorum in Regensburg, den Bischof zur Rücknahme des Patents zu bewegen, schlugen fehl.

Christian, Zächerlegg

Gerade war der Nachbar Michael Huber, ein Evangelischer wie sie, aufgeregt auf dem Hof eingetroffen und hatte von dem Emigrationspatent berichtet, das Firmian im ganzen Land habe anschlagen lassen. Es war Sonntag und Michaels Knecht war am Vormittag in St. Johann gewesen, um seine kranke Base zu besuchen. Auf dem Weg zu ihr sei er an der Kirche vorbeigekommen. Viele Menschen hätten vor der Kirchentür gestanden und den Text gelesen, diskutiert und geklagt. Der Knecht habe sich durchschlängeln müssen, um selbst vor die Tür zu gelangen und da stand nun, dass der Erzbischof den Evangelischen Aufruhr und Rebellion unterstellte und sie des Landes verwies. Daraufhin war Michael ebenfalls nach St. Johann hinabgelaufen und hatte selbst den Anschlag gelesen. Darüber stand »Emigrationspatent« und es folgte ein sehr langer Text, den zu lesen und zu verstehen ihm sehr schwer gefallen wäre.

»Das Wichtigste habe ich mir fest eingeprägt: Es wird behauptet, dass ein großer Teil der im Gebirge ansässigen und wohnhaften Untertanen sich gegen den Landesfürsten empört und einen eigenmächtigen Aufstand erregt hätten. Von ›Rebellen‹ seien aufwieglerische Predigten gehalten worden, die Katholischen mit Feuer und Schwert bedroht worden. Daher sieht sich der Erzbischof gezwungen, die Emigration der Evangelischen zu befehlen. Die Unangesessenen, die Tagelöhner, Arbeiter, Dienstboten, Knechte und Mägde, also unser Gesinde, müssen bereits in acht Tagen das Land verlassen, nur mit tragbarem Gepäck. Uns angesessenen, also den besitzenden Bauern, wird eine dreimonatige Frist gewährt, um ihre Höfe zu verkaufen. Dann müssen auch wir das Land verlassen.«

Mutter und Vater waren ganz blass geworden und schauten Michael entsetzt an. Dieser fügte noch zornig hinzu: »Wie geschickt dieser Oberkatholik ist, indem er uns zu Rebellen macht, muss er sich nicht mehr an die Fristen halten und kann uns gleich heraus werfen.«

Christian wusste bereits, dass nach dem Augsburger Religionsfrieden der Landesfürst andersgläubige Landeskinder ausweisen konnte, aber ihnen eine Auswanderungsfrist von drei Jahren zubilligen musste. Das war oftmals vom Vater erzählt worden, um die aufgeregte Mutter zu beruhigen. Schon seit Wochen wurde in der Familie über fast nichts anderes mehr gesprochen. Auch die Nachbarn kamen oft vorbei und diskutierten über drohende Ausweisung und ihre Chancen, doch im Lande bleiben zu dürfen.

Der Vater fand seine Sprache wieder und sprach auch von der Dreijahresfrist. »Dann hätten wir genug Zeit gehabt, um unsere Höfe zu verkaufen«, und fügte grimmig hinzu, »doch Firmian hat Angst davor, dass in dieser Zeit noch mehr Salzburger unserer Lehre folgen und er so viele Untertanen nicht ausweisen kann. Und er hat sich den Zeitpunkt geschickt gewählt. Heute ist Martin Luthers Tauftag. Damit wollte er uns besonders treffen.«

Christian sah in den Augen der Mutter keine Wut, nur eine große Angst. Sie fragte: »In nur drei Monaten sollen wir das Land verlassen. Mit den Kindern, ohne das Vieh, und bis dahin unsere Höfe verkauft haben? Wie soll das gehen? Und wohin sollen wir? Und Johann und Josef müssen vor uns fort, mitten im Winter!« Sie fing an zu weinen. Der Vater nahm sie in den Arm, schaute jetzt, nachdem die erste Wut verraucht war, ebenso ängstlich und ratlos aus.

Christian konnte dies schwer ertragen und sah seinen Bruder Martin an, der neben ihm stand und die ganze Zeit entsetzt und stumm zugehört hatte. Wütend funkelten seine Augen, die Zähne fest zusammengepresst und die Fäuste geballt, ging er fort in den Stall zum Füttern.

Christian folgte ihm: »Was denkst du, müssen wir gehen?« Martin fuhr ihn an: »Nein, wir müssen nicht, wir könnten auch kämpfen. Wenn nur stimmen würde, was da in dem Schreiben von Firmian steht, dass wir Rebellen wären! Wir hätten schon viel früher damit anfangen müssen uns zu wehren. Aber die Eltern und die anderen Bauern haben keinen Mut, sie werden das Land und die Höfe verlassen. Unsere Heimat, in der wir schon seit vielen Generationen leben, einfach aufgeben.« Und er begann, heftig die Futtertröge der Kühe mit der Heugabel zu füllen.

Christian schwieg zunächst und half seinem Bruder. Nach einer Weile meinte er: »Aber die Soldaten sind doch viel stärker als wir und sie haben richtige Waffen. Das hat doch auch schon der Vater gesagt.«

»Wenn wir nur gewollt hätten, hätten wir uns auch Waffen besorgen können. Und auch viel früher die Reichsstände in Nürnberg um Hilfe bitten müssen. Sie hätten auch mehr Druck auf den Erzbischof machen können und sogar Truppen zu unserer Unterstützung senden, denn Firmian verstößt ja schon seit Langem gegen die Beschlüsse des Augsburger Friedens. Vetter Martin ist auch meiner Meinung.«

Christian sagte daraufhin nichts mehr und beendete bedrückt seine Arbeit.

In den folgenden Tagen wurde auf dem Hof von nichts anderem als der bevorstehenden Ausweisung gesprochen. Martin stritt häufig mit dem Vater, lief oft mit hochrotem Kopf aus der Stube. Die Mutter weinte viel, der Vater und auch das Gesinde waren niedergeschlagen, selbst Christians jüngere Geschwister zogen die Köpfe ein und versuchten, ihre Arbeiten still zu erledigen und den Erwachsenen aus dem Wege zu gehen.

Christian suchte weiterhin die Nähe zu Martin und das Gespräch mit ihm. Endlich konnte er mit dem großen Bruder reden, nahm ihn dieser ernst. Bisher hatte ihn Martin als den vier Jahre jüngeren abgetan, sich wenig um ihn gekümmert. Doch Christian begriff, dass er der einzige war, der dem hitzigen großen Bruder nicht widersprach und ruhig zuhörte. Er verstand auch, dass dem älteren als dem zukünftigen Hoferben der Abschied besonders schwer fiel. Auf Zächerlegg war sein weiterer Lebensweg klar vorhersehbar gewesen: Er würde in einigen Jahren eine Familie gründen. Und wenn der Vater und die Mutter alt sein würden und bereit, den Hof abzugeben, würde er zusammen mit seiner Frau den Hof übernehmen. Doch jetzt stand das alles infrage. Niemand wusste, wohin sie gehen sollten, und ob sie je wieder einen Hof besitzen würden.

Auch für Christian war seine Zukunft klar vorbestimmt: Als zweitgeborener Sohn würde er als Knecht auf dem Hof bleiben oder auf einen anderen wechseln. Knecht bliebe er auf jeden Fall. Und das könnte er auch in der Fremde werden.

In den folgenden Wochen besuchte der Vater immer wieder Tante Anna auf dem Kornberghof, die nicht weniger verzweifelt war als sie. Sie fürchtete sich ebenfalls vor der Ausweisung. Und von Onkel Hans hatte sie auch nichts gehört. Sie müsste sich also ohne ihn auf den Weg machen, aber wohin?

Immer wieder kamen auch andere Bauern auf den Hof und besprachen mit dem Vater die Lage. Und der Vater brachte Nachrichten von Bekannten mit, die er auf dem Weg zum Gut Kornberg traf. So erfuhr Christian, dass nicht alle Betroffenen so niedergeschlagen waren wie sie. Sie hofften immer noch, dass die evangelischen Reichsstände in Regensburg den Salzburger Bischof umstimmen könnten.

Die Ausweisung von Johanna und Josef

Doch diese Hoffnung erfüllte sich nicht. Firmian verfügte trotz aller Proteste die schnelle Ausweisung der »Unangesessenen«, der Knechte und Mägde und Tagelöhner, 4.000 an der Zahl.

Schnell erreichte Gut Zächerlegg die Nachricht, das die Vertreibung in Goldegg/ St. Veith ihren Anfang genommen hatte. Die Soldaten drangen in die Häuser ein und zwangen die Knechte und Mägde, sich sofort zu einer Sammelstelle zu begeben. Sie hatten nicht einmal Zeit, das Wenige, das sie besaßen, zusammenzupacken und sich für diese Reise zu rüsten.

So erfuhren sie, dass in Wagrain fast die ganze Gemeinde ihren Knechten und Mägden das Geleit gegeben hatte. Die Bauern forderten vom Landrichter die Herausgabe des Gesindes. Dieses wurde ihnen verweigert, auch eine Bittschrift half nicht, so begleiteten die Bauern ihre Knechte und Mägde bis St. Johann. Immer mehr Menschen schlossen sich dem Zuge an, bis 1.000 Leute in St. Johann eintrafen und darum baten, mit ihrem Gesinde ausreisen zu dürfen. Nur mit Mühe gelang es dem Militär, die Bauern von ihren Knechten und Mägden zu trennen und die Bauern zur Heimkehr zu bewegen. Ähnliches wurde aus Radstadt berichtet.

Hierauf erklärte Wolf seinen Kindern stolz, sonst gäbe es große soziale Unterschiede zwischen Bauern und ihrem Gesinde, das sei immer schon so gewesen. Doch der gemeinsame Glaube und die gemeinsam erlittene Not hätten alle Evangelischen zu einer großen Gemeinschaft gemacht und Standesunterschiede beseitigt. Die Knechte und Mägde gehörten mit zur Familie.

Am 20. Dezember erschienen die Soldaten und forderten die Herausgabe von Johanna und Josef. Christian hörte den Lärm der beschlagenen Stiefel und das Rasseln der Säbel. Schnell kam er aus dem Stall gelaufen und hörte den lauten Befehl des Anführers der Soldaten.

.Er sah Johanna und Josef, die hinter den Eltern standen. Der Vater wollte die beiden nicht ausliefern, doch die Soldaten nahmen eine drohende Haltung ein. Martin ballte die Hände zu einer Faust, doch der Vater hielt ihn zurück. Johanna und Josef waren wie gelähmt, verschwanden dann doch in ihren Kammern, um das Nötigste in einem Bündel zusammenzupacken. Die Mutter fand gerade noch Zeit, einige Lebensmittel für beide in ein Tuch einzuschlagen und ihnen etwas Geld zuzustecken. Ein paar warme Sachen für den Winter hatte sie ihnen schon vorher eingepackt, denn die Familie wusste ja, dass Johanna und Josef bald abgeholt würden Der Abschied war tränenreich, Christians kleinen Geschwister klammerten sich an die beiden und wollten sie nicht gehen lassen. Die Soldaten drängten zum Aufbruch. Die Mutter und der Vater umarmten sie noch einmal, ebenso Martin und Christian. Dann wurden Magd und Knecht von den Soldaten in die Mitte genommen und verließen den Hof. Die Familie stand in der Haustür und winkte den beiden hinterher, die kleinen Geschwister schluchzten laut und der Mutter liefen die Tränen.

Auch für Christian war der Abschied von Johanna und Josef schrecklich. So viele Jahre waren sie schon auf dem Hof, für ihn und die Geschwister immer da gewesen. Sie hatten an den gemeinsamen Andachten teilgenommen, gehörten eben mit zur Familie. Würden sie sich überhaupt jemals wiedersehen? Und wohin ging ihr Weg?

Am Tag zuvor waren schon Else und Franz abgeholt worden, Knecht und Magd auf dem Kornberghof, das hatte die Familie auf Zächerlegg durch den Vetter Martin erfahren. Dieser war gleich danach zu ihnen geritten, um davon zu berichten.

Er erzählte atemlos, dass seine Mutter, die Tante Anna ganz außer sich sei. Auch Else und Franz gehörten zur Familie und waren wichtige Helfer auf dem Hof. Und gerade jetzt, da die Tante Anna nicht wusste, wie es ihrem Mann ginge und ob er wieder zurückkommen würde, wie sollte sie ohne sie auskommen?

Die Soldaten wären plötzlich auf dem Hof erschienen und forderten den sofortigen Aufbruch von Else und Franz. Auch hier blieb ihnen kaum Zeit, das Nötigste zusammenzupacken. Anna steckte ihnen auch noch Nahrung und Geld zu und ein paar warme Sachen für den Weg im kalten Winter. Dann mussten auch sie sich von ihr und ihren Kinder verabschieden. So viele Jahre waren sie schon am Hof, für die jüngeren Kinder immer dagewesen.

Martin hatte seinen Bericht beendet und der Vater legte seinen Arm um dessen Schulter. Und er sagte, der einzige Trost auf beiden Höfen wären die großen Kinder, die schon fleißig mit anpacken konnten. Die beiden Martins und die beiden Christinas wären schon fast erwachsen und den ganzen Tag im Einsatz. Zum Glück arbeiteten sie nicht wie die großen Kinder vieler benachbarter Bauern als Knechte und Mägde auf anderen Höfen, standen den Eltern ganz zur Verfügung. Auch Christian und die kleineren Kinder würden bereits mitarbeiten, hätten schon ihre festen Aufgaben.

Nach dem Besuch von Martin wussten Christian und seine Familie, dass auch Johanna und Josef bald abgeholt würden. Aber dass dies gleich am nächsten Tag geschehen würde, damit hatten sie nicht gerechnet.

Und sie wussten auch nicht und erfuhren auch erst später in Ausschnitten auf ihrem eigenen Weg, wie es dem Gesinde weiter ergangen war.

Die Soldaten des Kaisers brachten die Knechte und Mägde an die bayerische Grenze. Sie waren der winterlichen Kälte ausgesetzt und nicht einmal ausreichend mit Kleidung, Geld und Nahrung versehen.

In Tittmonning saßen sie wochenlang frierend und hungernd fest, da ihnen die bayerische Regierung zunächst die Durchreise verweigerte. Denn es waren ja Rebellen, die in Bayern nichts zu suchen hatten! Sie sollten dem Lech entlang bis zur schwäbischen Grenze folgen. Aber auch in Waging und Teisendorf wurde ihnen die Einreise verweigert.

Nach langen Verhandlungen des Salzburger Abgesandten mit der bayerischen Regierung durfte sich der Zug durch Bayern begeben. Viele zogen nach Schongau am Lech, dann nach Kaufbeuren, die Pongauer nach Memmingen, die Radstädter nach Kempten und die übrigen nach Augsburg, Ulm und Tübingen. Einige erhielten Arbeit und Unterkunft in Kaufbeuren, die meisten blieben in Ulm, der Rest fand in Tübingen und im übrigen Württemberg eine neue Heimat.

Else und Franz waren noch jung, litten aber dennoch unter dem Abschied von ihrer Heimat und der Drinkherfamilie, der sie über so viele Jahre verbunden waren, und unter den Strapazen der langen Reise. So waren beide froh, endlich in Kempten eine Anstellung zu finden, zwar in zwei verschiedenen Haushalten, aber sie hielten weiterhin Kontakt miteinander und den anderen zehn Knechten und Mägden aus dem Radstädter Raum.

In Memmingen bekamen Johanna und Josef vom Zächerlegghof eine Anstellung, zusammen mit vielen anderen Unangesessenen aus St. Johann. Auch sie versuchten, mit dem anderen Gesinde aus ihrer Region in Verbindung zu bleiben.

Doch hatten sie nie wieder Kontakt zu den Drinkherfamilien. Ebenso wenig erfuhren diese von dem weiteren Schicksal ihrer ehemaligen Mägde und Knechte.

5. Februar bis 6. Mai – Vor dem Aufbruch

Johanna und Josef waren bereits vor sechs Wochen abgeholt worden. Die Stimmung auf dem Zächerlegghof blieb weiter bedrückt und Christian trauerte um die beiden. Zudem blieb immer noch unklar, wann nun auch seine Familie ausgewiesen würde und wohin sie gehen sollten.

Die Schikanen nahmen weiter zu. Ende Dezember war der Vater nach St. Johann zum Amt bestellt worden. Er sollte dort ein Gesuch unterschreiben, in dem geschrieben stand, dass er um die Verlängerung der im Immigrationspatent festgesetzten Auswanderungsfrist auf das Frühjahr 1732 bitten würde. Doch der Vater war vorbereitet. Stolz berichtete er, Glaubensbrüder hätten ihm mitgeteilt, dass dies ein Betrugsmanöver vom Firmian wäre, da sie damit selbst darum ersuchen würden, früher als in drei Jahren auszuwandern. Und er habe natürlich wie die anderen nicht unterschrieben.

Die Nachrichtenübermittlung unter den Evangelischen klappte gut, trotz der Entfernungen waren immer wieder Boten unterwegs, die Neuigkeiten verbreiteten. So erfuhren die Zächerlegger, dass die Ausweisung der Mägde und Knechte nicht nur den Protest der evangelischen Reichsstände ausgelöst hatte. Auch der König von Preußen drohte mit Repressalien gegen die katholische Kirche, falls der Salzburger Erzbischof die Dreijahresfrist nicht einhalte. Der Kaiser aus Wien kündigte an, einen Unterhändler zu schicken, den ehemaligen Salzburger Hofkanzler Gentilotti. Der Versuch, mit der Bittschrift die Bauern selber um eine baldige Ausweisung zu bitten, war ja fehlgeschlagen.

So erhielten die Zächerlegger auch die Nachricht, dass Gentilotti inzwischen in Salzburg eingetroffen war und Firmian vorgeworfen habe, der Nachweis für eine Rebellion der Evangelischen sei noch nicht erbracht und die Befragung der Bauern entspräche nicht der Darstellung des Erzbischofs, alle Bauern wollten schon im Frühjahr auswandern. Er verlangte eine neuerliche Befragung der evangelischen Untertanen.

Doch Firmian und sein Kanzler gaben nicht auf. Wieder wurde ein Edikt erlassen und am 2. Februar an der Kirchentür von St. Johann aufgehängt. Martin, der Besorgungen für die Familie erledigte, las es und berichtete, dass alle öffentlichen religiösen Veranstaltungen verboten wurden, ebenso das Singen lutherischer Lieder sowie der Versuch, andere zum evangelischen Glauben zu bekehren. Allein Hausandachten wurden noch erlaubt.

Doch die Zächerlegger, wie die andern evangelischen Bauernfamilien ließen sich davon nicht beirren. Weiter wurde gemeinsam gebetet und gesungen, die Bibel und die Schaitbergerschriften gelesen.

Noch einmal musste Wolf zum Amt. Erneut sollte er ein Schriftstück unterschreiben, dass angeblich Bauern aus anderen Pfleggerichten unterschrieben hätten und darum baten, im Frühjahr ausreisen zu dürfen. Wolf unterschrieb wie viele andere Glaubensbrüder wieder nicht. So war die Familie entsetzt, als bekanntgegeben wurde, alle Evangelischen hätten ihre Unterschrift geleistet. Erst später erfuhr er, dass der Prokurator betrogen und selbst seinen Namen unter die Schriftstücke gesetzt hatte, und zwei Zeugen bestätigten, dass das auf Bitten der Bauern geschehen sei, die nicht schreiben konnten.

Am 5. Februar gab es nun einen neuen Anschlag: Der Erzbischof setzte als Auswanderungsfrist das Fest des heiligen Georg, den 24. April fest.

Auf Gut Zächerlegg und auch auf dem Kornberghof löste diese Nachricht wie auf allen anderen Höfen der Evangelischen große Unruhe und Angst aus. Wohin sollten sie gehen, stünde ihnen eine ebenso schreckliche und ziellose Wanderung bevor wie den Knechten und Mägden?

Ende März erreichte eine neue Nachricht den Zächerlegghof: Der König von Preußen erließ das »Einladungspatent«, eine Entschließung, in der er sich bereit erklärte, die evangelischen Salzburger in sein Land aufzunehmen und in Ostpreußen anzusiedeln.

Barbara und Wolf atmeten auf, endlich hatten sie ein Ziel. Allerdings wusste keiner von ihnen, wo dieses Ostpreußen lag. Auf jeden Fall weit weg im Preußischen. Weder sie noch Anna hatten bisher ihre Höfe verkaufen können, hofften aber, dass der König von Preußen ihnen dabei helfen würde. Und vielleicht würde ihnen zur Auswanderung doch noch die Dreijahresfrist zugestanden.

An Georgi, dem 24. April, war der von Firmian angeordnete Termin der Ausweisung der Angesessen gekommen. Doch keiner der Evangelischen folgte dieser Anweisung. Bis zuletzt hatten alle gehofft, dass es dem Corpus Evangelicorum in Regensburg doch noch gelingen würde, den Salzburger Bischof umzustimmen. Doch als dieser nicht nachgab, fügten sie sich dem Zwang und verließen ihre Güter.

Die beiden Familien standen weiterhin in ständigem Kontakt miteinander und den anderen nahestehenden betroffenen Bauernfamilien. Häufig waren es jetzt die beiden ältesten Söhne, die Martins, die von Hof zu Hof reisten und die neuesten Nachrichten austauschten. Schließlich war auch auf Gut Kornberg und Zächerlegg angekommen, dass ein Aufschub nicht zu erreichen war, die Ausreise kurz bevorstand. Wolf war es trotz großen Bemühens nicht gelungen, beide Güter zu verkaufen, zu viele Bauern versuchten dasselbe und die Zeit war viel zu kurz.

Nun waren sie in großer Sorge, was sollte in der Zwischenzeit mit den Höfen und mit dem Vieh geschehen? Es mussten Verwalter gefunden werden, die den Besitz pflegen und erhalten würden. Denn es bestand immer noch die Hoffnung, später zu verkaufen, dafür selbst noch einmal zurückzukehren oder einen Vertreter zu finden, der diese Aufgabe übernähme.

Wolf fand in St. Johann einen der wenigen noch verbliebenen katholischen Nachbarn, der seinen Hof bis zum Verkauf weiterführen wollte. Er hatte genügend Knechte und auch große Kinder, die ihn bei der Arbeit unterstützen würden. Es sollte ihnen nicht zum Nachteil gereichen, standen ihm doch auf einem Mal eine große Zahl von gesunden Kühen, Schafen und viel neue Weidefläche zu Verfügung, für die er nichts zahlen musste.

Anna musste länger suchen. Endlich fand sich der jüngere Sohn eines katholischen Bauern aus Altenmarkt bereit, ihren Hof zu verwalten. Dafür gab er seine Knechtsstelle im Pongauischen auf und hoffte, genug zu verdienen, um den Besitz selbst erwerben zu können. Auf diese Weise hatte er eine Chance, als Zweitgeborener zu einem Hof zu kommen. Zuvor hatte er noch gehofft, über eine Heirat mit einer Bauerntochter, die ohne erbberechtigte Brüder aufwuchs, einen Hof zu erben; doch bisher hatte er vergeblich nach einer solchen Ausschau gehalten.

Es herrschte emsiges Treiben auf den Höfen, Reisevorbereitungen wurden getroffen, Planungen angestellt: Was konnten sie mitnehmen? Was würde am dringendsten für die lange Reise benötigt? Für die beiden Säuglinge wurden tragbare Babywiegen gezimmert, Rucksäcke genäht, in der jeder seine Kleidung zum Wechseln und den Proviant unterbringen konnte.

Doch bald erreichte sie eine neue Ankündigung, die großes Entsetzen auf den beiden Höfen auslöste: Da die Zahl der Ausgewiesenen zu groß war für einen gemeinsamen Aufbruch, verordnete Salzburg einen gesonderten Termin für jedes Pfleggericht. An diesem mussten sich die Bauernfamilien auf bestimmten Sammelplätzen zusammenfinden und sofort auf den Weg machen. Da Gut Zächerlegg zum Pfleggericht St. Johann und Kornberg zu Radstadt gehörte, würden sie nicht gemeinsam reisen können. Die Radstädter würden gut einen Monat vor den St. Johannern aufbrechen, Anna also allein mit ihren Kindern ziehen müssen, ohne die Unterstützung durch Schwager und Schwägerin. Und was war mit Hans? Würden sie ihn überhaupt wiedersehen?

Aber dann kam Martin vom Kornberghof mit einer guten Nachricht: Der Prozess gegen die Abgeordneten der Schwarzacher Versammlung war abgeschlossen, alle Angeklagten waren mangels Beweisen freigesprochen worden. Am 8. Mai 1732 entließ man sie aus der Haft .Sie durften nicht mehr auf ihre Höfe zurückkehren und wurden sofort des Landes verwiesen.

Anna mit ihren Kindern und auch die Zächerlegger waren unglaublich erleichtert über diese Nachricht. Hans war am Leben und frei! Er würde sie nicht auf dem ersten Teil des Zuges begleiten können, aber sie würden sich bald wiedersehen.

2. DIE EMIGRATION

Zächerlegg

Am Abend zuvor war noch ein heftiges Gewitter durchgezogen und hatte etwas Abkühlung gebracht. Dennoch fand Barbara keinen Schlaf. Wolf wälzte sich unruhig von einer Seite auf die andere, er schien schlecht zu träumen. Schon im Morgengrauen stand Barbara auf und bereitete das Frühstück für die Familie zu. Kurze Zeit später folgte ihr Wolf, umarmte still seine Frau und weckte die Kinder. Ein letztes Mal wurde gemolken und gefüttert. Danach versammelten sich die Zächerlegger um den Esstisch, aßen ihre Morgengrütze und tranken die frisch gemolkene Milch.

Nach dem Abwasch packte die Mutter noch den Proviant ein und überprüfte die Bündel der Kinder, fütterte ein letztes Mal Ursula und legte sie in die Holzwiege. Zwei dieser Tragewiegen hatte Wolf zuvor geschreinert, eine für Annas jüngsten Sohn Johannes, die zweite für die eigene kleine Tochter.

Inzwischen war auch ihr katholischer Nachbar angekommen, der Bauer Gruber, der ihren Hof fürs Erste bewirtschaften würde. Wolf führte ihn noch einmal durch die Ställe und das Haus. Die Zächerlegger würden ihm einen gut bestellten Hof überlassen. Das Heu war eingefahren, für den Winter vorgesorgt, das Vieh kräftig und gesund.

Auch Barbara und die Kinder gingen noch einmal still durch das Haus und den Stall. Sie verabschiedeten sich von den Tieren, ihrem Hof und den Nachbarn. Noch einmal blickte Barbara über das Land und die gegenüberliegenden Berge. Die Sonne war gerade aufgegangen, und es kündigte sich wieder ein heißer Sommertag an.

Doch viel Zeit blieb ihnen nicht, Wolf drängte zum Aufbruch.

Alle schulterten ihr Gepäck, Rucksäcke, Bündel, Barbara die Holzwiege mit der kleinen Ursula. Bedrückt wanderten sie den Weg nach St. Johann hinunter.

Als sie eine knappe Stunde später den Sammelplatz am Ortsausgang erreichten, war er schon voller Menschen, alles bekannte Gesichter, Protestanten wie die Zächerlegger. Barbara, Wolf und die Kinder wurden von allen begrüßt, doch es waren leise, verhaltene Umarmungen. Viele Frauen weinten, und auch die Männer hatten Tränen in den Augen.

Fast alle Exulanten trugen ihr Gepäck auf dem Rücken. Nur die wohlhabenden Bauern konnten es sich leisten, den Weg mit Pferd und Wagen zurückzulegen und somit einen Teil ihres Hausrats und der Gerätschaften mitnehmen. Nur wenige hatten es geschafft, ihre Höfe vorher zu verkaufen. Diese Pferdegespanne begleiteten den Zug, auf denen auch die Alten, Kranken, die Wöchnerinnen und die kleinsten Kinder befördert wurden. Wolf war es gelungen, einige seiner Gerätschaften und einen Teil des Hausrats am Tag zuvor auf dem Gespann eines befreundeten Bauern unterzubringen.

Gerichtsdiener zählten die versammelten Protestanten. 2.020 sollten sich auf den Weg machen; nur 300 Einwohner blieben zurück. Das Militär hatte zuvor dafür gesorgt, dass sich alle evangelischen Familien am Sammelplatz eingefunden hatten.

Am späten Nachmittag erging das Signal zum Aufbruch. Langsam setzte sich der Zug in Bewegung. Schweren Herzens lief Barbara neben ihrem Mann. Schon bald nahm er ihr die Tragewiege ab.

Sie erinnerte sich an Anna und ihre Kinder. Einen Monat zuvor, am 30. Mai, hatten die Kornberger gemeinsam mit den Radstädter Evangelischen das Land verlassen. Sie, die Zächerlegger Drinkhers, waren zum Sammelplatz gefahren, um sich von Anna, den Kindern, anderen Verwandten und Freunden zu verabschieden. Eine ungewisse, weite Reise lag vor ihnen. Würden sie alle gesund ankommen? Allein die Freude auf ein Wiedersehen mit Hans tröstete die Familien.

Und sie hatten den Weg ja nicht allein antreten müssen. Anna und ihre Kinder waren mit vielen evangelischen Nachbarn, auch einigen Verwandten unterwegs. Die Zeit der Verfolgung hatte sie einander näher gebracht. Auch wenn die Wege zu den vereinzelt liegenden Höfen weit waren, so gab es doch immer wieder Zusammenkünfte, auch gemeinsame Andachten, auf denen sie sich trafen. Jetzt zogen sie miteinander los, sie erlitten gemeinsam die Ausweisung und unterstützten sich gegenseitig.

Wie sie hatte sich Anna mit ihren Kindern zu Fuß auf den Weg machen müssen. Nur das Nötigste konnten sie mitnehmen. Kleidung zum Wechseln, das letzte verfügbare Geld. Jedes der Kinder, bis auf die allerkleinsten, bekam einen Rucksack oder Beutel auf den Rücken. Sie trugen ihre eigene Wäsche und die erste Wegzehrung mit sich. Den kleinen Johannes trug sie in einer von ihrem Schwager Wolf gezimmerten Holzwiege auf dem Rücken. Wenn er ihr zu schwer wurde, konnte sie ihn auch einmal auf einem Wagen der Familie Rainer ablegen, das hatten sie vereinbart. Dort hatte sie auch eine Kiste mit ihrer Kleidung und den Familienpapieren untergebracht.

Es war ein tränenreicher Abschied, alle umarmten sich noch einmal, nicht nur die Frauen und Kinder weinten. Langsam setzte sich der lange Zug in Bewegung und zog aus der kleinen Stadt hinaus.

Und nun waren die Zächerlegger mit den St. Johannern unterwegs. Barbara litt unter dem Abschied von der Heimat und dem beschwerlichen langen Weg in eine ungewisse Zukunft. Die neun Geburten waren auch nicht spurlos an ihr vorüber gegangen. Alle zwei Jahre ein Kind, das letzte gar nach eineinhalb Jahren. Ursula war noch ein Säugling und musste gestillt werden, und das auf dem langen Fußweg durch das fremde Land. Barbara konnte die vielen neuen Eindrücke kaum verarbeiten. Ihr fehlte auch ihr Rückzugsort am Ofen in der Stube.

Die kleine Gertraudt wurde häufig auf einen der Wagen gesetzt. Mit ihren zwei Jahren konnte sie noch nicht lange genug laufen. Wolf war auch gut beladen, trug wie die übrigen Kinder in einem Rucksack die Kleidung, wichtige Papiere, das Geld und den Proviant, manchmal auch noch seine Tochter Ursula.

Salzburg

Zwei Tage später erreichten die Auswanderer Salzburg. Doch zuvor war der Zug der St. Johanner bereits in drei Gruppen aufgeteilt worden, da nicht alle auf einmal unterwegs lagern und versorgt werden und sie nicht zusammen in die Landeshauptstadt einziehen konnten.

Wolf achtete darauf, dass sie mit ihren engsten Freunden, Verwandten und Nachbarn aus St.Johann – Obkirchen zusammenblieben. Dennoch mussten sie sich von vertrauten Mitgläubigen trennen, wieder ein Abschied. Mit gut 700 Exulanten zogen sie in Salzburg ein.

Barbara, Wolf und ihre Kinder und auch die meisten der Exulanten sahen diese große Stadt zum ersten Mal. So zogen sie gemeinsam ein in die Straßen der Landeshauptstadt, staunten über die großen Häuser und die engen Straßen. Voll war die Stadt, laut, voller ungewohnter, auch übler Gerüche. Am Straßenrand und in den Fenstern standen die Salzburger Bürger und begafften den Zug der Bauern. Dies war nicht der erste Trupp von Exulanten, den sie sahen, aber immer wieder war es eine Sensation, dieses seltsame Landvolk anzuschauen, das seine Heimat für den Glauben aufgab. Die Zächerlegger fühlten sich unter den Blicken der Einwohner unwohl. Sie waren so ganz anders gekleidet als sie und sie trafen nur auf wenige freundliche Blicke. Auch wussten sie, dass Firmian in Salzburg residierte, der ihre Verfolgung und Ausweisung so unerbittlich angeordnet hatte.

Die begleitenden Soldaten führten den Zug vor die Hofkanzlei und forderten die Auswanderer auf, Ruhe zu bewahren. Auf dem Balkon erschien der Hofkanzler Rall und hielt eine Rede.

Er forderte die Exulanten auf, dass sie sich reichlich überlegen möchten, welchen Drangsalen und Gefahren sie sich selbst aussetzten, indem sie ihr Vaterland, welches sie zur Welt gebracht und ernährt hätte, und ihre Güter verließen und sich Wohnungen in weit entfernten Gegenden suchten. Sie sollten in solch einer wichtigen Sache keinen unüberlegten Schritt tun und sich zugleich erinnern, dass sie durch den Abfall von der alten katholischen Lehre sich der ewigen Seligkeit verlustig machen könnten ...

Voller Zorn und ohnmächtiger Wut hörten die Exulanten zu. Nach der erlittenen Verfolgung und Vertreibung fühlten sie sich verhöhnt, lächerlich gemacht. Martin war kurz davor zu explodieren und loszuschreien. Barbara spürte dies und legte ihm mahnend die Hand auf den Arm. Er solle Ruhe bewahren und sie nicht in Schwierigkeiten bringen.

Die Exulanten hörten schweigend zu. Keiner folgte der Aufforderung Ralls zur Umkehr.

Später erfuhren sie, dass Rall diesen Auftritt vor jedem Emigrationszug abhielt. Alle Auswanderer mussten dieses Theater über sich ergehen lassen, keinen bewog es, im Lande zu bleiben und seinem Glauben abzuschwören.

So waren die Zächerlegger froh, Salzburg endlich verlassen zu können. Sie zogen weiter nach Norden. In Teisendorf erreichten sie die Landesgrenze.

Bevor sie das Salzburger Land verließen, wurde ihnen von einem Staatsbediensteten noch einmal die Rede Ralls vorgelesen, aber wieder kehrte keiner der Exulanten um.

Der Abschied vom Heimatland löste auch Erleichterung aus, die Salzburger Repressalien hinter sich gelassen zu haben. Doch der Blick zurück war mit Trauer erfüllt. Barbara und Wolf war bewusst, dass sie ihre Heimat wohl nie wiedersehen würden. Sie schauten noch einmal auf die Berge zurück. Diese waren schon viel kleiner geworden, vor ihnen tat sich die Ebene auf. Sie befanden sich nun im Bayerischen, ebenfalls einem katholischem Land, in dem sie sich nicht willkommen fühlten.

Ankunft in Bayern

Doch groß war die Erleichterung, als sie vom preußischen Kommissar Johann Göbel empfangen wurden. In Ötting, gleich hinter der Grenze, nahe der Stelle, an der die Salzach in den Inn mündet, hatte Göbel einen Stand errichtet und zählte zunächst die Einwanderer. Zwischen

Anfang April und Ende August sandte er sechsundzwanzig Kolonnen mit je 800 Seelen nach Preußen, die meisten zwischen Juni und Juli.

Göbel sprach zu ihnen: »Liebe Salzburger aus St. Johann! Ich heiße euch im Namen des Königs von Preußen, Friedrich Wilhelm I., herzlich willkommen. Wie ihr alle wisst, war der König so gnädig, für euch das Einladungspatent auszustellen und euch in der fruchtbaren Provinz Ostpreußen anzusiedeln. Bis dorthin müsst ihr einen weiten Weg zurücklegen, doch es soll gut für euch gesorgt werden.«

Anschließend stellte er ihnen Kommissar Müller vor, der ihren Zug begleiten würde, ein freundlich aussehender Mann in den Vierzigern mit schütterem Haupthaar, wie Christian feststellte.

Dieser ließ das im Einladungspatent zugesicherte Verzehrgeld verteilen: Für jeden Mann täglich vier Groschen, für die Frauen je drei und die Kinder je zwei Groschen. Jetzt stellte er ihnen noch ihren weiteren Weg vor: Es sollte möglichst durch evangelische Gegenden gehen, über Augsburg und Donauwörth in die Grafschaft Oettingen, dann durch Nürnberg und die Markgrafschaft Anspach-Bayreuth, durch Thüringen, das Vogtland und Sachsen, durch Bamberg, Erlangen, Eisleben, Leipzig, Halle und Magdeburg bis Berlin.

Für Christian war das Ganze ein großes Abenteuer. Auch er war wie seine Familienmitglieder noch nie weiter als bis Radstatt oder Eben gekommen, und jetzt ging es auf so eine weite Reise! Er spürte wohl die Sorge der Eltern, sah die Erschöpfung der Mutter und half ihr, wo er nur konnte. Manchmal trug er die kleine Gertraudt, wenn sie nicht auf dem Wagen schlief und auch Christina nicht mehr konnte. Sonst blieb er nicht immer bei der Familie. Wenn es der Vater erlaubte, lief er zu den anderen gleichaltrigen Buben aus St. Johann, mit denen er seine Eindrücke austauschte. Und er erlebte in den Wochen der Reise soviel wie nie zuvor, die verschiedenen Landschaften und die vielen kleinen und großen Städte.

Bevor sie in eine Stadt eintraten, wurde er wie die anderen Kinder zu seiner Familie gerufen. Der preußische Kommissar Müller rief die Salzburger immer wieder zur Ordnung auf. Sie sollten geordnet in Zweierreihen durch das Stadttor eintreten, um einen guten Eindruck zu machen, die Kinder bei den Familien bleiben, damit sie in der Menge nicht verloren gingen. Sonst war der Kommissar ein sympathischer Mann, ein bisschen rundlich, saß aber gut auf seinem Pferd und war freundlich zu allen Kindern. Christian nahm wahr, wie sehr ihn auch die Erwachsenen achteten. Er hatte ein Ohr für alle Klagen, verteilte das Verzehrgeld und sorgte mit seinen Gehilfen auch für die Versorgung und die Unterkünfte der Familien.

Augsburg

Die St. Johanner erreichten die Stadt am Lech am 6. August. Zunächst lagerten sie vor der Stadt und wurden hier herzlich von Pfarrer Samuel Urlsperger empfangen.

Müller hatte ihnen schon zuvor berichtet, dass Augsburg durch ihn zum Sammelpunkt der um ihres evangelischen Glaubens willen vertriebenen Salzburger geworden war. Pfarrer Urlsperger gewann über die Grenzen seines Amtsbereiches hinweg ein wachsendes Ansehen durch sein Eintreten für Arme, Schwache und Verfolgte. So engagierte er sich auch für die Exulanten aus Salzburg. Er besuchte sie bei Tag und Nacht, organisierte ihren Aufenthalt, gab ihnen Unterricht und predigte in ihrem Lager. Außerdem sammelte er in Augsburg und weit darüber hinaus Spenden für sie.

Am Silvesterabend 1731 erreichte als erste Gruppe eine große Zahl von Unangesessenen das Rote Tor der Stadt. Es war der erste von insgesamt elf Zügen mit 6.116 Emigranten, die Augsburg passierten. Die letzte größere Gruppe traf am 11. August 1732 in Augsburg ein.

Die St. Johanner waren eine der letzten Kolonnen, die durch das Rote Tor in die Stadt am Lech einzogen. Wie immer führte Kommissar Müller seinen Treck zu Pferde an. Ihm folgten die St. Johanner, dahinter Christian mit seiner Familie. Die Kirchenglocken läuteten zu ihrem Empfang.

Christian kam aus dem Staunen nicht mehr heraus. So große Häuser und Kirchen hatte er noch nie gesehen, viele waren aus Stein gebaut. Die Kirchen hatten keine Zwiebeltürme wie die in St. Johann und Altenmarkt, manche waren riesig. Oft standen sie an großen mit Kopfsteinen gepflasterten Plätzen mit einem Brunnen in der Mitte, neben dem Rathaus und stolzen Bürgerhäusern. Und dann die vielen Menschen, die am Straßenrand standen, aus den Fenstern lehnten und sie anschauten. Wie anders sahen sie aus als die Salzburger Bauersleute. Die Frauen trugen bodenlange Kleider, nicht einmal die Füße waren zu sehen. Die Röcke seiner Mutter und der anderen Salzburgerinnen waren viel kürzer und die gestrickten Strümpfe und die ledernen Schuhe gut sichtbar. Viele der Städterinnen hatten nicht einmal Kopfbedeckungen oder auch nur ganz kleine, während die Mutter und die anderen Frauen des Zuges alle flache Hüte mit breiten Krempen trugen, ganz ähnliche wie der Vater und die anderen Bauern aus St. Johann. Die städtischen Männer waren auch nicht mit den weiten Bundhosen der Salzburger bekleidet, die immer unterhalb des Knies endeten. Ihre Hosen waren oftmals schmal und lang, gingen bis zum Knöchel. Schnell lernte er, die feinen Bürger von den einfachen Dienstboten zu unterscheiden. Die einen trugen kostbare, farbenprächtige Gewänder, oft auch große, dazu passende Umhänge, die anderen einfachere leinene Kleidung und hielten sich mehr im Hintergrund. Besonders achtete Christian auf die gleichaltrigen Kinder, Buben wie Mädchen. Sie waren gekleidet wie die Erwachsenen und sahen sehr fein aus, musterten ihn und die anderen Bauernkinder neugierig.

Barbara erlebte den Einzug in die Städte mit gemischten Gefühlen. Der Aufruf des Kommissars löste eine besondere Anspannung in ihr aus. Während Wolfgang danach schaute, dass die Familie beisammen war, überprüfte sie schnell die eigene Kleidung, schaute auch nach der ihrer Kinder und ihres Mannes. Die Münder der Kleinen wurden abgewischt, Oberteile, Röcke und Hosen zurecht gezupft, ganz verschmutzte Kleidung, wenn die Zeit blieb, noch gewechselt. Dann kam der feierliche Moment, der Einzug in die Stadt. Es wiederholte sich viele

Male und löste nach einiger Zeit weniger Ängste aus. Denn je weiter sie nach Norden kamen, desto freundlicher wurden sie empfangen.

Schrecklich war für sie der Zug durch die katholischen Gegenden, in denen, wenn möglich, die großen Städte vermieden wurden.

Wie anders war es in den evangelischen Städten, in denen sie alle willkommen waren. Und dennoch fühlten sie sich auch von diesen Städtern gemustert und abtaxiert. Diese Menschen in ihren teuren Roben wirkten so anders, die Frauen waren so herausgeputzt; wie unpraktisch mussten die langen Röcke sein, viele gingen ohne Kopfbedeckung oder nur mit kleinen Häubchen, die viel von den Haaren sehen ließen, wie schamlos.

Der Zug machte auf dem Marktplatz halt. Hier wurden die Salzburger von den Honoratioren willkommen geheißen, der Bürgermeister hielt eine Rede, danach wurden die Exulanten zu einem gemeinsamen Festmahl eingeladen. An den langen Tischen fanden alle Platz und wurden reichlich mit Essen und Trinken bedient. Mägde liefen eifrig hin und her, füllten die Schüsseln und Krüge neu auf. Christian saß zwischen Martin und Michael und ließ es sich schmecken.

Auch Barbara war nach dem langen Weg hungrig und aß sich satt. Ihr Blick schweifte gleichzeitig von der großen Zahl der ins Essen vertieften Landsleute über die emsigen jungen Mägde hin zu den dahinter stehenden Städtern, die ihren Gästen bei ihrem Mahl zusahen. Ihr war nicht wohl zumute, unter dem Blick der fremden Menschen zu speisen. Sie sah nach Ursula, die in ihrer kleinen Tragewiege hinter ihrem Platz lag, sich kurz meldete, dann aber wieder einschlief.

Jetzt fand sich auch der Pfarrer Samuel Urlsperger ein. Er ging von Tisch zu Tisch und sprach mit den Exulanten, erkundigte sich nach ihrem Befinden, hörte sich ihre Sorgen an und versprach sie zu unterstützen. Doch zunächst lud er die Salzburger zu einem Gottesdienst ein.

Als Christian das erste Mal in das große Gotteshaus eintrat, hielt er die Luft an. So einen riesigen Raum hatte er noch nie gesehen! Große Fenster, die viel Licht einließen, Säulen trugen das hohe Dach. Und sie war auch so ganz anders ausgestattet als die heimischen Kirchen. Sie war viel weniger ausgeschmückt, es fehlten die Heiligenbilder und -statuen.

Auch Barbara, Wolfgang und die anderen Kinder traten voller Staunen und Ehrfurcht ein. Es war ein ganz besonderer Moment, das erste Mal ein evangelisches Gotteshaus zu betreten.

Erst einmal konnten sie sich auf den Bänken niederlassen, das war eine Wohltat vor allem für Barbara. Jetzt sah auch sie sich um. Ihr gefiel die Feierlichkeit und gleichzeitige Schlichtheit des großen Raumes. Doch wirkte die Kirche auch dunkler als ihre heimische kleine Barockkirche und ihr fehlte die Muttergottes, die sie in der Not so gern angerufen und die ihr viel Trost gespendet hatte. Warum fand sie eigentlich keinen Platz mehr in dieser evangelischen Kirche? War das nur hier so oder überall?

Nun ertönte die Orgel und Barbara wurde aus ihren Gedanken aufgeschreckt. Noch nie hatte sie so einen vollen Klang gehört. Der Gottesdienst begann. Vor die Gemeinde trat Samuel Urlsperger in seinem schwarzen Gewand mit der weißen Halskrause. Auf dem Weg nach Augsburg hatte sie schon einige protestantische Geistliche gesehen. Wie feierlich, aber auch düster sie aussahen! Die heimischen katholischen Pfarrer waren bunter, manchmal aber auch schlampig gekleidet gewesen.

Doch Samuel Urlsperger war ein freundlicher, bescheidener Mann. Er begrüßte die Salzburger und die ganze Gemeinde, hieß sie in seiner Kirche und der Stadt willkommen und lobte ihren festen Glauben und ihren Mut, sich dem Gebot des Salzburger Erzbischof zu widersetzen. Danach sangen sie zum ersten Mal das lutherische Kirchenlied »Ein feste Burg ist unser Gott« in so einer großen Gemeinde. Sie brauchten nicht in das vor ihnen liegende Gesangsbuch schauen, sie kannten es alle und hatten es in den heimischen Andachten oftmals gesungen. Es folgten noch ein gemeinsam gesprochenes Vaterunser, das Glaubensbekenntnis und noch viele Lieder, von denen sie nur wenige im Gesangbuch nachschlagen mussten. Und sie konnten alles verstehen, der Geistliche sprach kein Latein!

Jetzt wurde es noch einmal besonders feierlich. Pfarrer Urlsperger rief die Salzburger auf, die sich trauen lassen wollten. Zwei Paare traten vor, sie hatten sich noch in der Heimat verlobt. Das eine Paar wollte sich nicht mehr katholisch trauen lassen, dem anderen hatte der katholische Priester die Trauung verweigert. Jetzt konnten die Exulanten das erste Mal erleben, wie eigene Landsleute im lutherischen Ritus verheiratet wurden!

Doch noch nicht genug, es wurden auch noch drei Säuglinge getauft. Zwei waren kurz vor der Ausweisung auf die Welt gekommen, der jüngste vor einer Woche auf der Reise.

Barbara, Wolf und ihre Kinder verfolgten die Zeremonie mit angehaltenem Atem. Selbst die kleine Gertraudt war den gesamten Gottesdienst ganz still gewesen, hatte wohl die Feierlichkeit der Eltern gespürt. Ursula hatte im Arm der Mutter die ganze Zeit geschlafen und wurde erst wieder wach, als sie die Kirche verließen.

Sie begann zu schreien, denn sie war hungrig und nass. Barbara wurde nervös. Sie suchte einen ruhigen Platz, um ihre Tochter wickeln und stillen zu können. Sie fand ihn auf dem Wagen, auf dem sie häufiger mitfuhr. Sie setzte sich abgewandt von den anderen und gab Ursula verborgen unter einem Tuch die Brust und wickelte sie anschließend.

Inzwischen hatte der Kommissar begonnen, die Salzburger Familien zu sammeln, um sie auf ihre Quartiere aufzuteilen. Auch der Pastor war dabei und unterstütze ihn. Auf dem Platz vor der Kirche warteten schon die Bürger, die eine Familie aufnehmen wollten, einige wurden auf die Wirtshäuser und Schulgebäude aufgeteilt.

Des Öfteren waren die Drinkher schon Gäste in Bürgerfamilien gewesen, wurden freundlich aufgenommen und bewirtet, erhielten sogar zwei Zimmer zum Schlafen, in denen sie reichlich Platz fanden.

Doch dieses Mal gab es nicht genug Raum in privaten Häusern. Wolfgang und seine Familie bekamen ein großes Zimmer in einem

Gasthaus zugewiesen; auf die drei Betten und einen Strohsack mussten sich alle verteilen. Barbara und Wolf bezogen mit Ursula das erste, Christian mit Thomas und Michael das zweite, Christina, Rosina und Ursula das dritte Bett. Martin nahm mit dem Strohsack vorlieb.

Christian war es seit Beginn der Reise gewohnt, mit seinen kleinen Brüdern das Bett zu teilen. Meistens schliefen die beiden am Kopf- und er am Fußende. Ihn störte das nicht, meistens war er von den vielen Eindrücken so erschöpft, dass er nicht einmal wach wurde, wenn Michael oder Thomas unruhig schliefen und ihn ein Fuß heftig in die Seite trat.

Barbara war ebenfalls am Abend todmüde, fand aber nicht immer so schnell in den Schlaf. Die Ereignisse des Tages und auch viele Gedanken schwirrten ihr im Kopf herum. Auch die Sorge um die Zukunft: Würden sie alle die Reise gut überstehen und wo würden sie landen? Wie würde es ihnen in dem fremden Land Ostpreußen ergehen? Sie hatte gar keine Vorstellung davon, wie es dort aussehen würde. So ähnlich wie in dem Land, in dem sie jetzt waren? Nichts von den Landschaften, durch die sie zogen, erinnerte sie an die Heimat. Es war entweder nur ein wenig hügelig oder ganz flach.

Immer wieder überfiel sie die Sehnsucht nach den St. Johanner Bergen und dem ruhigen Zächerlegghof. Erinnerungen stiegen auf, Bilder von dem großem, aus Holz gebauten Wohnhaus mit dem Kachelofen, den grünen Hängen, den hohen Bergen rundherum, dem weiten Himmel über allem.

Das alles hatten sie aufgegeben, weil sie so fest im Glauben standen. Es war ein hoher Preis, den sie zahlen mussten. Einige wenige Nachbarn hatten die Heimat nicht verlassen können. Sie waren wieder katholisch geworden und durften so bleiben. Barbara konnte sie verstehen, doch für ihren Mann Wolfgang und seinen Bruder Hans wäre das nicht vorstellbar gewesen. Für sie stand der evangelische Glaube über allem.

Am nächsten Tag versammelten sich die St. Johanner noch einmal in dem großen Lager vor der Stadt, auf dem auch die Wagen des Trecks abgestellt worden waren. Der Kommissar verteilte zusammen mit den von den Salzburgern gewählten Heerführern das Tagesgeld und die Verzehr-Groschen. Pfarrer Urlsperger kam wieder zu ihnen, hielt mit ihnen eine Andacht ab und sprach mit einzelnen Salzburgern über ihre Sorgen und Nöte, sorgte auch für medizinische Hilfe durch die Augsburger Ärzte.

Barbara fasste sich ein Herz und ging zu ihm. Sie fragte ihn nach den Radstädtern, ob sie auch durch Augsburg gezogen wären. Es müsse etwa vor einem guten Monat gewesen sein. Als Urlsperger dies bejahte, fragte sie auch nach Anna und ihren Kindern. Und wie froh war sie, als er sich an die Schwägerin und an das Gespräch mit ihr erinnerte! Sie hatte ihm auch von ihrem Mann berichtet, der in Festungshaft war, und auch von seinem Bruder und seiner Familie, mit denen sie nicht zusammen reisen durfte. Ja, sie wären alle wohlauf gewesen, Anna und die Kinder.

Der Pfarrer bemerkte, welche Erleichterung diese Nachricht bei Barbara auslöste, aber er spürte auch etwas von der Schwermut der Salzburger Bäuerin und fragte sie, wie es ihr auf der Reise ergehe. Sie hatte Vertrauen zu dem feinfühligen Pastor gefasst und konnte das erste Mal von ihrem Kummer berichten. Urlsperger hörte ihr zu, Barbara spürte, dass er sie verstand. Er verurteilte sie auch nicht für ihre Glaubenszweifel, er konnte ihre Trauer um den Verlust der Heimat und ihre Angst vor der ungewissen Zukunft gut verstehen. Er wünschte ihr viel Kraft, sprach noch ein gemeinsames Gebet mit ihr und segnete sie.

Getröstet und gestärkt begab sich Barbara wieder zu ihrer Familie und berichtete von den guten Nachrichten über Anna und die Kinder. Die übrige Familie freute sich und begab sich wieder in die Stadt und ihr Quartier, in dem sie noch einen Tag rasten durften.

So war Barbara am Tag der Abreise aus Augsburg in einer besseren Stimmung.

Auf ihrem weiteren Weg Richtung Berlin passierten sie noch viele Städte, in denen sie immer wieder nach den St. Johannern und nach der Familie von Anna und Hans fragten.

Nürnberg

Am 10. August zogen die St. Johanner in die große Stadt an der Pegnitz ein.

Viel hatten sie schon von ihr gehört. Kommissar Müller erklärte ihnen, dass die mächtige freie Reichsstadt bereits seit der Reformation protestantisch sei.

In Nürnberg trafen sie Josef Schaitberger. Hier hatte er 1686 nach seiner Vertreibung aus Dürrnberg eine neue Heimat gefunden.1732 konnte er noch seine Landsleute begrüßen, als sie durch die Stadt zogen; ein Jahr später starb er. Sie alle kannten ihn und seine Schriften und begegneten ihm mit Ehrfurcht.

Wolf suchte das Gespräch mit ihm und fragte ihn, ob er von seinem Bruder und seiner Familie gehört hatte. Schaitberger hieß ihn freundlich willkommen und berichtete, die freigelassenen Abgeordneten des Schwarzacher Tages hätten ihn Anfang Juni aufgesucht. Er habe schon vorher von ihrem Schicksal erfahren und sie gerne empfangen. Gemeinsam hätten sie gebetet und auch sein Exulantenlied gesungen. Ja, und einige Zeit später wären die Radtstädter eingetroffen und mit ihnen Hans' Frau und seine Kinder. Hans hätte sie ihm vorgestellt. Sie sei ihm mit großer Ehrfurcht begegnet.

Und Schaitberger fügte noch nachdenklich hinzu, er wisse nicht, wie Hans vor der Festungshaft ausgesehen hatte, aber er wäre sehr schmal und blass gewesen, aber auch sehr froh, frei und wieder mit seiner Familie vereint zu sein.

Barbara und Wolf waren sehr froh über diese Nachricht.

Auf ihrem weiteren Weg fragten sie aber noch viele Male vergeblich nach der Familie vom Kornberghof. Entweder hatten sie eine andere Route genommen oder niemand erinnerte sich an sie.

Doch zunächst sangen sie mit Schaitberger zusammen noch sein Lied, er allerdings nur noch mit brüchiger, leiser Stimme:

Ich bin ein armer Exulant
Also muß ich mich schreiben,
Man thut mich aus dem Vaterland
Um Gottes Wort vertreiben.

Doch weiß ich wohl, Herr Jesu mein,
Es ist dir auch so gangen,
Jetzt soll ich dein Nachfolger sein,
Mach's, Herr, nach dein'm Verlangen.

Ein Pilgrim bin ich auch nunmehr,
Muß reisen fremde Straßen:
Drum bitt' ich dich, mein Gott und Herr!
Du wollst mich nicht verlassen.

Ach steh mir bei, du starker Gott!
Dir hab' ich mich ergeben;
Verlaß mich nicht in meiner Noth
Wenn's kosten soll mein Leben.

Den Glauben hab' ich frei bekannt,
Deß darf ich mich nicht schämen;
Ob man mich einen Ketzer nannt,
Und thut mir's Leben nehmen.

Ketten und Band war mir ein' Ehr,
Um Jesu willen zu dulden:
Denn dieses macht die Glaubenslehr'
Und nicht mein bös Verschulden.

Ob mir der Satan und die Welt
All mein Vermögen rauben,

Wenn ich nur diesen Schatz behält:
Gott und den rechten Glauben.

Herr, wie Du willst, ich geb mich d'ren,
Bei dir will ich verbleiben,
Ich will mich gern dem Willen dein
Geduldig unterschreiben.

Muß ich gleich in das Elend dort,
So will ich mich nicht wehren,
Ich hoffe doch, Gott wird mir dort
Auch gute Freund' bescheeren.

Nun will ich fort in Gottes Nam',
Alles ist mir genommen,
Doch weiß ich schon die Himmelskron'
Werd' ich einmal bekommen.

So geh' ich heut' von meinem Haus,
Die Kinder muß ich lassen,
Mein Gott, das treibt mir Thränen aus
Zu wandern fremde Straßen.

Ach führ' mich Gott, in eine Stadt,
Wo ich dein Wort kann haben,
Damit will ich mich früh und spat
In meinem Herzen laben.

Soll ich in diesem Jammerthal
Nach lang' in Armuth leben,
Gott wird mir dort im Himmelssaal
Ein' bessere Wohnung geben.

Wer dieses Liedlein hat gemacht,
Der wird hier nicht genennet,
Des Papstes Lehr' hat er veracht'
Und Christum frei bekennet.

Unterwegs wurde häufiger Halt gemacht und eine Andacht abgehalten, bei der aus der Bibel und den Schaitberger-Sendbriefen gelesen und auch das Exulantenlied gesungen wurde. An fast allen Orten wurden Wolf, Barbara und die St. Johanner von ihren Glaubensbrüdern und -schwestern festlich empfangen, freundlich in ihren Häusern aufgenommen, bewirtet und beschenkt. Kirchglocken läuteten und Gottesdienste wurden abgehalten. Viele Orte druckten eigene Erinnerungsschriften, und die Zeitungen berichteten über jeden der Züge. Ganz Europa nahm Anteil an den Emigrationszügen.

Leipzig

Drei Wochen später erreichte der St. Johanner Treck Leipzig. Hier erwartete sie eine besondere Überraschung: Gleich nach ihrer Ankunft wurden sie in die Thomaskirche geleitet. Welch eine beeindruckende Kirche! Im Mittelschiff saßen sie in den vordersten Reihen, eine andere Gruppe der Radtstädter ihnen gegenüber. Der wohlbeleibte Kantor Bach selbst dirigierte zwei seiner Kantaten. Noch nie hatten sie eine solche Musik gehört. So wunderbare Stimmen, welche die Arien sangen, und dazu der Chor, die Violinen, das Cello und die Orgel.

Besonders ging ihnen der Text der Kreuzstabskantate zu Herzen, als wäre er für sie geschrieben worden:

Ich will den Kreuzstab gerne tragen,
er kommt von Gottes lieber Hand,
der führet mich nach meinen Plagen
zu Gott, in das gelobte Land.

Da leg ich den Kummer auf einmal ins Grab,
da wischt mir die Tränen mein Heiland selbst ab.
Mein Wandel auf der Welt ist einer Schifffahrt gleich;
Betrübnis, Kreuz und Not
sind Wellen, welche mich bedecken.
Und auf den Tod mich täglich schrecken;
Mein Anker aber, der mich hält,
ist die Barmherzigkeit,
womit mich Gott oft erfreut.
Der ruftet so zu mir; ich bin bei dir:
ich will dich nicht verlassen noch versäumen!
Und wenn das wütenvolle Schäumen
sein Ende hat,
so tret ich aus dem Schiff in meine Stadt,
die ist das Himmelreich,
wohin ich mit den Frommen
aus vielen Trübsal werde kommen.

Die zweite Kantate: »Brich dem Hungrigen Dein Brot« schien für ihre Retter geschrieben zu sein, den preußischen König und die vielen evangelischen Gläubigen, die ihnen auf ihrem Weg viel Gutes taten:

Selig sind die, die aus Erbarmen
sich annehmen der fremden Not,
sind mitleidig mit den Armen,
bitten treulich für sie Gott.
Die behülflich sind mit Rat,
auch, womöglich, mit der Tat,
werden wieder Hülf empfangen,
und Barmherzigkeit erlangen.

Barbara und ihre Familie waren tief bewegt. Noch lange klang die wunderbare Musik in ihnen nach. Doch auch in Leipzig konnten die St. Johanner Exulanten nur kurz Station machen. Der Weg führte sie weiter über Halle und Magdeburg nach Berlin.

Berlin

Barbara und Wolf erreichten Berlin Ende August, an einem warmen Sommertag. Auch sie waren beeindruckt vom Empfang in der großen Stadt. Der Schlosspark mit den gepflegten Gartenanlagen, den langen Baumreihen und den blühenden Blumen gefiel vor allem Barbara. Wieder waren einige der adeligen Bewohner des Hofes erschienen, um diesen Zug der Salzburger Exulanten zu empfangen. An üppig gedeckten Tischen durften sie Platz nehmen und wurden von den Bediensteten mit Speis und Trank versorgt. Dieses Mal war der König nicht zugegen, aber ein wichtiger Hofbeamter begrüßte sie im Namen des Schlossherrn, lobte ihre Glaubenstreue und wünschte ihnen einen erholsamen Aufenthalt in Berlin. Zum Glück fiel seine Rede nicht zu lang aus, so dass sich die Salzburger in Ruhe stärken konnten. Danach wurden sie wie immer auf die verschiedenen Quartiere aufgeteilt.

Barbara und Wolfs Familie kamen dieses Mal bei einer Pfarrersfamilie unter. Der Pfarrer begrüßte sie freundlich und führte den kleinen Familienzug zu seinem Haus an.

Neben der Kirche stand das stattliche Pfarrhaus, in dem sie von der Pfarrersfrau und den fünf Kindern herzlich empfangen und von ihnen in zwei helle Zimmer geführt wurden, die für eine Woche ihre Unterkunft sein würden. Die fünf Kinder des Hauses waren zusammengerückt und hatten ihre Räume für die Gäste frei gemacht.

Am Abendbrottisch fanden sich alle zusammen ein, die Pfarrers- und die Salzburger Familie. Der Pfarrer begrüßte seine Gäste noch einmal freundlich und drückte seine Freude aus, eine so fest im Glauben stehende evangelische Familie in seinem Haus beherbergen zu dürfen.

Darauf sprach er gemeinsam mit seinen Gästen ein Vaterunser und ein Tischgebet. Im Anschluss stellte er noch seine Kinder vor. Jetzt konnte das Essen beginnen.

Christian durfte neben dem gleichaltrigen Paul sitzen. Mit ihm hatte er Bekanntschaft geschlossen und dieser hatte ihm gleich seinen kleinen Schatz an Zinnsoldaten gezeigt. Christian gegenüber saß die vierzehnjährige Anna, deren braune Augen und dunklen Locken ihm besonders gefielen. Sie würdigte ihn aber keinen Blickes, unterhielt sich bald intensiv mit Christina und musterte immer wieder verstohlen Martin.

Eifersucht regte sich in Christian, als er sah, dass Martin dies bemerkte und sie ebenfalls häufiger ansah. Schließlich nahm sein großer Bruder auch am Gespräch der beiden Mädchen teil. Das hatte es bisher noch nicht gegeben, mit seiner Schwester und ihren Freundinnen hatte er selten ein Wort gewechselt. Anna schien es dabei gut zu gehen. Ihre Wangen waren leicht gerötet. Sie sprach viel, ihre Blicke gingen zwischen Christina und Martin hin und her. Auch Martin schien Vergnügen an der Unterhaltung zu finden, er lächelte, wirkte viel lebendiger als sonst. Christian kannte ihn vorwiegend als schweigsamen und häufiger zornigen jungen Mann.

Christians Eltern bekamen von all dem wenig mit; sie beantworteten bereitwillig die Fragen der Gastgeber nach ihrer Heimat und dem bisherigen Verlauf ihrer Reise.

Barbara gefiel es in dem Pfarrhaus, ihr tat der freundliche Empfang gut. Der Pastor erinnerte sie in seiner Art an Samuel Urlsperger, wenn auch beide von völlig anderer Statur waren. Urlsperger war hager und groß gewachsen, der Berliner Pfarrer klein und gut genährt. Sie war auch anderen Geistlichen begegnet, in den Gottesdiensten und bei dem Empfang in den vielen Städten, durch die sie gereist waren. Immer im schwarzen Talar, streng und feierlich. Dieser Pastor war so freundlich und menschlich und er hatte eine Familie, eine ihm angetraute Frau und Kinder! Sie kannte doch nur die katholischen Pfarrer, alle unverheiratet, doch oft mit ihrer Haushälterin lebend, wie alle wussten.

Auch der Gedanke, eine Woche rasten und Kraft tanken zu dürfen, tat ihr gut. Sie fühlte sich geschwächt von der langen, aufregenden Reise. Durchnässt von einem heftigen Regenguss auf dem Weg nach Leipzig hatte sie sich verkühlt und litt seither an einem heftigen Husten, der sich kaum besserte.

Die aufmerksame Frau des Pfarrers bemerkte dies und kochte ihr immer wieder einen Bronchialtee. Doch als dieser nicht half, ließ sie einen Arzt kommen, der Barbara eine Husten lösende Arznei verschrieb. Langsam erholte sie sich, der Husten klang ab. Die Ruhe und fürsorgliche Behandlung taten ihr gut.

Christian beobachtete weiterhin Martin und Anna sehr genau und bekam mit, dass sich beide heimlich trafen. Bei Tisch saßen sie jetzt nicht mehr beieinander, wechselten aber verstohlene verliebte Blicke. Dies schürte zunächst Christians Eifersucht, es wurmte ihn, den großen Bruder wieder im Vorteil zu sehen. Als jüngerer wurde er von den Eltern weniger ernst genommen und jetzt zog die hübsche Anna Martin noch vor. Na ja, sie war ja auch zwei Jahre älter als er, eigentlich schon zu alt für ihn, stellte Christian schließlich fest.

Und dann gab es auch noch Paul, den jüngeren Bruder von Anna. Die beiden Buben wurden Freunde. Dabei hatten sie es nicht immer leicht, einander zu verstehen, so verschieden waren ihre Sprache und ihr Hintergrund. Christians Welt war geprägt von dem Leben auf dem Hof in den Bergen, den Tieren, der gemeinsamen Arbeit mit der Familie. Paul dagegen wuchs in der Großstadt auf, in einem Pfarrhaus, besuchte die Schule und musste nur bei kleinen Besorgungen helfen. Doch schnell fanden die beiden Jungen gemeinsame Interessen und durchstreiften die Stadt.

Christian nahm die vielen Eindrücke begeistert und mit allen Sinnen auf, das Leben auf den Märkten, die vielen Geräusche und Gerüche, die allerdings nicht immer nur angenehm waren.

Er bestaunte die vielen verschiedenen Bewohner der Stadt: Handwerker, Tagelöhner, Dienstmädchen, Händler und auch die feinen

Damen und Herren und lernte, sie an ihrer Bekleidung und ihrem Verhalten zu unterscheiden.

War die Berliner Woche auch die längste Zeit auf ihrer Reise, welche die Salzburger an einem Ort verbrachten. Sie verging wie im Fluge. Der Abschied fiel allen schwer.

Christian mochte sich kaum von seinem neuen Freund trennen, hatten sie sich doch gerade erst gefunden. Sie versprachen einander zu schreiben, in Kontakt zu bleiben. Paul war sich nun ganz sicher, er würde Pastor werden wie sein Vater und dann nach Ostpreußen gehen zu den Salzburgern. Dann würden sie sich wiedersehen!

Getröstet von diesem Versprechen nahmen sie Abschied.

Auch Barbara war schwer ums Herz. Ihr hatte die Gastfreundschaft im Pfarrhaus sehr gut getan. Sie hatte überhaupt keine Lust, sich wieder auf den Weg zu machen in eine so ungewisse Zukunft.

Martin und Anna fiel der Abschied besonders schwer. Nur eine Woche hatten sie Zeit für ihre sich im Verborgenen entwickelnde Liebe. Sie wussten, dass sie keine gemeinsame Zukunft haben würden, sie als Pfarrerstochter und er als mittelloser Bauernsohn. Doch träumten sie ebenso wie Paul und Christian von einem Wiedersehen. Wenn die Familie in dem fremden, anscheinend so fruchtbaren Ostpreußen einen Hof bekäme und erfolgreich bewirtschaftete, er Jungbauer würde, könnte sie nachkommen und sie beide heiraten. Sie wollten miteinander in Kontakt bleiben, sich Briefe schreiben. Zuerst wäre Martin dran, er würde berichten, wo die Zächerlegger sich niederließen und wie es ihnen erging. Mit diesem Versprechen trennten sich die beiden.

Nun stand noch ein anderer Abschied an, denn in Berlin teilten sich die Züge der Exulanten erneut auf: Die Salzburger, die Pferde und Wagen, Vieh und Hausrat retten konnten, wählten den Landweg. Es waren 5.533, die in elf Trupps mit 780 Wagen und 1.167 Pferden von Berlin über Landsberg, Küstrin, Köstlin, Betow, Preußisch-Holland und Brandenburg am frischen Haff nach Königsberg zogen. Da die Reise nicht ungefährlich war, begleiteten Reiterabteilungen die Transporte. Die beschwerliche Landreise dauerte durchschnittlich siebenunddreißig Tage. Der erste Transport erreichte Königsberg am 6. August, der letzte zeitgleich mit dem letzten Seetransport am 8. November 1732.

Der sechzehnjährige Martin musste sich hier von seiner Familie trennen. Er fuhr gemeinsam mit dem Großcousin, Christian Rainer, auf dem Landweg nach Königsberg. Dieser stammte auch aus St. Johann und beide Familien waren einander sehr verbunden. Auf dessen Wagen durften die Drinkhers Hausrat und Gerätschaften unterbringen. Als Gegenleistung versorgte Martin wie zuvor unterwegs die Pferde.

Ihm fiel der Abschied von den Eltern und Geschwistern nicht leicht. Das erste Mal in seinem Leben war er für längere Zeit ohne seine Familie, und er wusste nicht, ob er sie wiedersehen würde. Auf der anderen Seite war er stolz, dass ihm der Vater diese Aufgabe zutraute.

Christian beneidete Martin um dessen Aufgabe. Wie gerne hätte er mit ihm getauscht! Die abenteuerliche Reise mit Pferd und Wagen wäre sehr spannend gewesen. Auf der anderen Seite freute er sich auf die bevorstehende Überfahrt mit dem Segelboot, auf diese wollte er nicht verzichten.

Auch Barbara nahm schweren Herzens Abschied von ihrem ältesten Sohn. Sie hatte sich noch nie von ihm getrennt. Würde er diese Reise gesund überstehen? Sie hatte gehört, wie gefährlich der Landweg war, wie oft schon Trecks überfallen worden waren. Wolf versuchte sie zu trösten, Martin wäre sehr vernünftig und vorsichtig. Außerdem würden berittene Soldaten den Zug begleiten und beschützen.

Die Exulanten, die den Weg zu Fuß fortsetzten, wanderten nach Stettin, um von dort mit Schiffen nach Ostpreußen zu fahren. So machten sich die St. Johanner mit der Familie von Wolf und Barbara wieder auf den Weg.

Jetzt gab es für die Auswanderer, die zu Fuß Richtung Stettin unterwegs waren, keine Möglichkeit mehr, auf den Wagen zu rasten. Besonders für die geschwächte Barbara war dies eine große Belastung. Immer häufiger musste Wolf die kleine Ursula übernehmen. Gertraudt wurde von Christina getragen.

Stettin

Nach einer guten Woche erreichten sie endlich Stettin, die Hafenstadt an der Ostsee. Eine Stadt mit vielen Gebäuden aus dem dunkelroten Klinker, dem sie auf der Reise in den Norden schon öfter begegnet waren. Doch Christian und seine Familie waren weniger an der Stadt selbst interessiert, sie suchten schnell den Weg zum Hafen.

So vieles hatten sie schon auf der Reise erlebt. Die Bergbewohner, die selten von ihren Höfen kamen und außer ihren Bergen kaum etwas kannten, waren auf ihrer Reise in vielen großen und kleinen Städten gewesen, begegneten so vielen Menschen mit unterschiedlichsten Mundarten und ungewohnter Kleidung, sahen Landschaften, die sich so sehr von ihrer Salzburger Heimat unterschieden.

Es war immer flacher geworden, nur ab und zu ein wenig hügelig. Und nun der weite Blick über das Meer, die Ostsee.

Noch nie hatten sie so viel Wasser gesehen, Wasser, so weit, wie der Blick reichte. In Wellen klatschte es an die Kaimauer, das graublaue Wasser ging am Horizont in den trüben blassblauen, von dunklen, schnell bewegten Wolken bedeckten Herbsthimmel über. Der Wind wehte stürmisch, die Möwen kreischten und flogen über das Wasser auf der Suche nach Beute, ließen sich auch auf den Masten der am Ufer vertäuten, leicht schaukelnden Segelboote nieder.

Mit großen Augen bestaunte Christian die Zwei- und Dreimaster, versuchte jede Einzelheit aufzunehmen. Der lang gestreckte Bootskörper mit den Bullaugen, die hohen Masten, die ein wenig mager und nackt in den Himmel stachen. Doch wo waren die Segel? Auf einigen Bildern hatte er schon große Boote mit aufgeblähten Segeln auf dem Wasser dahin gleiten sehen. Seinen Vater oder seine Freunde konnte er nicht fragen, sie kannten sich mit den Schiffen nicht aus.

So konnte er es kaum erwarten in See zu stechen, im Gegensatz zu seiner Mutter, die mit voller Skepsis und Angst das Meer und die großen Schiffe besah. Nie im Leben würde sie eines dieser schaukelnden Boote betreten oder gar auf ihnen mehrere Tage segeln!

Wie alle Salzburger kannte sie nur die kleinen Gebirgsbäche, die sich im Tal zu größeren Wildwassern verbanden und die Mühlen und Sägewerke betrieben. Sie hatte nicht schwimmen gelernt. Mit einem Boot war sie noch nie gefahren. Und nun dieses grenzenlose Wasser, das nicht zu enden schien.

Auch Wolf war in Anbetracht der Ostsee und der Segelboote still geworden, atmete aber tief durch und versuchte seine Frau aufzumuntern. Zum Glück riefen die Helfer des Kommissars die Salzburger zu ihrem Sammelplatz, um ihnen ihr Verzehrgeld auszuzahlen und auf die Quartiere aufzuteilen. Doch lange sollte der Aufenthalt in Stettin nicht währen, da sich bald die Herbststürme ankündigten und die Exulanten so schnell wie möglich in See stechen sollten. Bereits am nächsten Tag sollten sich alle wieder im Hafen versammeln und auf die Schiffe aufgeteilt werden.

Barbara konnte in der folgenden Nacht kaum ein Auge zutun. Immer wieder sah sie das schaukelnde Schiff vor sich, das jederzeit im Meer versinken konnte. Ursula spürte wohl auch etwas von der Angst der Mutter und schlief sehr unruhig in der kleinen Wiege neben Barbaras Bett. Erst als der Morgen graute, fiel sie in einen kurzen Schlaf und wurde am frühen Morgen von dem Geschrei des hungrigen Säuglings geweckt.

Auch Christian war es schwergefallen einzuschlafen, doch mehr aus freudiger Aufregung. Wie seine Mutter hatte er wenig Appetit beim Frühstück, drängte bald zum Aufbruch.

Die Seefahrt

So versammelten sich die Salzburger wieder am Kai und wurden vom Kommissar auf die Boote aufgeteilt. Barbara, Wolf, ihre sieben Kinder und weitere 145 St. Johanner lernten so den Schiffer Michel Pirwitz kennen, einen alten, kräftigen Seebären, mit dessen Dreimaster sie nach Königsberg segeln sollten.

Zunächst weigerten sich Barbara und auch viele andere Männer und Frauen, das schwankende Schiff zu betreten, doch schließlich überredete sie der Schiffer einzusteigen. Er sprach mit ruhiger, bedächtiger Stimme von seinen langen Erfahrungen als Seemann, er würde sie bestimmt sicher nach Königsberg bringen. Und sie hatten auch keine andere Wahl, alle mussten mit.

Zögerlich erkundeten die Erwachsenen das Schiff. Christian wie auch andere Kinder wären am liebsten gleich losgestürmt, wurden aber von den Eltern zurückgehalten. Die engen Schlafräume unter Deck reichten kaum für die vielen Mitreisenden; die Kojen mussten unter den Familien aufgeteilt werden, auch das wenige Gepäck war kaum unterzubringen. Provisorisch wurde mit einigen Decken etwas Privatraum geschaffen.

In der Zwischenzeit hatten Michel Pirwitz und drei seiner Matrosen die Segel gesetzt, den Anker gelichtet und das Schiff legte ab. Christian war schnell wieder an Deck zurückgekehrt und hatte alles genau mit angesehen, hätte am liebsten mitgeholfen.

Langsam nahm das Schiff Fahrt auf, die Segel blähten sich im Wind, Christian war total begeistert.

Barbara spürte vor allem das ständige Schwanken des Bootes, das über die Wellen rollte; ihr wurde schlecht. Wie viele andere Salzburger war sie die folgenden zehn Tage ständig seekrank. Sie konnte kaum etwas essen und magerte sehr ab. Zum Glück hatte Ursula inzwischen begonnen, auch feste Nahrung zu sich zu nehmen, sonst wäre sie sicher verhungert.

Selbst Christian, der den Matrosen gern bei der Arbeit half, litt einige Tage unter heftiger Übelkeit. Da er sich viel an Deck aufhielt, erholte er sich schneller als andere Mitreisende. Nur wenn es zu sehr stürmte, musste er mit den anderen unter Deck, denn es wurde oben zu gefährlich.

Schwer waren die Nächte, die Luft in den überfüllten Kojen verbraucht, es roch auch ständig nach Erbrochenem.

Zudem war das Essen einseitig, immer wieder Schiffszwieback, Kartoffeln und gepökeltes Fleisch. Viele Salzburger, vor allem die Kinder, litten an Durchfall und Erkältungskrankheiten. Von den einundsechzig Kindern starben sechzehn, zum Glück aber keines der Drinkher-Kinder.

Nach zehn langen Tagen und Nächten sahen die Reisenden endlich in der Ferne eine Stadt auftauchen. Die Überfahrt war beendet.

3. OSTPREUSSEN

Königsberg

Am 19. Oktober 1732 erreichten Barbara und Wolf Drinkher mit ihren Kindern endlich Königsberg.

Bei der Einfahrt in den Hafen staunten sie über die stattlichen Häuser und Speicher der großen Stadt am Meer. Sie waren alle aus Klinker gebaut, dem rot gebrannten Ton, den sie aus ihrer Heimat nicht kannten. Und so viele Stockwerke hatte jedes Haus. Aus dem oberen ragte oft ein Seilzug, mit dem die Waren von den Schiffen in die oberen Räume gehoben wurden.

Mit wackeligen Beinen verließen die Salzburger das Schiff. Jeder trug sein Gepäck, Wolf auch die kleine Gertraudt. Noch lange schien der Boden unter ihnen zu schwanken. Doch was kam nun auf sie zu?

Wie sie später erfuhren, waren bereits Anfang Mai die ersten Transporte in der ostpreußischen Hafenstadt angekommen und wurden sehr feierlich empfangen.

Jetzt, Mitte Oktober, fanden sich nur noch wenige Schaulustige ein. Sie wurden vom Kommissar Friedrichs und seinen Gehilfen empfangen. Diese gingen die Listen durch und überprüften die Namen der Auswanderer, notierten auch, wie viele der Exulanten unterwegs verstorben waren.

Für eine Woche erhielten sie Quartier in Königsberg. Barbara war sehr geschwächt und musste im Hospital behandelt werden. Wolf und die Kinder wurden in der Nähe untergebracht und besuchten Barbara täglich.

Gleich nach ihrer Ankunft fragten sie nach ihrem ältesten Sohn Martin sowie nach Hans und seiner Familie. Sie erfuhren, dass die Radstädter bereits vor zwei Monaten in Königsberg angekommen und kurz darauf nach Gumbinnen aufgebrochen waren. Vom St. Johanner Treck, dem Martin angehörte, war noch nichts bekannt.

Doch bereits zwei Tage später traf er mit seiner Gruppe in Königsberg ein.

Die Ankunft des großen Trecks war nicht zu übersehen. Mit 500 Salzburgern war er gereist, dazu die vielen Pferde und Wagen. Auch sie waren erschöpft, gezeichnet von dem entbehrungsreichen und gefahrvollen Weg. Mehr als einmal war der Treck überfallen worden. Wie gut, dass sie von den Reiterabteilungen begleitet wurden, welche die Exulanten erfolgreich verteidigten. Wie anstrengend die Reise gewesen war, zeigte sich an den vielen Opfern. Von den 204 Kindern des Trecks waren fünfundzwanzig auf dem Weg gestorben.

Wie glücklich waren Wolf und Barbara, ihren Martin gesund wiederzusehen!

Christian nutzte die Zeit in Königsberg, um die lebendige Stadt an der Ostsee kennenzulernen. Am liebsten trieb er sich im Hafen herum und bestaunte die Segelboote. Zu gern wäre er mit einem der großen Handelsschiffe auf große Fahrt gegangen. Er hatte Gefallen an der Seefahrt gefunden und spielte mit dem Gedanken, auf einem der Segler als Smutje anzuheuern. Ein wenig hatte er schon gelernt auf der Fahrt, davon könnte er auch erzählen. Dann aber mochte er seine Familie nicht allein lassen.

Der Weg nach Gumbinnen

Am Ende der Woche sammelte Kommissar Friedrichs die Salzburger und drängte zum Aufbruch. Die Reise sollte nach Gumbinnen weitergehen, der Hauptstadt von Preußisch-Litauen. Jetzt waren die Schiffs- und Landreisenden aus St. Johann wieder vereint, insgesamt 650 Salzburger machten sich auf den Weg.

Eine Woche sollte die Reise dauern, so sagte der Kommissar. Sie lernten jetzt das Land kennen, das ihre neue Heimat werden sollte.

Bei der Reise der Radstädter war es noch Sommer gewesen und das Land hatte sich erst einmal von seiner besten Seite gezeigt. Die

Sonne schien, am Wegesrand und auf den Wiesen blühten viele Blumen. Barbara und Wolf erlebten es im Herbst, das Laub der vielen Wälder war bereits bunt verfärbt, der Wind wehte kräftig. Flach war das Land, unendlich weit, so ganz anders als ihre Salzburger Gebirgsheimat. Sie hatten auf dem Weg von Berlin nach Stettin und Königsberg bereits die norddeutsche Tiefebene kennen gelernt. Doch hier war alles noch dünner besiedelt. Und immer wieder tauchten Seen und Flüsse auf. Hier gab es so viel Wasser! Die Wege waren schlecht, von vielen Regengüssen ausgewaschen. Die Wagenlenker mussten sehr vorsichtig manövrieren, um keinen Achsenbruch zu erleiden.

Kamen sie durch kleine Dörfer oder an einzelnen Höfen vorbei, traten die Bewohner hervor und musterten sie argwöhnisch. Das war ein anderer Empfang, als sie ihn auf ihrem bisherigen Weg durch Preußen erlebt hatten.

Unterwegs erzählte der Kommissar Friedrichs viel von der Geschichte Ostpreußens. Er war ein belesener Mann und gut informiert. Manche seiner Äußerungen wären wohl von der Obrigkeit nicht so gerne gehört worden.

Gut zwanzig Jahre vor ihrer Ankunft, von 1709 bis 1711, so berichtete er, hatte in Ostpreußen die Pest gewütet. 200.000 Menschen waren gestorben, dreißig bis vierzig Prozent der Bevölkerung. Die hohe Todesrate war auch auf die Armut der Bewohner zurückzuführen.

Hier wurde die Stimme von Friedrichs lauter und zornig: Mit den hohen Steuern, die dem Volk auferlegt wurden, waren die Residenzstädte und die großen Paläste des ostpreußischen Adels finanziert worden. Selbst Missernten und Schicksalsschläge befreiten die Bevölkerung nicht von den Abgaben. Wer nicht zahlte, landete im Kerker, einflussreiche Freibauern gerieten in Abhängigkeit ihrer Grundherren, Bauern sowie ihre Frauen und Kinder wurden zur Fronarbeit herangezogen.

Zahlreiche Kriege hatten schon zuvor zur Entvölkerung des Landes geführt. Mehr als die Hälfte der masurischen Bewohner starb im zweiten Schwedischen-Polnischen Krieg, in dem Preußen auf der Seite Schwedens kämpfte. Durch Krieg, Pest und Landflucht bluteten so ganze Landstriche aus.

Nach dem Tode Friedrichs übernahm sein Sohn Friedrich Wilhelm, der jetzige König, die Amtsgeschäfte seines Vaters; ein Segen für dieses Land. Er arbeite gern in seinen Diensten, fügte der Kommissar mit Nachdruck hinzu. Friedrich Wilhelm setzte seine ganze Tatkraft daran, durch einschneidende Reformen und die Wiederbesiedlung des verödeten Landes dieser fatalen Entwicklung Einhalt zu gebieten. Er setzte eine Steuerreform durch, die den kleineren Bauern eine gerechtere Behandlung garantierte.

Die Einladung zur Neubesiedlung erging vor allem an evangelische Glaubensflüchtlinge. Friedrichs machte hier eine Pause und fuhr mit erhobenem Zeigefinger fort: »Preußen war das erste protestantische Land der Welt. Albrecht von Brandenburg-Ansbach, der letzte Hochmeister des Deutschen Ordens in Preußen, hatte sich 1525 zur Lehre Luthers bekannt, den nicht mehr zu rettenden Ordensstaat in ein weltliches Herzogtum umgewandelt und der polnischen Krone unterstellt. Ein Jahr später heiratete er die dänische Königstochter Dorothea.

Luther war dem Land auch sehr verbunden; einer seiner Söhne studierte auf herzogliche Kosten an der Königsberger Universität und seine jüngste Tochter Margarete heiratete den preußischen Edelmann Georg von Kunheim. Die Reformation setzte sich im ganzen Land durch; allein das Ermland blieb katholisch. Die wichtigsten Werke Luthers wurden in die polnische, litauische und die preußische Sprache übersetzt.«

Wieder hielt er kurz inne und fuhr dann fort: »Ihr seid nicht die ersten evangelischen Glaubensflüchtlinge, die hier ins Land geholt wurden. Vor euch sind schon Reformierte aus Hessen-Nassau, dem Siegerland, der Pfalz angesiedelt worden, auch Wallonen, die zuvor von Ludwig XIV. aus den Spanischen Niederlanden in die Pfalz vertrieben worden waren. Französisch- und deutschsprachige Reformierte

Schweizer aus der Grafschaft Neuchâtel, niederländische flämische und niederdeutsche Gläubige sowie englischsprachige und schottische Reformierte waren der Einladung Friedrichs und seines Sohnes gefolgt. Viele verlassene Höfe wurden auch mit einheimischen, vor allem litauischen Bauern besetzt.«

Christian hatte die ganze Zeit interessiert zugehört und alles in sich aufgesogen. Bei der Nennung der vielen Länder, aus denen die bereits Angesiedelten stammten, wurde ihm ganz schwindelig. So ein Völkergemisch lebte in Ostpreußen! Und jetzt kamen auch sie noch dazu. Würden sie sich mit all diesen Menschen vertragen?

Barbara hatte sich in Königsberg nicht ausreichend erholen können. Sie musste den Weg bis Gumbinnen auf einem der zwei Wagen von Christian Rainer zurücklegen. Sie hustete immer noch sehr viel, fieberte wieder. Die holprige Fahrt löste Schmerzen aus, bei jedem Schlagloch zuckte sie zusammen. So war sie froh, als endlich die Stadttore von Gumbinnen, der Hauptstadt von Preußisch-Lithauen, auftauchten, durch welche sie ihr Kommissar führte und bis zum Marktplatz geleitete.

Gumbinnen

Kommissar Friedrich hatte ihnen zuvor auch viel über die ostpreußische Stadt berichtet.

»Wie ganz Ostpreußen hatte auch das blühende Kirchdorf 1709/10 durch die Pest sehr gelitten. Von den Gebäuden waren nur die Kirche mit den dazugehörigen Wirtschaftsgebäuden, vier Krüge, drei Bauerngehöfte und einige Instkaten stehen geblieben. Es gab kaum noch einen Bauernstand in und um Gumbinnen. Wer die Schreckenszeit überlebt hatte, war völlig ruiniert. Ebenso lagen Handel und Gewerbe danieder. Bereits 1709 siedelte Friedrich einhundert Schweizer Familien und eine größere Anzahl süddeutscher Familien an. Da aber die Pest erst 1710 erlosch, starben auch viele Einwanderer an ihr. Im November

1713, wenige Monate nach seinem Regierungsantritt besuchte unser jetziger König Friedrich Wilhelm Ostpreußen, darunter auch den Gumbinner Regierungsbezirk. Er traf an Ort und Stelle Anordnungen, leitete Maßnahmen ein, entschied über die Neuansiedlung von Siedlern und gab Richtlinien. 1722 erhielt Gumbinnen vom König den Stadtstatus. In dieser Zeit wurden hier auch viele Schweizer, Nassauer und Pfälzer angesiedelt.«

Die Salzburger hatten nach Friedrichs Ausführungen eine größere Stadt erwartet, nicht die kleine Ortschaft mit dem Marktplatz im Zentrum, auf dem sich an öffentlichen Gebäuden nur die lutherische Kirche mit Nebengebäude, die reformierte Kirche und ein sehr bescheidenes Regierungsgebäude befanden. Die Chausseen entstanden erst später im 19. Jahrhundert.

Auf dem Weg durch die Stadt wurden sie wieder misstrauisch von den Einheimischen gemustert, doch auf dem Marktplatz von vielen Salzburgern, die vor ihnen angekommen waren, freudig empfangen. Wie voll war die kleine Stadt, es gab fast kein Durchkommen!

Das war kein Wunder, denn Friedrichs hatte ihnen berichtet, dass alle Salzburger zunächst nach Gumbinnen gebracht wurden. Von hier aus sollte ihre Verteilung auf die Winterquartiere und später auf die Höfe in den verschiedenen ostpreußischen Ämtern erfolgen.

Friedrichs war gut informiert. So erfuhren die St. Johanner von ihm, schon vor der Ankunft der ersten ihrer Landsleute im Sommer 1732 wären in Gumbinnen fleißig Sitzungen abgehalten und beraten worden, wo die Kolonisten untergebracht werden sollten. Die Verlegenheit war groß, nichts war vorbereitet, und bei der Ablehnung des Auftrages drohte der Zorn des preußischen Königs. Nun waren ja schon viele neue Siedler ins Land gekommen, es lag nicht mehr so viel Land brach. Außerdem hatte keiner mit der großen Anzahl von Salzburgern gerechnet.

So wurde geforscht, wo Plätze für die Neuangekommenen frei sein könnten, Tabellen wurden angelegt aus allen Ämtern und Städten, wie viele Knechte, Mägde gebraucht würden. Städte wie Ämter gaben Auskunft, ob und wenn ja, wie viele Salzburger sie überhaupt aufnehmen wollten, wo »schlechte« Bauern lebten, die von ihren Höfen »geschmissen« werden müssten, um einer Salzburger Familie Platz zu machen. Welche »guten« Bauern bereit wären, Höfe und Äcker zu tauschen, damit die Salzburger in möglichster Nachbarschaft bleiben könnten. Eine andere Untersuchung sollte erforschen, welche Bauern bereit wären, Salzburger als Tagelöhner anzunehmen und für diese Insthäuser zu bauen. Einige Ämter wehrten sich entschieden dagegen, für die Exulanten zu sorgen, andere äußerten eine lebhafte Nachfrage, wollten viele Familien aufnehmen.

Das alles brauchte Zeit. Erst im nächsten Frühjahr würden sie ihre Höfe erhalten können.

Das Wiedersehen

Wolf und seine Familie hielten Ausschau nach den Verwandten, Christian entdeckte den hochgewachsenen Cousin Martin als erstes. Dann sahen auch Barbara, Wolf und Christians Geschwister Anna, Hans und die Kinder. Wie groß war die Wiedersehensfreude! Und wie froh waren sie, als sie feststellten, dass alle die beschwerliche Reise überlebt hatten!

Wolf und Hans begrüßten sich herzlich, hatten sie sich doch über ein Jahr nicht mehr gesehen. Wolf bemerkte wohl, dass sein Bruder in der Zwischenzeit sehr gealtert war. Das war ja auch kein Wunder bei dem, was er mitgemacht hatte. Doch es war wunderbar, er hatte überlebt! Und auch Hans war die Freude anzusehen, seinen Bruder und dessen Familie vollständig wiederzusehen.

Auch Anna und Barbara fielen sich in die Arme. Allerdings war Anna sehr erschrocken, ihre Schwägerin so abgemagert und geschwächt zu erleben, versuchte es sich aber nicht anmerken zu lassen. Die beiden kleinsten, Ursula und Johannes, inzwischen ein gutes Jahr alt, wurden stolz präsentiert und bewundert. Sie hatten sich in den vergangenen sechs Monaten gut entwickelt.

Christian und Georg waren ebenfalls begeistert über ihr Wiedersehen. Mit Freude stellte Christian fest, dass er seinen Vetter inzwischen im Wachstum eingeholt hatte, sie waren beide gleich groß.

Seine großen Geschwister Martin und Christina unterhielten sich intensiv mit ihren Namensvettern, während die kleineren Kinder aufgeregt um die Familien herum sprangen.

Hans ergriff schließlich die Initiative und nahm seine Schwiegerfamilie mit in sein Quartier. In den zwei kleinen Kammern eines Bauerngehöfts am Rande von Gumbinnen war es zwar sehr beengt, doch wurde ihnen erst mal von Anna ein Imbiss angeboten. Barbara konnte sich eine Weile hinlegen.

Viel gab es zu erzählen, vor allem über die Wege, die sie getrennt bis Gumbinnen zurückgelegt hatten.

Hans und Anna berichteten zuerst von ihrem Wiedersehen in Nürnberg, beider Augen strahlten.

Am 20. Juni hatte der Radstädter Treck Nürnberg erreicht. Johannes war ja bereits zusammen mit den anderen gefangenen Abgeordneten des Landes verwiesen worden, hatte sich mit dem ersten Zug der angesessenen Salzburger Bauern auf den Weg machen müssen. Hans berichtete, dass sie alle von der langen Kerkerhaft gezeichnet waren. Der Schmied von Hüttau, Rupert Stulebner, war lahm und musste auf einem Wagen gefahren werden.

Auch Hans war geschwächt gewesen, konnte aber den größten Teil der Strecke zu Fuß zurücklegen. Er war unglaublich froh, wieder frei zu sein, die schwere Zeit im Verließ und die strengen Verhöre überlebt zu haben. Und bald würde er wieder mit seiner Familie vereint sein!

Schwer war es für ihn, nicht Abschied nehmen zu können von seinem Hof und seinem Land, seine Familie nicht auf dem ersten Wegabschnitt zu begleiten. Doch er wusste, dass auf seinen Bruder und auch auf die großen Kinder Verlass war, dass sie Anna unterstützen würden.

Anfang Juni waren sie in Nürnberg eingetroffen. Hans musste noch gut zwei Wochen auf seine Familie warten. Jeden Tag schaute er vor das Stadttor, ging jedem der vorher ankommenden Emigrantenzüge entgegen. Doch endlich hatte er sie im Radtstädter Zug entdeckt.

Bewegt nahm Hans seine Frau und die Kinder in die Arme. Und zum ersten Mal sah der Vater den kleinen Sohn, der nach ihm benannt worden war.

Georg berichtete seinem Vetter Christian später, dass alle doch sehr erschrocken waren, wie abgemagert und deutlich gealtert der Vater aussah. Dies hatte er auch der Mutter angesehen, doch sie versuchte es ebenso zu verbergen und schließlich überwog die Freude, ihn wiederzusehen. Und jetzt konnten sie den Weg gemeinsam fortsetzen.

Anna erzählte auch von dem Weg, den sie allein mit den Kindern bis Nürnberg im Radtstädter Treck zurückgelegt hatte. Die Familie Rainer, die schon häufig zu Andachten auf den Kornberghof gekommen, hatte sie tatkräftig unterstützt, ebenso Martin und Christina, die sich viel um die kleinen Geschwister kümmerten. Die beiden großen Kinder kamen auch gut mit Simon, dem Sohn von David und Margaretha, und seiner Verlobten Catharina zurecht. Catharina war selbst in anderen Umständen. Simon und sie hatten im Salzburger Land keinen Priester mehr gefunden, der sie trauen wollte. In Augsburg waren die beiden nach evangelischem Ritus von Pastor Urlsperger verheiratet worden.

Barbara unterbrach Anna und berichtete, dass sie ihn in Augsburg auch kennengelernt hätten. Und dass sie ihn nach Anna und den Kindern gefragt hätten und von ihm erfuhren, dass es ihnen gut ging. Wie gut habe ihr dieser freundliche, hilfsbereite Mann getan! Anna und Hans konnten dies nur bestätigen. So entdeckten die beiden Familien, dass sie alle fast den gleichen Weg zurückgelegt und auch Josef Schaitberger getroffen und in Leipzig in der Thomaskirche die Kantaten des Kantor Bach gehört hatten.

Sie hätten sich noch viele Stunden weiter austauschen können, doch es wurde Zeit, ein Quartier für Wolfs Familie zu suchen. Hans nahm seinen Bruder mit zum Büro des Kommissars Herrmann, um ihn um eine nahe gelegene Unterkunft für die Familie von Wolf zu bitten.

Das würde nicht einfach sein, denn die Bürgerhäuser, Bauernhöfe, Scheunen und Tennen sowie die Wirtshäuser der kleinen Stadt waren übervoll mit Salzburgern, die Familien auf engstem Raume untergebracht. Selbst Zelte wurden aufgeschlagen. Alle mussten bis zur Unterbringung in den Winterquartieren in Gumbinnen übernachten.

Unterwegs erzählte Hans Wolf von Herrmann: »Die preußischen Behörden haben uns Salzburgern Vorsteher zugewiesen, die hier Kolonisteninspektoren genannt werden. Der Herrmann ist ein guter Mann, er hat schon viele Transporte auf dem gesamten Weg begleitet und kennt unsere Sorgen und Nöte. In Gumbinnen muss er zusammen mit dem hiesigen Amtskommissar Schröder für uns sorgen. Er hat viele Aufgaben, er schlichtet jeden Streit, wechselt Geld, weist unseren Familien Quartiere so zu, dass sie nicht getrennt werden müssen, nimmt die Reisekisten, die Fässer, die Pakete in Empfang, zählt nach, liefert an die Eigentümer aus, legt Verpflegungslisten an, schafft Holz und Stroh an und sorgt für unsere Lebensmittel.«

Jetzt waren sie im Quartier des Inspektors angekommen. Wie immer war der kleine, rundliche Beamte beschäftigt, nahm sich aber Zeit und hörte sich das Anliegen der beiden Brüder an. Er kannte Hans als umsichtigen Vertreter der Salzburger und sicherte Wolfs Familie ebenfalls zwei kleine Räume in einem Insthaus in Gumbinnen zu.

Wolf war erleichtert, Hans und seine Familie wiedergefunden und auch noch in der Nähe ein Quartier bekommen zu haben, wenn dies auch erst einmal für den Übergang gedacht war.

Auf dem Rückweg berichtete Hans dem jüngeren Bruder noch von der Examination, die ihm bevorstand. Jeder neu angekommene Salzburger wurde verhört und von dem Verhör ein Protokoll angelegt. Sie wurden nach dem Namen, der Anzahl und dem Alter der Familienangehörigen, anderen Verwandten unter den Emigranten, dem Beruf und dem Besitz in Salzburg befragt. Und Hans fügte lächelnd hinzu: »Oft diktiert der Inspektor, ohne eine Ahnung zu haben, was ihm da von den unsrigen gesagt wurde. Sie können unsere Sprache schwer verstehen so wie wir der ihrigen kaum folgen können.«

Auch Johannes war bereits vor dem Kommissar Herrmann erschienen. Hans erzählte seinem Bruder, Herrmann habe ihn nach seinem Herkunftsort, der Größe des Besitzes und der Familie befragt. Johannes konnte sich klar und verständlich ausdrücken, das hatte er als Abgeordneter der Exulanten und auch später bei den vielen Verhören in der Gefangenschaft gelernt. Vom Gut Kornberg in Eben, Pfleggericht Radstadt komme er. Dieses habe er 1723 von Michael Lammerhofer gekauft. Von den Feldern, dem Haus, den Ställen und Vieh auf dem 1.000 Meter hohen Kornberg gäbe es eine herrlichen Aussicht auf Altenmarkt und auf die barocke Kirche, in der er und seine Anna getraut und die Kinder getauft worden waren. Und zum Anwesen gehörte auch das kleine Sägewerk in Reitdorf. Und er berichtete von seiner Frau Anna und den sechs Kindern und von seiner Festungshaft. Auch über seine Freude, diese Zeit unbeschadet überstanden zu haben und seine Familie in Regensburg wiedersehen und den jüngsten Sohn Johann erstmals begrüßen zu können. Alle seien sie gesund in Gumbinnen angekommen. – Hans schloss: »Der Kommissar Herrmann hat mich anscheinend ausreichend verstanden. Er sorgte auch dafür, dass wir eine gute Unterkunft für den Winter bekamen.«

Wolfgang bewunderte seinen Bruder, der sich so gut ausdrücken konnte. Acht Wochen später an der Reihe, war er nicht so redegewandt. Kurz und knapp berichtete er vom Herkunftsort Gut Zächerlegg im Pfleggericht St. Johann, von der Größe des Hofes, der Felder und der Anzahl der Kühe und Schafe, die er zurücklassen musste. Auch von der großen Familie, den acht Kindern, und vom schlechten Gesundheitszustand seiner Frau Barbara. Er bat auch, in der Nähe seines Bruders Hans siedeln zu dürfen.

Hierauf gab der Kommissar Herrmann nur eine ausweichende Antwort, er könne noch nichts versprechen, noch seien sie auf der Suche nach den geeigneten Höfen. Erst einmal ginge es darum, für die Salzburger Winterquartiere zu finden.

Beide Familien wurden jetzt als Trinker oder Trincker in den Listen geführt, die Schreibweise war den Preußen geläufiger als das Salzburgische Drinkher.

Christian verbrachte nun die meiste Zeit mit seinem Vetter Georg. Im Salzburger Land waren sie bei den gegenseitigen Familienbesuchen nie mehr als ein paar Stunden zusammen gewesen. Und immer wieder wurde ihr Spiel unterbrochen durch den Ruf der Eltern. Gemeinsames Essen oder Gebet waren angesagt, Aufgaben im Stall, Haus oder Feld zu erledigen und schließlich die Heimfahrt.

Jetzt lebten sie nahe beisammen, es gab kaum Pflichten, keine Tiere zu füttern, auszumisten, kein Heu mehr zu ernten. In den Quartieren war es eng, so waren letztlich beider Eltern froh, wenn die Kinder draußen spielten.

Gemeinsam erkundeten sie die kleine Stadt Gumbinnen, lernten gleichaltrige Jungen und deren Sprachen kennen. Christian erinnerte sich an die Ausführungen des Kommissar Friedrichs, dass die Neusiedler vor ihnen aus vielen Ländern stammten. So hörten die beiden Vettern die unterschiedlichsten Sprachen und deutschen Mundarten, sie trafen litauische, badische, nassauische, französich- und deutschschweizer Kinder. Anders als die Erwachsenen lernten sie schnell im Spiel, sich miteinander zu verständigen.

Waren die beiden Vettern allein, tauschten sie sich über ihre Erfahrungen auf dem Weg nach Ostpreußen aus. Christian erzählte gern von der Zeit in Berlin, der schönen Anna und seiner Freundschaft mit dem Pastorensohn Paul. Am liebsten sprachen aber beide über die Seefahrt.

Im Gegensatz zu den Erwachsenen hatten sie die Zeit auf See genossen, würden am liebsten an die Ostsee zurückkehren und gemeinsam auf einem Schiff anheuern.

Hans suchte des Öfteren Kommissar Herrmann auf und erfuhr von ihm, dass inzwischen die Vorbereitungen für die Winterquartiere abgeschlossen worden waren. Herrmann klagte nicht, aber Hans konnte aus den Ausführungen des Inspektors schließen, welche Arbeit er und die gesamte ostpreußische Verwaltung geleistet hatten und noch leisten mussten.

Die Anzahl sämtlicher Bauernhöfe in den Ämtern war festgestellt und die Verteilung der Familienzahlen auf die Ämter festgelegt worden. Die einzelnen Bauern wurden befragt, wie viel sie für die Unterbringung der Salzburger verlangten und welches Quartier ihnen zur Verfügung gestellt würde. Oft war es eine kleine Kammer, meist hieß es jedoch, die Salzburger müssten mit der allgemeinen Familienstube vorliebnehmen. Viele gaben eine Forderung von zwei Talern für eine Familie mit drei bis vier Personen, und zwei Taler und sechzig Groschen für eine Familie von fünf bis sechs Personen an, andere wollten nur das Holzgeld erlassen oder gar nichts bekommen; sie handelten aus Barmherzigkeit. So wurde das Quartiergeld auf zwei Taler festgesetzt. Jedes Salzburger Familienoberhaupt erhielt zehn Taler und sechzig Groschen für den Winter, wofür man in Preußen, meinte Herrmann, sehr gut seinen Unterhalt bestreiten konnte.

Und so erfuhr Hans auch, dass schon ab September alle Amtsleute in Gumbinnen hatten erscheinen müssen, um die früher eingetroffenen Salzburger abzuholen. Wer dem nicht Folge leistete, wurde ermahnt und eine Geldstrafe angedroht.

Jetzt waren die beiden Trinker-Familien an der Reihe. Ende Oktober wurden Hans und Anna, mit einem zweispännigen Wagen in ihr Winterquartier in der Nähe von Gumbinnen transportiert. Drei Wochen später folgten Barbara und Wolf mit ihren Kindern. Es hatte schon geschneit und so wurden sie mitsamt ihrem Gepäck von einem Schlitten abgeholt.

Zum Glück bekamen die beiden Familien ein Quartier in zwei benachbarten Bauernhöfen. Doch sie mussten jeweils mit zwei kleinen Kammern für die ganze Familie vorlieb nehmen.

Sie kamen von Einzelhöfen im Gebirge und waren das Leben allein mit ihrer Familie und ihrem Gesinde gewöhnt. Jetzt mussten sie über einen längeren Zeitraum auf engstem Raum bei fremden Menschen leben, deren Sprache sie nicht verstanden und zum Nichtstun verurteilt.

Und fremd waren die Speisen, das Brot so dunkel und hart. Anna war oft bei Barbara, die sich nicht mehr richtig erholte, ständig hustete und fieberte. Der Winter wurde allen lang und ungeduldig warteten sie auf die Zuweisung des Landes. Endlich wollten sie die versprochenen Höfe übernehmen und mit der Arbeit beginnen.

Für Christian wurde die Zeit nicht lang. Er traf sich so oft wie möglich mit Georg und beide spielten im Schnee und entdeckten die Landschaft. Ihnen fehlten zwar auch die Berge, aber das Land war weit und sie mussten immer noch kaum Pflichten erfüllen. Manches Mal riefen sie die Väter, um Holz für die Öfen in die Stuben zu tragen oder den einheimischen Bauern beim Füttern zu helfen. Sonst waren sie sich selbst überlassen.

Doch an den Abenden in der Enge der beiden Räume sah er, wie schlecht es der Mutter ging. Sie war so blass und abgemagert. Er machte sich Sorgen um sie. Nachts lag er oft wach im Bett, das er mit seinen drei Brüdern teilte, und hörte sie husten. Zum ersten Mal bemerkte er, wie wenig er von ihr wusste. Der Vater hatte viel von seinem Elternhaus erzählt. Auch wenn er seine Großeltern nicht mehr erlebt hatte und nie auf deren kleinem Hof gewesen war, so konnte er sich doch ein genaues Bild davon machen, wie der Vater dort mit seinen Geschwistern und Eltern gelebt hatte.

Von der Herkunft der Mutter wurde wenig erzählt. Der Vater berichtete zwar gern, wie sie sich kennengelernt hatten. Vor allem an den langen Winterabenden hatte der Vater wiederholt davon berichtet und jedes Mal etwas neues dazugefügt. Die Mutter saß still dabei, strickte oder nähte, lächelte von Zeit zu Zeit und wurde an einigen Stellen sogar ein bisschen rot. Darüber freuten sich Christian und seine Geschwister besonders und sie fragten den Vater gern weiter aus. Bis es der Mutter zuviel wurde und sie den Vater unterbrach: »Jetzt ist aber genug Wolf, wir kennen doch alle schon die Geschichte.«

Wenn er jetzt über das Wenige nachdachte, was er über die Mutter wusste, so wurde ihm bewusst, dass sie kein leichtes Leben gehabt hatte. Als Tochter einer ledigen Magd aufzuwachsen, wenig Kontakt zum eigenen Vater zu haben und dann noch der frühe Tod der Mutter. Sie hätte sicher nie erwartet, eines Tages zu heiraten und selbst Bäuerin zu werden und die Mutter so vieler Kinder. Christian spürte, wie sehr sie den Zächerlegghof und die Natur dort liebte, gern ihre Arbeit machte, auch wenn es manchmal sehr viel war. Sie klagte nie und fand auch immer ein gutes Wort oder eine liebe Geste für ihn und seine Geschwister. Er hatte auch gemerkt, dass sie nicht so gläubig war wie der Vater und vor allem Onkel Hans. Ihre Mutter war noch katholisch gewesen. Die Andachten auf dem Aigenbergerhof hatten ihr zwar gefallen, aber sie betete immer noch gern den Rosenkranz und verehrte Maria. Sie machte es heimlich, denn der Vater sah es nicht so gern. Für sie war es daher sicher nicht so einfach, den Hof und die Heimat für einen Glauben herzugeben, von dem sie nicht so überzeugt war. Sie tat dies vor allem für den Vater, der keine andere Wahl zu haben schien. Christian wünschte so sehr, dass sich die Mutter bald wieder erholte.

Vor der Ansiedlung

Endlich war es soweit, der lange erste Winter in Ostpreußen neigte sich dem Ende zu und die Ansiedelung der Salzburger begann. Auch Hans und Wolf warteten ungeduldig auf die Zuweisung ihrer Höfe.

Bereits im Vorfeld erfuhren sie durch den Inspektor Herrmann und ihre Landsleute, dass zuerst die besitzenden Salzburger versorgt wurden. Das waren die Bauern, die ihre Höfe im Salzburger Land noch verkaufen konnten und mit Pferd und Wagen die Reise angetreten hatten. Diese erste Gruppe konnte sich ihr Land selbst kaufen. Sie wurden in Ostpreußen Vollmer genannt, Eigentümer, die über ihren Grundbesitz frei verfügen konnten. Der Begriff des köllmerschen Bauern stamme aus der Ordenszeit, erklärte ihnen Inspektor Herrmann, und bezeichnete deutsche Bauern, die von vielen Diensten befreit waren.

Die meisten aber sollten königliches Land erhalten. Sie wurden zu Scharwerkbauern, Amtsbauern oder einfach Domänenbauern; Familien, die Hof, Land, Viehbestand und Gerätschaften von der Krone erhielten. Dafür hatten sie an verschiedenen Tagen Hand- und Spanndienste zu leisten.

Die dritte Gruppe waren die Gärtner, die meistens mit einem Vertrag und eigener Hütte und Garten auf Domänenvorwerken angesiedelt wurden. Auf diesen königlichen Betrieben bildeten sie den Kern der Arbeitskräfte.

Als vierte Gruppe wurden die Losgänger bezeichnet, wandernde Tagelöhner, die arbeiteten, wo und wann immer sie Arbeit fanden.

Anfang März wurden Hans und Wolf zum Inspektor Herrmann gerufen.

Beiden erklärte er, dass sie Amtsbauern wurden, da sie im Salzburger Land über eigene Höfe verfügt hatten. Ihre Höfe waren eine Hufe groß, d.h. ungefähr dreißig Morgen. Jede Familie erhielt zudem Pferde, Ochsen, Kühe und Getreide zur Aussaat sowie den Lebensunterhalt für ein Jahr. Hinzu kamen die nötigen Ackergeräte an Wagen, Pflügen, Sensen und vieles mehr.

Ganz zum Schluss teilte ihnen Herrmann mit, dass sie mit ihren Familien an zwei unterschiedlichen Orten angesiedelt wurden: Anna und Hans kamen nach Kallweitschen im Kirchspiel Stallupönen, Barbara und Wolfgang nach Culmen-Szarden im Memelland.

Hans und Wolf hatten zunächst keine Vorstellung davon, wo diese beiden Orte lagen. Daraufhin zeigte Herrmann sie ihnen auf der großen Karte von Ostpreußen, die in seinem Büro hing.

Mit Entsetzen stellten die beiden Brüder fest, dass Kallweitschen und Culmen-Szarden weit voneinander entfernt lagen. Herrmann bestätigte dies, 70 Kilometer wären es wohl in etwa. Aber Ostpreußen sei eben ein großes Land, es hätte sie noch schlimmer treffen können.

Gut Zächerlegg und Gut Kornberg lagen auch nicht in direkter Nachbarschaft, ein Besuch bedeutete auch meist eine Tagesreise. Doch nun war der Weg zueinander mehr als doppelt so weit und kaum in zwei Tagen mit Pferd und Wagen zu bewältigen. Gerade in der schweren Zeit des Ankommens und der Siedlung in dem neuen Land hätten sie ihre Unterstützung sicher dringend gebraucht.

Beide wurden noch einmal bei Kommissar Herrmann vorstellig. Doch er blieb hart, er könne an der Entscheidung nichts mehr ändern.

Wolf und Hans bekamen mit, dass auch viele andere Salzburger mit den ihnen zugewiesenen Höfen unzufrieden waren und auf die Rückkehr nach Salzburg warteten. Viele Gerüchte kursierten in der Kolonie: Der König von Preußen habe Salzburg besetzt und Firmian abgesetzt. Bald könnten sie wieder in ihr Land zurückkehren.

Doch die beiden Trinkerfamilien glaubten nicht an eine Rückkehr in ihre Heimat. Und vor allem Hans wollte nach dem Erlebten nicht mehr zurück. Allein Barbara litt sehr unter dem Heimweh, träumte viel von ihrem Hof hoch über St. Johann.

Letztlich fügten sie sich in die Entscheidung der preußischen Kommissare. So mussten sie jetzt Abschied nehmen und getrennt zu den fremden Orten reisen, die ihre neue Heimat werden sollten.

Culmen-Szarden und Culmen-Widutaiten

Im April 1733 machten sich Wolfgang, Barbara und ihre Kinder als einzige Salzburger Bauernfamilie auf den Weg nach Culmen-Szarden. Sie hatten bereits zwei eigene Pferde und einen Wagen bekommen, dazu zwei Kühe und Getreide zur Aussaat sowie den nötigen Lebensunterhalt für ein Jahr. Hinzu kamen die Pflüge und Sensen, auch Decken und Kissen und Haushaltsgeräte. Der Wagen wurde voll beladen, die Kühe hinten angebunden und die Familie bestieg das neue Gefährt. Einer der Gehilfen des Kommissars begleitete sie in ihre neue Heimat, zeigte ihnen den Weg.

Es wurde Zeit, dass sie aufbrachen, denn es war sehr eng geworden in der Unterkunft; auch die Wirtsfamilie wurde immer gereizter und wollte die einquartierten Gäste loswerden. Die Trinkers wollten auch endlich an einem festen Ziel ankommen, sie sehnten sich nach einem eigenen Haus und Hof und wollten ihr Land bestellen.

Doch der Abschied von den Verwandten fiel schwer. Sie wussten, dass sie sich so schnell nicht wiedersehen würden. Die Entfernung zwischen den beiden Ansiedlungsorten war zu groß, beide Familien würden erst einmal genug beschäftigt sein und keine Zeit für Besuchsreisen aufbringen können.

Schwer war es auch, als einzige Salzburger Familie siedeln zu müssen. Warum konnten sie nicht in eine Gegend, in die mehrere Landsleute zogen?

Der Wind blies frisch am frühen Morgen, aber es schien ein sonniger Tag zu werden.

Die Pferde waren bereits angespannt, der junge Gehilfe des Kommissars, der sie auf dem Weg begleiten sollte, ermahnte sie zum Aufbruch.

Doch erst einmal hieß es Abschied nehmen von den Verwandten. Alle waren sie gekommen und umarmten sich ein letztes Mal. Es war schwer sich zu trennen, keiner wusste, wann sie sich wiedersehen würden. Eine Woche später sollten Anna und Hans aufbrechen, dann lagen zwei Tagesreisen zwischen ihnen.

Der Gehilfe wurde immer ungeduldiger und schließlich bestiegen die Zächerlegger den Wagen. Wolf hielt die Zügel und trieb die Pferde an. Allzu schnell konnten sie nicht laufen, denn die Kühe mussten auch mitkommen. Noch lange winkten sie den Verwandten zu, die aufgereiht am Ortsausgang standen. Der Kommissarsgehilfe ritt neben dem Pferdegespann und sprach wenig.

Vorne beim Vater saßen Martin, Barbara mit der kleinen Ursula und Christina mit Gertraudt auf dem Schoß. Christian musste mit den kleinen Geschwistern hinten sitzen. Wie immer stritten sich die beiden Jungen und Christian war in Gedanken wieder auf den früheren Ausflügen zum Kornberghof, hielt selbst die Zügel, die Pferde liefen um einiges flotter als jetzt. Es ging wieder den Weg hinunter vom Zächerlegghof nach St. Johann, durch das Dorf, vorbei an der Kirche, den Bach entlang. Wieder hörte er die heimischen Vögel singen, den Bach rauschen und führte den Wagen sicher hinauf auf den Weg zum Kornberghof. Dort wartete schon Georg auf ihn, mit dem er schnell im Heustadel zum Spielen verschwand.

Auch Barbara war in ihren Gedanken wie so oft im St. Johanner Land. Sie hatte sich nur schwer von der Schwägerin und der Familie trennen können und fürchtete sich vor dem, was auf sie zukam. Dieses Land war ihr noch immer sehr fremd. Sie verstand selbst die Deutsch sprechenden Einheimischen kaum, so anders war der Dialekt. Auch mit der Bauersfrau, bei der sie einquartiert waren, war sie den ganzen Winter über nicht warm geworden. Nun dieses flache Land. Sie sehnte sich so nach ihren Bergen. Aber immerhin sangen die Vögel schon und die Sonne schien.

Von Gumbinnen brauchten sie zweieinhalb Tage für die gut achtzig Kilometer bis nach Culmen-Szarden, die Wege waren schlecht, durch den vielen Regen aufgeweicht. Unterwegs schliefen sie in zwei kargen Herbergen. Endlich erreichten sie ihren Zielort.

Culmen-Szarden lag weit im Nordosten von Ostpreußen. In der Nachbarschaft lebten nur Litauer, deren Sprache sie nicht verstanden, deren Bräuche ihnen fremd waren. Unterwegs waren sie schon einigen begegnet. Sie beäugten die Neuankömmlinge misstrauisch, wussten nicht, was sie von ihnen zu erwarten hatten.

Der Gehilfe des Kommissars führte sie zu dem für sie vorgesehenen Anwesen.

Der Hof bestand aus einem alten baufälligen, zugigen Hauptgebäude, einem ebenso schlecht erhaltenen Stall, einem Brunnen und drum herum brachliegenden Äckern und Wiesen. Hier war schon lange nichts mehr gewirtschaftet worden, die Besitzer entweder fortgegangen oder an der Pest gestorben. Genaues erfuhren sie nicht. Die Nachbarn konnten sie auch nicht fragen.

Es war kein schöner Anblick, doch sie wussten, sie würden hierbleiben und sich einrichten müssen. Das Haus war aus Holz gebaut, aus demselben Material wie der Zächerlegghof. Nur war das die einzige Gemeinsamkeit. Der heimatliche Hof war zweigeschossig, auf Felssteinen gebaut, im Obergeschoss mit einem schönen Balkon versehen. Immerhin hatte dieses Gebäude eine Holzveranda, die allerdings kurz vor dem Zusammenfallen war.

Wolfgang half seiner Frau vom Wagen, die Kinder waren bereits losgelaufen und inspizierten Haus und Stall.

Die Haustür hing nur noch an einer Angel und fiel ihnen beim Öffnen entgegen. Die Fensterscheiben waren zerbrochen, die Stube war voller Staub und Vogelmist, einige Tauben nisteten in den Ecken. Das Dach war an einigen Stellen undicht, der Lehmfußboden voller Pfützen. In der Mitte stand noch ein wackeliger Tisch mit einigen Stühlen, ein gemauerter Ofen an der einen und ein Doppelbett mit einer aufgerissenen Strohmatratze an der anderen Wand. Im zweiten Raum entdeckte die Familie noch weitere Betten, die ebenfalls nicht all zuviel Feuchtigkeit abbekommen hatten. Es hätte schlimmer sein können.

Der Stall war allerdings in einem schlechteren Zustand, sehr baufällig, das Dach zum Teil eingefallen, der Boden voller altem Mist.

Die Trinkers verabschiedeten sich von dem Beamten, der sich zu Pferde wieder auf den Heimweg nach Gumbinnen machte. Die Eltern und die großen Kinder versorgten die Tiere. Die Kühe und Pferde wurden angebunden und konnten erst einmal auf der Wiese vor dem Haus grasen. Jetzt ging es ans Aufräumen und Säubern des Hauses. Notdürftig wurde ausgefegt, die Löcher im Dach geflickt, Bretter vor die zerbrochenen Scheiben genagelt, Tisch, Stühle und Betten abgewischt, Stuhlbeine ersetzt, Decken für die Nacht in den Betten verteilt. Auch das Ofenrohr wurde repariert, der Ofen beheizt, er zog sogar. Das Wasser aus dem Brunnen war trinkbar, eine erste Suppe konnte gekocht und eine warme Mahlzeit eingenommen werden. Müde ging die Trinkerfamilie zu Bett. Es lag noch viel Arbeit vor ihnen, doch nach langer Zeit waren sie wieder für sich, waren keine ungeliebten Gäste in einer fremden Stube.

So begann eine arbeitsreiche Zeit. Das Haus musste repariert, der Stall erneuert, das Land bestellt werden.

Doch Barbara erkältete sich in dem feuchten, zugigen Haus wieder, bekam eine Lungenentzündung und starb nur wenige Wochen nach der Ankunft der Familie in Culmen-Szarden. Es ging alles ganz schnell.

Neun Kinder hatte sie geboren, alle zwei Jahre eines, acht lebten noch. Ein halbes Jahr vor dem Aufbruch kam sie mit der kleinen Ursula nieder und hatte sich noch nicht ausreichend von der Geburt erholt. Sie hatte ihr Heimweh nach dem Salzburger Land nicht verwinden können, sie war nur ungern auf die lange Reise in die ungewisse Zukunft gegangen. Und nun dieses schreckliche, flache Land mit den ungewohnten Stürmen und den fremden Menschen!

Auch die Landwirtschaft war so verschieden. Im Salzburger Land lebten sie vor allem von den Kühen und Schafen, die an den oft steilen Hängen weideten. Sie wurden gemolken, die Milch wurde getrunken oder weiterverarbeitet zu Butter und Käse, das Fleisch der Kühe und Schafe auch gegessen. Getreide wurde nur in den engen Talebenen der Salzach angebaut, und dies von wenigen wohlhabenden Bauernfamilien.

Barbara und ihre Familie waren ihr Weißbrot gewohnt, sie kannten kein Schwarzbrot und mochten es auch nicht. Nur eine der Kühe hatte genug Milch, so dass sie nur wenig Butter und Käse machen konnten. Es reichte kaum für den Hausgebrauch.

So konnte sich Barbara nicht wirklich von ihrer Erkrankung erholen. Die Trennung von der Schwiegerfamilie entmutigte sie endgültig und raubte ihr die letzte Kraft.

Der Tod von Barbara löste eine tiefe Trauer bei ihrem Mann und den Kindern aus. Sie hatten wohl bemerkt, dass es ihr auf der großen Reise nicht gut ging, sie immer mehr an Kraft verlor. Aber alle hofften doch, sie würde nach der Ankunft in Ostpreußen wieder genesen, mit ihnen zusammen den neuen Hof und das Land bewirtschaften, eine neue

Heimat aufbauen. Sie war doch das Zentrum der Familie, immer für alle da gewesen. Jetzt fehlte sie allen so schrecklich.

Zur Beerdigung erschienen auch Anna und Hans, es war das erste Mal, dass sie den langen Weg von Kallweitschen nach Culmen-Szarden zurücklegten.

Martin und Christina, jetzt siebzehn- bzw. sechzehnjährig, waren dem Vater eine große Stütze. Christina versorgte den Haushalt, kochte, wusch die Wäsche und molk jeden Morgen und Abend die Kuh, die ihnen der Kommissar zugeteilt hatte. Sie kümmerte sich auch liebevoll um die kleineren Geschwister, die dreijährige Gertraud und die eineinhalbjährige Ursula. Die elfjährige Rosina half auch schon mit, schälte Kartoffeln und fütterte die Hühner. Christian, inzwischen dreizehn, der neunjährige Michael und der siebenjährige Thomas begleiteten den Vater aufs Feld, liefen hinter dem Pflug her und klaubten die Steine aus der frisch aufgebrochenen Erde, halfen auch beim Säen und später bei der Ernte.

Doch Wolf war unglücklich, er konnte den Tod seiner Frau nicht verwinden und begann zu trinken. Oft schaffte er es nicht mehr, am Morgen aufzustehen und blieb den ganzen Tag im Bett liegen. Oder er stritt sich mit Martin, der den Verfall des Vaters nicht ertrug.

Schließlich hielt es Martin nicht mehr aus. Er verließ die Familie, um in Tilsit sein Glück zu versuchen. Auch dort hatte die Pest gewütet und ein Drittel der Bevölkerung hinweggerafft. So fand er eine Anstellung bei einem Tischler und lernte das Handwerk. Auf dem Heimathof hatte er gemeinsam mit dem Vater viel mit Holz gearbeitet, selbst Gerätschaften, Möbel und Zäune gebaut und Gefallen daran gefunden. Sein Meister hatte bald festgestellt, wie geschickt er sich anstellte und behielt ihn auch, nachdem er Geselle geworden war. Später heiratete Martin die Tochter seines Meisters und da dieser keinen Sohn hatte, übernahm der junge Salzburger dessen Geschäft.

Die halb verwaiste Familie konnte die Abgaben nicht mehr leisten. Sie blieb nur ein Jahr in Culmen-Szarden und zog in das benachbarte

Culmen-Wiedutaiten auf ein Vorwerk. Wolf war nun kein Amtsbauer mehr, das neue Gehöft gehörte zu einem köllmerschen Anwesen. Hier hieß es noch einmal von vorne anzufangen, das Haus zu richten und die Felder neu zu bestellen.

Zunächst schien es Wolf mit der neuen Aufgabe besser zu gehen, doch schon nach wenigen Monaten begann er erneut zu trinken.

Christian hatte bereits unter dem Tod der Mutter sehr gelitten. Er sah auch, wie schwer es der Vater hatte ohne seine Frau, wie wenig der Hof abwarf und dass er die Familie kaum ernähren konnte. Die heftigen Auseinandersetzungen zwischen dem Vater und Martin und dann dessen Auszug, das alles belastete ihn zusätzlich. Die Familie fiel auseinander, die Stimmung auf dem Hof wurde immer trübsinniger.

Und dann der Abbau des Vaters. Was war aus dem lebensfrohen, tatkräftigen Mann geworden! Der große Bruder Martin war fort, nun musste Christian die Verantwortung auf dem Hof übernehmen, versorgte mit seinen jüngeren Brüdern die Tiere und erledigte mit ihnen die Feldarbeit. Er schuftete von früh bis spät. Der Vater bekam von all dem nicht mehr viel mit, beteiligte sich kaum noch am Familienleben. All das schrieb Christian an Georg.

Bereits kurz nach dem Aufbruch nach Culmen-Szarden und der Trennung der Familien im April 1733 hatten die beiden Vettern begonnen, einander regelmäßig zu schreiben. Zu Beginn jeden, später alle zwei, drei Monate setzte sich Christian an den Küchentisch und verfasste einen seitenlangen Brief. Seine zunächst noch ungelenke Schrift wurde immer flüssiger. War das Schreiben im Ort bei der Poststelle abgegeben worden, wartete er ungeduldig auf die Antwort. So hatte Christian auch erfahren, wie es den Kornbergern in Kallweitschen erging, und auch seiner Familie davon berichtet.

Anna und Hans hatten sich, wie geplant, mit ihren Kindern eine Woche nach den Zächerleggern auf den Weg gemacht, wie diese mit Pferd, Wagen, zwei Kühen und Ackergeräten. Sie war jedoch nicht allein gezogen, die Familie von Georg Schrempf hatte sie begleitet.

Georg stammte ebenfalls aus dem Gericht Radstadt; sie waren alte Freunde.

Hof und Haus waren in einem ebenso schlechten Zustand wie der des Bruders und sie mussten viel Kraft aufwenden, um ihr neues Heim bis zum Winter zu richten und die Äcker zu bestellen. Aber sie waren eben nicht allein. Im Amt Göritten, zu dem Kallweitschen zählte, siedelten siebenunddreißig Salzburger Familien, von denen viele enge Kontakte pflegten.

Georg schrieb auch, dass sie endlich gemeinsam ihre Gottesdienste in der Kirche abhalten konnten und einen eigenen Pastor bekamen. Als der bereits verwitwete Wolf dies von Christian hörte, meinte er verbittert: »Wir sind hier allein, für uns gibt es keine eigene Kirche und keinen Pastor.«

Wenig später schrieb Georg, dass sein Vater mit in die Kommission berufen wurde, die den Salzburgern den Treueeid auf die Krone abnehmen sollte. Damit wolle der König sie fester an sich binden. Da viele den Eid verweigerten, hatte der König nicht nur die Kommissare, sondern auch die Prediger und solche Salzburger in die Kommission berufen, die schon in der alten Heimat allgemeines Vertrauen genossen hatten: den Schmied von Hüttau Rupert Stulebner, Matthes Bacher aus Goldegg, Hans Hoyer aus Saalfelden und eben den Vater.

Das berichtete Georg stolz: Als ehemaliger Abgeordneter des Salzacher Bundes und Inhaftierter auf der Hohensalzburg war er noch allseits bekannt. Er hatte seine Salzburger Nachbarn aufgesucht und lange mit ihnen gesprochen. Einen schweren Weg hatten sie alle hinter sich gebracht, so viele mussten schon beerdigt werden. Und von Ostpreußen waren viele enttäuscht, so lange hatten sie auf das Land warten müssen, durften nicht gemeinsam in den neuen Dörfern mit den alten Salzburger Nachbarn und Verwandten siedeln. Doch sie hätten dem Preußenkönig so viel zu verdanken. Jetzt durften sie ihren Glauben frei ausüben, keiner steckte sie dafür in den Kerker! Und alle hatten jetzt ihr Auskommen!

So überzeugte Hans auch den letzten Zweifler und alle Görittener Salzburger legten den Treueeid ab.

In der Zwischenzeit berichtete Georg seiner Familie auch von Christians Briefen, sie erfuhren von Wolfs Trunksucht und seinem Verfall, den Streitereien zwischen Martin und Wolf, Martins Weggang nach Tilsit und dem Umzug der Familie auf das Vorwerk. Doch Hans war mit dem Hof und der Arbeit in der Kommission viel beschäftigt. Zwar schrieb er immer wieder mahnende Briefe an seinen Bruder, dieser antwortete aber kaum.

Erneut fragte er bei dem Kommissar Herrmann an, ob sein Bruder Hans nicht in seiner Nähe siedeln könnte.

Georg berichtete, dass der Kommissar anders als früher unfreundlich reagiert habe. Er klagte dem Vater, die Salzburger wären so schwer zufriedenzustellen. »Viele sind unhöflich, grob und unverschämt, besonders in betrunkenem Zustand. Und sie reden Beamte der Krone und Pastoren mit Du an! In ihrer Trunkenheit sind sie schlimmer als die Einheimischen, sie können mit dem ungewohnten, hier gebrauten Schnaps nicht umgehen. Außerdem ist ihre Kleidung unziemlich, vor allem die wadenlangen Röcke und die bunten Mieder der Frauen. Ehebruch und Unzucht treiben sie auch noch!« Der Kommissar hatte sich richtig in Rage geredet. Zum Schluss beruhigte er sich aber und gestand ein, viele der Salzburger seien aber doch geschickte und fleißige Bauern geworden.

Der Vater war enttäuscht nachhause gekommen, schrieb Georg an Christian und hatte geseufzt und ihm erklärt: »Kein Wunder, wir sind ja so verschieden von den Ostpreußen. Und haben doch auch im Salzburger Land ganz anders gelebt. Wir wohnten dort am Hang in weit verstreuten Einzelhöfen. So waren wir auf uns gestellt. Hier wurden wir in Dörfern angesiedelt und haben erstmals nahe Nachbarn. Und wir wurden nicht, wie gewünscht, in direkter Nachbarschaft mit unseren Verwandten und Freunden aus unseren Pfleggerichten, sondern weit verstreut im ganzen Land angesiedelt. Nicht einmal die Familie von deinem Onkel Wolf darf in unserer Nähe wohnen!«

Im Frühjahr 1735, eineinhalb Jahre nach dem Tod von Barbara, machte sich Hans endlich auf den Weg nach Wiedutaiten. Und er war entsetzt. Der abgemagerte, blasse Wolf versuchte zunächst seinen Zustand zu überspielen, aber seine Hände zitterten und er nahm schnell einen Schluck aus der Branntweinflasche. Hans sah sich auf dem Hof um und sah, wie schlecht es um alles bestellt war. Ernst sprach er mit Wolf, sagte ihm, dass er vom Alkohol loskommen müsse, allein schon für die Kinder. Rosina, Thomas und Michael nahm er mit sich, für Christian besorgte er eine Stelle als Knecht auf einem Hof in Mikieten.

Hans hoffte, dass sich Wolf besinnen und für die drei verbliebenen Kinder sorgen würde. Doch Wolf musste sich nun allein um die Landwirtschaft kümmern, konnte dies an keinen der Söhne mehr abgeben. Christina widmete sich dem Haushalt und den zwei kleinsten Geschwistern Getraudt und Ursula.

Doch Wolf schaffte es nicht. Geschwächt durch den vielen Alkohol erkrankte an Tuberkulose und verstarb im Winter 1736.

Hans reiste zur Beerdigung an und nahm jetzt Christina und die kleinen Kinder mit nach Kallweitschen. Seine Familie war inzwischen noch größer geworden, aber die Kinder seines Bruders würde er auch noch ernähren und Christina seine Frau bei der Arbeit im Haus und Garten unterstützen können.

Christian, Dagutschen

Der zweitgeborene Sohn vom Zächerlegghof war froh, als ihm der Onkel die Stelle in Mikieten verschaffte. Er hatte die Stimmung zuhause nicht mehr ausgehalten, litt darunter mitanzusehen, wie sein Vater immer mehr dem Branntwein verfiel. Der Abschied von den Geschwistern und dem Vater fiel ihm trotzdem schwer.

Christian kannte das Schicksal der Mägde und Knechte. Auf Zächerlegg hatten sie immer welche beschäftigt, wenn im Laufe der Zeit auch weniger, da er und seine Geschwister größer wurden und selbst mithelfen konnten. Als er klein war, hatte es noch drei Mägde und zwei Knechte auf dem Hof gegeben, zwei Kuchldirn für Haus und Küche, eine Viehdirn für die Tierversorgung, einen Moarknecht als rechte Hand des Vaters und einen Rosser für die Pferde. Als seine Geschwister und er älter wurden, hatten ein Knecht und eine Magd ausgereicht.

Auf ihrem Hof war es dem Gesinde gut gegangen. Aber er wusste auch, dass das Gesinde auf anderen Höfen schlechter behandelt wurde. Das hatten ihm Johanna und Josef erzählt, die es in früheren Anstellungen nicht so gut hatten, beengt mit anderen in stickigen Kammern oder gar auf Strohsäcken im Flur schlafen mussten, schlechteres Essen bekamen als die Bauersleute, von diesen häufig beschimpft oder auch – in jungen Jahren – geschlagen wurden.

Auf dem Hof in Mikieten ging es ihm ebenfalls nicht gut, denn er musste von früh bis spät arbeiten, erhielt kaum Lohn und zu wenig zu essen. Die Bauersleute waren unfreundlich, obwohl Christian sehr fleißig war. Für ein Jahr hatte er sich verdingt, das musste er durchhalten, aber keinen Tag länger.

Nach seinem Auszug aus der väterlichen Kate hatte er begonnen, Martin zu schreiben. Briefe gingen zwischen Tilsit und Mikieten hin und her. Martin fühlte sich verantwortlich für seinen kleinen Bruder, er litt darunter, dass es Christian in seiner Stellung so schlecht ging.

Martin hatte noch einen guten Kontakt zu Christian Rainer, mit dem er den Weg über Land nach Königsberg angetreten war. Beide hatten auf dem entbehrungsreichen Weg Freundschaft geschlossen. Wie bei der Familie Trinker hatte sich die Schreibweise ihres Namens mit der Ankunft in Ostpreußen geändert, aus Rainer wurde Reiner.

Christian Reiner hatte einen Hof in Werschkepjen im Amt Dörschkehmen erhalten, und bewirtschaftete ihn zusammen mit seiner jungen Frau, die er in Ostpreußen kennengelernt hatte.

So schrieb er Martin und bat ihn, sich unter den Salzburgern umzuhören, die sich so zahlreich im Amt Dörschkehmen niedergelassen hatten, vor allem unter den Verwandten der Reiners. Schließlich fand sich ein Hof, auf dem Christian Unterkunft finden würde.

Rup Reiner, ein Cousin von Christian Reiner, gerade dreißigjährig, war frisch mit der Salzburgerin Maria Zefferer verheiratet und bewirtschaftete mit ihr einen Hof in Dagutschen im Kirchspiel Skittkehmen. Noch hatten sie keine Kinder, Platz und Arbeit gab es genug auf dem Hof und ein Knecht war gut zu gebrauchen.

So zog Christian 1736 nach Dagutschen auf den Hof von Maria und Christian Reiner. Hier ging es ihm bedeutend besser. Das junge Paar war froh über den fleißigen Bauernsohn, der wie ein Familienangehöriger behandelt wurde. Die Zusammenarbeit zwischen den beiden jungen Männern klappte so gut, dass sie kaum Worte verlieren mussten, jeder wusste, was zu tun war. Der Hof gedieh, der Boden warf immer mehr Ertrag ab.

Anders als im Amt Göritten war Christian nicht mehr allein. Auf dem Kirchgang und den vielen Familienfesten sah er nun die Verwandten und Freunde der Familie, begegnete auch den Reiners aus Penzlhäusl wieder, den Verwandten, mit denen die Trinkers viele gemeinsame Andachten auf dem Kornberghof abgehalten hatten. Aus dieser Familie sollte auch seine zukünftige Frau Margarethe kommen.

Beim Kirchgang wurden Neuigkeiten aus der Salzburger Kolonie verbreitet: So erfuhr Christian, dass Friedrich Wilhelm I. den Legationsrat von Plotho nach Salzburg geschickt hatte, um den Verkauf der Güter und die Eintreibung der Salzburger Guthaben durchführen zu lassen. Den Wert des wirklichen Vermögens zu ermitteln, war schwierig. Nach Angaben der Salzburger betrug es 2.600.000 Taler.

Mit erzbischöflicher Erlaubnis waren von den Auswanderern katholische Verwalter, Freunde und Verwandte eingesetzt worden, welche die Güter weiterhin verwalten sollten. Sie waren aber nicht immer am Erhalt der Höfe interessiert und ließen diese häufig verkommen. Zudem hatten die unter Zeitdruck abziehenden Bauern häufig ihre Papiere über den Besitz der Güter nicht mitgenommen.

Plotho hatte es schwer, seinen Auftrag durchzuführen. Er beklagte, dass die Anzahl der zu verkaufenden Höfe viel zu groß war, die Anzahl der Interessenten zu gering. Zu wenige Menschen in der Region verfügten über Barvermögen. Zum Teil war der Wert der Höfe von den Salzburger Besitzern zu hoch angegeben worden, einige hatten sie auch überteuert gekauft. Dazu waren viele Höfe inzwischen heruntergekommen, schlecht oder gar nicht gepflegt worden. Letztlich erbrachte der Erlös einen Betrag von 307.000 Talern, von denen 276.000 ausgezahlt wurden.

Der Kornberg- und der Zächerlegghof konnten nicht verkauft werden, so gingen die beiden Trinkerfamilien leer aus.

Margarethe Reiner und Christian, Dagutschen

Margarethe Reiners Familie stammte aus Penzlhäusl im Gericht Radstadt, nicht weit entfernt vom Gut Kornberg, auf dem die Familie von Christians Onkel Hans gelebt hatte. David Reiner war mit den Trinkers verwandt, sein Vater der ältere Bruder von Hans und Wolfs Mutter.

Die Familie Reiner hatte sich zunächst in Ostpreußen in Grünwald im Kirchspiel Darkehmen niedergelassen. Doch wie Christians Mutter war Margarethes Großvater David 1733 an einer schweren Lungenentzündung verstorben.

Auch für die Reiners war der Tod des Vaters eine große Tragödie. Zunächst bewirtschaftete die Witwe Margaretha Reiner, geborene Steinpacher, den Hof mit ihren Kindern weiter, doch sie konnte den Tod ihres Mannes nur schwer verwinden und litt immer mehr unter Einsamkeit und der Trennung von den Salzburger Verwandten und Freunden. Sie nahm Kontakt zu den Verwandten im Kirchspiel Skittkehmen auf und erfuhr, dass gerade eine Hofstelle neu zu besetzen war.

So zog sie 1736 mit ihren vier Söhnen und ihrer Tochter nach Dagutschen. Der sechsundzwanzigjährige Simon nahm die Rolle des Familienoberhauptes ein. Er war bereits fünf Jahre mit Catharina, auch einer Salzburgerin, verheiratet und Vater einer kleinen Tochter, der vierjährigen Margarete. Catharina war auf dem Weg nach Ostpreußen bereits in anderen Umständen; in Augsburg waren sie und Simon von Pastor Samuel Urlsperger getraut worden. Seine Brüder, der dreiundzwanzigjährige Moritz und der sechzehnjährige David, führten gemeinsam mit dem großen Bruder alle nötigen Arbeiten auf dem Hof aus, auch der kleinste, der achtjährige Max, half fleißig mit. Im Haus war die Mutter froh über die Hilfe ihrer Schwiegertochter sowie der einzigen, inzwischen sechzehnjährigen Tochter Maria, die ihr fleißig zur Hand ging.

Kurz nach der Ankunft der Witwe mit ihren Kindern sah Christian die Reiner-Familie nach langer Zeit wieder. Rup und Maria Reiner hatten die Neuhinzugezogenen zu sich eingeladen, auch sein Cousin Christian war mit der Frau und dem neugeborenen Kind hinzugekommen.

Gemeinsam aßen sie zu Abend. Erschöpft von dem Umzug, der ja mit Hausstand und Vieh vonstatten gegangen war, waren sie froh, nach so langer Zeit die Verwandten wiederzusehen. Zuletzt hatte Rup seine Tante auf der Beerdigung von David Reiner gesehen, die schon fast drei Jahre zurücklag.

Margaretha Reiner war sehr überrascht, Christian wiederzusehen. Fünf Jahre war es her, dass sie an Pfingsten auf dem Kornberghof einander zum letzten Mal begegnet waren. Gemeinsam mit ihrem Mann, ihrem Sohn Simon und seiner Verlobten Catharina hatten sie mit den verwandten Familien von Hans und Wolf Trinker eine Andacht abgehalten. Kurz darauf hatte sich die Situation im Salzburger Land zugespitzt, Hans war zum Abgeordneten des Salzacher Tages ernannt worden und hatte sich mit den anderen Abgeordneten auf den Weg nach Nürnberg gemacht, wo er verhaftet wurde. Margaretha erinnerte sich, welches Entsetzen diese Nachricht auch bei ihnen ausgelöst hatte. Sie hatten so große Hoffnungen in die Mission von Hans und den anderen gelegt. Ihr Mann David hatte seinen Großcousin sehr wertgeschätzt.

An Christian konnte sie sich noch erinnern. Dabei hatten die Trinkers ja so viele Kinder. Sie wusste, er war der zweitälteste Sohn von Wolf, bei dem letzten Treffen auf dem Kornberghof etwa elf oder zwölf Jahre alt. Als Barbara und Wolf aus Zächerlegg ankamen, saß er vorne auf dem Wagen und hatte die Zügel in der Hand, ein kleiner, wacher, schlanker Junge, war schnell heruntergesprungen und mit Georg, dem Sohn von Hans, im Heustadl verschwunden. Waren die beiden nicht etwa gleich alt? Sie tauchten erst wieder auf, als alle zur Andacht gerufen wurden, saßen dann immer beieinander, auch beim folgenden Essen.

Aus dem kleinen lebendigen Jungen war ein junger Mann geworden. Deutlich gewachsen, kräftiger und ruhiger im Verhalten. An den braunen Augen und dem lockigen braunen Haar erkannte sie ihn wieder.

Auch Christian war sehr erfreut, die Großtante Margaretha wiederzusehen. Endlich ein vertrautes Gesicht, das ihn an die alte Heimat erinnerte! Und an die vielen Familientreffen auf dem Kornberghof, auf denen er sich so wohlgefühlt hatte. Soweit er sich erinnern konnte, war sie im selben Jahr wie seine Mutter geboren worden, musste jetzt Anfang fünfzig sein. Seit ihrem letzten Treffen vor fünf Jahren war sie deutlich gealtert, hatte graue Haare bekommen und noch an Gewicht zugelegt. Sie war eine stattliche Frau mit lebendigen, warmen Augen, die ihn überrascht und erfreut ansahen. Er erinnerte sich auch daran, was ihm Georg in Gumbinnen von dem Radstädter Treck berichtet hatte, wie sehr die Reiners Tante Anna zur Seite gestanden hatten nach der Verhaftung von Hans und auch auf dem Treck.

Margaretha umarmte den Großneffen und bestürmte ihn mit Fragen nach der Familie. Und er hatte viel zu erzählen. So erfuhr Margaretha, wie die St. Johanner und die Familie von Barbara und Wolf die Ausweisung erlebt hatten, die Trennung der Familie von Martin, der Seefahrt von Stettin nach Königsberg, der Wiederbegegnung mit Martin und später in Gumbinnen mit der Familie von Anna und Hans, die Zeit des Winterquartiers und die Enttäuschung über die Ansiedlung am Ende der Welt, getrennt von allen Salzburgern, den Tod der Mutter, das Scheitern des Vaters und das Auseinanderbrechen der Familie. Und durch den ganzen Bericht zog sich die Trauer um Barbaras Tod, die Christian und die ganze Familie begleitet hatte.

Margaretha war sehr berührt, erinnerte sie doch alles sehr an die eigene Familiengeschichte. Sie selbst hatte wie Barbara große Schwierigkeiten, die Heimat zu verlassen; für David war es ganz klar, dass er seinem Glauben folgen und in die Fremde ziehen müsse. Auch seine Familie gehörte schon lange Zeit den Evangelischen an. Aber unterwegs hatte sich alles umgekehrt, sie nahm das Schicksal an, die Sorge um die Familie, die Fürsorge für Anna, deren Mann eingekerkert war, die Sorge um die schwangere Schwiegertochter, die bald entbinden würde, alles das beschäftigte sie, sie hatte viel zu tun. Und die vielen Menschen, die vielen Städte und Landschaften, das faszinierte sie sehr und ließ sie oft das Heimweh vergessen.

Ihr Mann David konnte es nur schwer ertragen so fern von der Heimat zum Nichtstun verdammt zu sein. Er mochte die großen Städte nicht, die vielen Menschenansammlungen, sehnte sich nach der Ruhe seines Landes und Hofes.

Die kleine Margarethe, ihre Enkelin,Tochter von Simon und Catherina, wurde kurz nach der Ankunft in Ostpreußen in Gumbinnen geboren, war somit das erste ostpreußische Kind der Reinersippe. Sie war knapp vier Jahre alt, als die Eltern mit der Großmutter Margaretha und der Tante Maria und den Onkeln Moritz, David und Max nach Dagutschen zog und sie Christian das erste Mal begegnete. Hier wuchs sie in der großen Reinerfamilie auf, umhegt von der Großmutter und Maria, wurde aber nicht verhätschelt, sie musste wie alle anderen Kinder auch früh Aufgaben in Haus und Hof übernehmen.

Margarethe war gerade acht Jahre alt, als die Salzburger Anstalt, ein Hospital für Kranke und Unterstützungsbedürftige gegründet wurde. In der Kolonie war sie in aller Munde. Der König hatte hierfür in Gumbinnen zwei Häuser zur Verfügung gestellt. Bereits im ersten Jahr wurden vierzig Insassen aufgenommen. Jeder erhielt monatlich sechzehn

Groschen für Verpflegung, dazu freie Pflege und Medizin. Es wurde ein eigener Seelsorger bestellt, der morgens und abends eine Betstunde abhielt.

Finanziert wurde die »Salzburger-Armen-Versorgungs-Anstalt« zunächst aus Kollektengeldern, die im Auswanderungsjahr in ganz Deutschland, England, Schweden, Dänemark und den Niederlanden gesammelt wurden. Bereits 1732 sollte die Anstalt auf Geheiß des Preußenkönigs für hundert alte und arbeitsunfähige Salzburger errichtet werden. Mit den Geldern aus Salzburg wurde sie zu einer der wohlhabendsten gemeinnützigen Einrichtungen Ostpreußens und gleichzeitig das Zentrum des kulturellen Lebens der Kolonie. Das Kapital der Stiftung wuchs weiter an, es wurden schließlich im Hospital 244 und außerhalb 500 Arme unterstützt.

Margarethe wuchs mit vielen Geschichten aus dem Salzburger Land auf. Vor allem ihre Großmutter erzählte viel und mit großer Wehmut von den schönen Bergen, den sanften grünen Hängen und den Bächen mit dem klaren, sprudelnden Wasser, auch vom schönen, stattlichen Hof der Familie, den sie besonders vermisste. Vater und Mutter berichteten mehr von der Vertreibung aus dem Salzburger Land, dem abenteuerlichen Weg durch die deutschen Lande.

Im Alter von 14 Jahren wurde Margarethe konfirmiert, das war ein Anlass für ein großes Familienfest, zu dem auch Rup Reiner und Christian Trinker eingeladen wurden.

Christian, inzwischen sechsundzwanzig Jahre alt, lebte noch immer als Knecht auf dem Hof von Rup Reiner. Aber sein Ziel war der Erwerb einer eigenen Landwirtschaft, genug Geld würde er bald zusammen haben. Christian sparte. Er verdiente wenig als Knecht, aber das Wenige gab er nicht aus. Er suchte sich noch viele zusätzliche Arbeiten, die Geld einbrachten. Er hatte geschickte Hände, lernte von einem alten Salzburger das Schnitzen und stellte an den Abenden Krippenfiguren her. Maria und Josef und die Hirten trugen die Salzburger Tracht, die Schafe und Hunde und auch die Ställe hätten in der alten Heimat stehen können. Sie verkauften sich vor allem in der Vorweihnachtszeit gut, die frommen und Heimweh geplagten Salzburger wollten wie in der Heimat eine eigene Krippe aufstellen, die auch noch so aussah wie daheim.

Nach einiger Zeit kamen auch Schweizer und Nassauer zu ihm, auch Litauer. Sie hatten von den Salzburger Krippenfiguren gehört und waren begeistert. So erweiterte sich Christians Kundschaft.

Und jetzt, auf ihrer eigenen Konfirmation nahm Christian das erste Mal Margarethe als junge Frau wahr. Bisher hatte er sich von den Frauen zurückgehalten. Er war sehr gläubig, wollte erst heiraten, wenn er den eigenen Hof bewirtschaftete.

Jetzt hatte er nur noch Augen für die so viel jüngere Margarethe, sie gefiel ihm wie kein anderes Mädchen, das er bisher getroffen hatte. Sie hielt sich zwar schüchtern im Hintergrund, doch die wachen Augen folgten aufmerksam dem Geschehen in der Stube. Ernst lauschte sie den Gesprächen, doch ab und zu huschte ein Lächeln über ihr Gesicht. Immer wieder sprang sie auf, um beim Auf- und Abtragen zu helfen. Die langen, dunkelbraunen Zöpfe waren am Hinterkopf festgesteckt, sie trug noch wie die anderen Frauen aus den Salzburger Familien die österreichische Tracht mit dem bunten Mieder und dem kurzen, weiten Rock. Mit der Konfirmation galt sie als erwachsen. Doch sie sah noch so jung aus, war von zierlicher Gestalt, sie schien noch wenig Blicke mit anderen Jungen gewechselt zu haben.

Nun hatte Christian ein Ziel. Doch er wurde auch von Zweifeln geplagt. Sie war ja noch sehr jung, so viel jünger als er. Würde sie ihn überhaupt als Mann wahrnehmen, nicht eher einen Jungen ihres Alters akzeptieren? Dennoch begann er, vorsichtig um Margarethe zu werben.

Nach dem Kirchgang grüßte er sie zunächst, sie grüßte freundlich zurück. Hierdurch ermutigt, wechselte er ein paar weitere Worte mit ihr, fragte nach der Familie, sprach mit ihr über das Wetter und die Ernte. Er bemerkte, dass sie wohl darauf einging. Von da an schenkte er ihr von Zeit zu Zeit eine Krippenfigur, die sie auch annahm.

Ihr gefielen der stattliche Christian und sein Werben. Gleichaltrige Jungen interessierten sie nicht, waren ihr zu kindisch. Und sie mochte auch seine Schnitzkunst.

Christians Ziel war es, sich einen Hof zu kaufen, wenn er genug Geld zusammen hätte. Es würde sicher nur für ein kleines Gehöft reichen, so realistisch war er, aber das war ein Anfang. Und dann könnte er Margarethe fragen, ob sie es mit ihm bewirtschaften wollte.

Doch es würde noch einige Zeit dauern, bis es soweit wäre. Und wenn nun Margarethe sich inzwischen einen anderen Mann suchen würde? Das beschäftigte Christian während der langen Schnitzabende und auch in den kurzen Nächten, bevor er einschlief. Eigentlich wollte er ihr nicht von seinen Plänen erzählen, sie irgendwann damit überraschen, doch das schien ihm jetzt zu gefährlich.

In der Kolonie machte 1748 die Nachricht die Runde, dass Friedrich II., der Sohn Friedrich Wilhelms, gleich nach Beendigung des siebenjährigen Krieges Plotho noch einmal nach Salzburg zur Eintreibung der noch ausstehenden Gelder geschickt hatte. Die Ansprüche der Salzburger beliefen sich auf 83.800 Taler. Auch Hans und Wolfs Sohn Martin hofften auf das Geld von ihren Höfen. Aber nur 28.900 Taler inklusive Zinsen gingen schließlich ein. Wieder waren die Trinkers leer ausgegangen.

Viele Salzburger Familien waren inzwischen vermögend geworden, verzichteten auf die Auszahlung dieser Gelder und stellten diese dem Hospital zur Verfügung.

Christian hatte die beiden Entsendungen Plothos mit Interesse verfolgt. Er als Zweitgeborener hatte ja doch keinen Anspruch auf den Erlös des Hofes und so schnitzte er weiter.

Margarethe erhielt immer wieder eine Figur von Christian geschenkt, eine besonders schöne Maria, die ihr auch noch ähnlich sah, einen stattlichen Josef, ein winziges Jesuskind in der Krippe, Schafe, Hirten, schließlich hatte sie eine ganze Krippe zusammen. Ihrer Familie und ihr war nicht entgangen, wie erfolgreich Christian mit seiner

Schnitzkunst war, und auch die Großmutter Margaretha dachte sich ihren Teil.

Auch Margarethe war beeindruckt. Sie freute sich über die Geschenke und hatte es nicht eilig mit dem Heiraten. Die anderen Bauernsöhne gefielen ihr nicht so besonders.

Inzwischen hatten fast alle Salzburger Familien im weiten Umkreis eine Krippe von Christian. Es kamen sogar Anfragen aus Gumbinnen und Königsberg. Christian erweiterte seine Krippen noch um viele Figuren, Kühe, Hunde, Katzen, Bauersleute bei der Arbeit, deren Kinder im Spiel.

1759 war es endlich so weit. Neben dem Schnitzen hatte er auch aufmerksam die Nachrichten verfolgt, die über mögliche freie Höfe verbreitet wurden. Immer mal wieder gab ein Bauer auf, schaffte es nicht mehr, das Land gut zu bewirtschaften, der Hof brachte zu wenig ein, Alte hatten keinen Nachwuchs, zogen zu den Kindern, die sich woanders niedergelassen hatten. Es gab Gerüchte, oftmals fand kein Verkauf statt. Ein Hof, von dem er hörte, war zu groß, er konnte ihn nicht bezahlen. Bei einem anderen war das Land zu schlecht, es gab wirklich nicht genug her.

Doch das Gehöft, das er letztlich kaufte, entsprach seinen Vorstellungen. Das Land war gerade ausreichend, um eine kleine Familie zu ernähren. Ein Waldstück war dabei, das war gut für Feuerholz. Einen Teil könnte er später noch urbar machen und bebauen. Ein kleines Haus mit einem angebauten Stall gehörte dazu. Er würde das Land bebauen, noch weiter schnitzen und letztlich könnte er sich auch eine größere Familie leisten.

Jetzt traute er sich, Margarethe zu fragen. Sie war einverstanden und am 12.Mai 1759 wurde Hochzeit gehalten. Die große Reinerfamilie wie auch viele Trinkers waren mit dabei, auch die Geschwister von Christian, Onkel Hans und viele seiner Cousins und Cousinen.

Margarethe war nun siebenundzwanzig Jahre alt, eine hübsche Braut. Christian mit seinen neununddreißig Jahren immer noch gutaussehend, auch wenn seine Haare nach Trinkerart schon sehr licht geworden waren. Von der Hochzeit wurde noch lange in der Salzburger Gemeinde gesprochen.

Das Paar bezog das kleine Gehöft, das nach kurzer Zeit zu blühen begann. Bereits zehn Monate nach der Hochzeit wurde Anna geboren. Wie freuten sich Margarethe und Christian über die gesunde Tochter! Doch sie sollte nur ein gutes Jahr alt werden, sie starb an einem heftigen Darminfekt.

Margarethe blieb keine Zeit zum Trauern. Die Arbeit in Haus und Hof musste weitergehen und sie war bereits wieder schwanger. Ein halbes Jahr später erblickte Simon das Licht der Welt. Margarethe freute sich, dass Christian damit einverstanden war, ihn nach ihrem verstorbenen Vater zu nennen. Doch der kleine Simon war durch die schwere Geburt sehr geschwächt, er trank schlecht und lebte nur kurze Zeit.

Kurze Zeit darauf erwartete Margarethe wieder ein Kind. Sie war voller Sorge und fürchtete, dass ihr auch dieses Kind wieder genommen würde. Die Geburt verlief zum Glück ohne Komplikationen und ein gesunder Junge wurde geboren. Margarethe und Christian nannten ihn Leonard, nach dem Bruder von Maria Zefferer, seiner früheren Dienstherrin. Wie viele andere aus der Reinersippe hatte er sich im Raum Goldap niedergelassen. Christian war zwar Knecht auf dem Hof von Maria und Rup Reiner gewesen, aber auch ein entfernter Verwandter und daher wie ein Familienmitglied behandelt worden. Auch nach seiner Heirat mit Margarethe blieb er in engem Kontakt mit den Reiners.

Der kleine Leonard gedieh gut und durfte als erstes Kind der Familie das Erwachsenenalter erreichen.

Drei Jahre später schienen Margarethe und Christian noch einmal Glück zu haben. Wieder gebar sie einen gesunden Sohn, den Christian nach seinem Onkel Johann nannte. Er gedieh ebenso wie sein Bruder Leonard. Die beiden wuchsen zusammen auf und waren bald unzertrennlich.

Kurz nach Johanns viertem Geburtstag, am 15. April 1770, geschah dann das Unglück. Die Brüder spielten am nahegelegenen Teich, sie versuchten, mit Steinen die zunächst noch ruhig schwimmenden Stockenten zu treffen. Leonard traf einen Erpel, der laut kreischend davonflog. Ihm folge die schnatternde Entenschar. Johann wollte es dem großen Bruder nachmachen und auch noch eine treffen, aufgeregt trat er zu nahe an das Ufer. Noch bevor der den Stein werfen konnte, rutschte er ab und fiel ins Wasser. Leonard war außer sich, er wollte seinem kleinen Bruder helfen, doch dieser war bereits untergegangen. Keiner der beiden Buben konnte schwimmen. So rannte Leonard schreiend zum Haus zurück und rief den Vater.

Christian rannte so schnell er konnte zum Weiher, sprang ins Wasser und holte den kleinen Johann heraus. Doch es war zu spät. Er war bereits ertrunken.

Trauer erfüllte das Trinkerhaus, Leonard war bedrückt und voller Schuldgefühle.

Besonders Margarethe hatte sehr an dem lebendigen kleinen Johann gehangen und konnte sich kaum über die Geburt ihres fünften Kindes freuen, dass vier Monate nach dem Tod des jüngsten Sohnes zur Welt kam. Das kleine Mädchen war gesund und kräftig; die Eltern ließen es wie die erste Tochter auf den Namen Anna taufen.

Der siebenjährige Leonard kümmerte sich viel um seine kleine Schwester. Als müsse er etwas wieder gutmachen, passte er auf, dass ihr kein Unglück zustieß. Immer wieder schaute er in die Wiege, war beunruhigt, wenn sie länger schlief und keinen Ton von sich gab. Später überwachte er ihre ersten Schritte und achtete darauf, dass sie nicht zum Weiher lief.

Zwar musste er dem Vater auf dem Hof helfen, doch jede freie Minute verbrachte er mit Anna. Sie folgte ihm bald wie ein kleines Hündchen und rief häufiger nach ihm als nach der Mutter.

Sechs Jahre später bekamen sie noch eine Schwester, Magdalena genannt. Inzwischen hatte Margarethe den Kummer um Johanns Verlust verwunden und freute sich über die kleine Tochter. Auch der zwei Jahre später geborene Matthes war in der Familie willkommen, ein zweiter gesunder Sohn.

Anna hütete die beiden kleinen Geschwister und half der Mutter bereits in der Küche. Simon, der drei Jahre später zur Welt kam, liebte sie besonders. Hatte die Mutter den Kleinen gestillt, durfte Anna ihn wickeln und in die Wiege legen. Als er im Alter von neun Monaten an einem heftigen Fieber litt und wenige Tage später starb, begegnete ihr erstmals der Tod und sie trauerte wie die Mutter um den kleinen Simon.

Ein letztes Mal wurde Margarethe schwanger und gebar 1784 Christian, benannt nach seinem Vater. Die vierzehnjährige Anna war gerade konfirmiert worden und der einundzwanzigjährige Leonard bereits ein erwachsener junger Mann. Dankbar nahmen die Eltern die Hilfe der beiden großen an, denn langsam ließen ihre Kräfte nach. Christian war inzwischen einundsechzig, Margarethe neunundvierzig Jahre alt. Über den großen Zeitraum von vierundzwanzig Jahren hatte sie neun Kinder geboren, von denen vier früh starben. Leonard, die zweite Anna, Magdalena, Matthes und Christian blieben ihr erhalten.

Matthes, Goldap

Ungeduldig wartete der kleine Matthes auf das Geschenk seines Patenonkels. Leonard Zefferer, der Bruder von Maria Reiner aus dem Gericht Radstadt war an seinem vierten Geburtstag vorbeigekommen und hatte ihm, wie auch die Jahre zuvor, eine Kleinigkeit mitgebracht. Der Onkel sprach immer noch mit dem Vater, wie er hörte, ging es um die Kartoffeln. Matthes bekam noch mit, dass der König sie eingeführt hatte, eine Pflanze, die alle erst komisch fanden. Auch der Patenonkel und der Vater hatten sie zunächst ungern angepflanzt. Doch dann wuchs sie gut in der ostpreußischen Erde und schmeckte auch noch.

Matthes fand sie ebenfalls lecker, vor allem zermanscht mit viel Butter. Oder als Bratkartoffeln mit Zwiebeln und Speck.

Endlich kam der Onkel zu ihm, gratulierte ihm, hob ihn in die Höhe und drehte ihn im Kreis, bis ihm schwindelig wurde. Matthes juchzte und wieder auf der Erde, nahm er sein Geschenk entgegen: eine kleine Holzflöte, von Leonard selbst geschnitzt. Begeistert probierte er sie aus, bekam aber nur einen quietschenden Ton heraus. Onkel Leonard zeigte ihm, wie er noch andere Töne heraus zaubern konnte, spielte eine kleine Melodie. Matthes lauschte und probierte es auch, doch ihm gelang nur eine Variation des Quäkens. Aber er gab so schnell nicht auf. Stürmisch bedankte er sich bei dem Onkel und lief mit seiner neuen Flöte auf den Hof zum Holzstapel, suchte einen sicheren Sitz und übte.

Magdalena, zwei Jahre älter als er, hatte gerade der Mutter und der großen Schwester Anna beim Abtrocknen geholfen, als sie Matthes quietschende Spielversuche hörte und zu ihm lief. Nach einer Weile war er erschöpft und überließ ihr die Flöte. Sie probierte sie auch aus und bekam nach einiger Zeit einen klareren Ton heraus.

Matthes war darüber nicht böse. Sie war eben älter und konnte es daher gleich besser. Auch wenn sie ein Mädchen war, so war sie doch sein wichtigster Spielkamerad, die beiden vertrugen sich meistens richtig gut.

Er hatte zwar einen Bruder, Leonard, doch der war fünfzehn Jahre älter und kümmerte sich nicht um ihn. Nur mit Anna schien er sehr verbunden. Sie sprachen und scherzten viel miteinander. Anna als die älteste Tochter half vor allem der Mutter und versuchte Matthes mit zu erziehen.

Das mochte er nicht und ärgerte sich auch darüber, dass der große Bruder ihn wie Luft behandelte. Dafür war aber der Onkel Leonard sein Patenonkel und nicht der vom großen Bruder, auch wenn dieser nach ihm benannt worden war.

Simon war erst vor einem halben Jahr gestorben. Die Mutter hatte sich so über den kleinen Bruder gefreut und war untröstlich, als er so plötzlich starb. Und noch immer war sie traurig, anders als früher war sie so still, blass und oft liefen ihr die Tränen. So war Matthes Geburtstag fast vergessen worden und es gab auch kein Geschenk für ihn. Umso mehr freute er sich über den Besuch des Patenonkels und über die kleine Flöte! Nun wollte er schnell lernen, darauf zu spielen wie der Onkel und der Mutter eine Freude zu machen. Wie gerne würde er sie wieder lachen sehen!

Matthes wusste von Magdalena, dass es noch eine große Schwester gegeben hatte, auch eine Anna. Sie müsste jetzt noch älter sein als Leonard, aber über sie wurde nie gesprochen.

Zwei Jahre später brachte die Mutter noch einen Jungen zur Welt, Christian. Inzwischen war die Mutter nicht mehr so traurig und freute sich über den gesunden Säugling. Sie passte sehr auf ihn auf, guckte dauernd nach ihm, dass er sich ja nicht erkältete und Fieber bekam. Matthes fand, dass der Kleine zuviel schrie und auch sonst sehr verwöhnt wurde. Als er das Babyalter überstanden hatte, mussten sich Magdalena und Matthes häufiger um ihn kümmern. So war ihnen Christian häufig ein Klotz am Bein. Zum Glück war meistens Anna für ihn zuständig, die den kleinen Bruder gern verhätschelte, er hätte ja fast ihr Sohn sein können.

Schön waren die Abende in der Stube, in denen der Vater von seiner Heimat im Salzburger Land berichtete, vom Zächerlegghof, dem Blick ins Tal auf St. Johann, den hohen Bergen, den blühenden Wiesen am Hang. Matthes selbst kannte wie die Geschwister und die Mutter nur die ostpreußische Heimat, das flache Land mit den vielen Seen und den Wäldern. Aber vor seinen Augen erschienen bei den lebendigen Schilderungen des Vaters die Berge, Bäche und Wiesen, die fremde Landschaft wurde vertraut. Noch spannender waren die Berichte von der Vertreibung, die Reise durch die deutschen Städte und die heftige Überfahrt über die Ostsee nach Königsberg. Was hatte der Vater nicht alles erlebt!

Der Vater brachte Matthes das Schnitzen bei. Bei Leonard hatte er es auch versucht, aber dieser hatte schnell das Interesse verloren. Matthes erwies sich als begabt und bemühte sich, dem Vater zuliebe ebenfalls Krippenfiguren herzustellen. Aber er vermochte es nicht, diese so lebendig zu gestalten wie sein Vater, denn Matthes kannte das Salzburger Bergbauernleben nur aus den Erzählungen. Aber er bemühte sich und gestaltete vor allem die Tiere, die in Ostpreußen genauso aussahen wie in Salzburg.

An den langen Winterabenden saßen Vater und Sohn beieinander und schnitzten. Zwischendurch legte Christian sein Werkzeug beiseite und gab eine Geschichte aus Zächerlegg zum Besten oder Magdalena spielte ein neues Lied.

Das Flötenspiel hatte Matthes wieder aufgegeben, es wollte ihm nicht gelingen. Da hatte er das kleine Instrument Magdalena überlassen, die inzwischen wunderbar spielen konnte. Dafür lernte Matthes Flöten zu schnitzen und schenkte sie seiner Schwester.

An Festtagen kamen auch die Verwandten des Vaters und der Mutter zu Besuch, vor allem die vielen Reiners. Wenn sie beisammen saßen, berichteten die Älteren auch gern von ihrer alten Heimat und den vielen Erlebnissen auf der großen Reise. Die Mutter blieb dann meistens still. Sie war als erste in Ostpreußen geboren worden, kannte weder das Salzburger Land noch hatte sie die Vertreibung mitbekommen.

Die Eltern legten viel Wert auf den Schulbesuch. Vor allem der Vater erzählte immer wieder, dass die Salzburger schon in ihrer Heimat zuhause mithilfe der Bibel lesen und schreiben gelernt hatten. Doch das musste heimlich geschehen, da der Obrigkeit nicht daran gelegen war, gebildete Untertanen zu haben, die mitdachten und unangenehme Fragen stellen konnten. So war es für die Salzburger Kolonie sehr wichtig, dass ihre Kinder in der neuen Heimat umfassend unterrichtet wurden. Stolz berichtete der Vater, dass es 1737, vier Jahre nach ihrer Ankunft in Ostpreußen bereits achtzehn Salzburger Schulen gegeben habe, die auch von deutschen und litauischen Kindern besucht wurden.

Matthes war ein guter Schüler, das Lernen fiel ihm leicht und er war sehr wissbegierig, stellte viele Fragen. Das gefiel auch seinem Lehrer und er förderte ihn. Für die höhere Schule gab es kein Geld in der Familie und so würde ihm nichts anderes übrigbleiben, als Knecht auf dem elterlichen oder einem anderen Hof zu werden.

Nach der Konfirmation endete Matthes Schulzeit und er arbeitete vier Jahre in der Landwirtschaft. Doch sein Lehrer hatte ihn nicht vergessen. Als er erfuhr, dass in der Kreisstadt Goldap die Stelle des Ratsdieners neu zu besetzen war, fiel ihm Matthes wieder ein. Er suchte die Trinkerfamilie auf und sprach mit Christian und Matthes.

Christian dachte nach. Ratsdiener, was war das überhaupt? Goldap war über 30 Kilometer entfernt und Matthes erst achtzehn Jahre alt. Er mochte seinen Sohn, an dem er sehr hing und nur ungern gehen ließ. Zudem hatten bisher alle Trinker in der Landwirtschaft gearbeitet und nicht in Städten gewohnt. Doch das stimmte nicht ganz, sein Bruder Martin war nach Tilsit gegangen und dort Tischler geworden.

Matthes war wie er der Zweitgeborene und konnte den Hof nicht übernehmen, das war die Aufgabe seines älteren Bruders Leonard. Er würde also Knecht bleiben oder eine Bauerntochter heiraten. Das Glück, das er gehabt hatte, mit dem Schnitzen der Krippenfiguren genug Geld für einen eigenen Hof zu erarbeiten, würde Matthes nicht haben, so begabt war er in diesem Handwerk nicht. Als Ratsdiener würde er die Chance haben, eine eigene Familie zu gründen.

Also stimmte Christian zu. Um keine Zeit zu verlieren, spannten Vater und Sohn am nächsten Tag die Pferde an und fuhren gemeinsam zum Magistrat der Stadt Goldap.

Matthes war sehr aufgeregt. Noch nie war er in der Stadt gewesen und unter dem Beruf des Ratsdieners konnte er sich wenig vorstellen. Und ob sie ihn überhaupt nehmen würden? Er trug seinen Konfirmationsanzug, der aber zu klein war, obwohl die Mutter ihn noch einmal ausgelassen hatte. Das Empfehlungsschreiben des Lehrers in der Jackentasche beruhigte ihn.

Sie waren in den frühen Morgenstunden gestartet und erreichten Goldap am Nachmittag. Der Vater fragte sich nach dem Rathaus auf dem Marktplatz durch. In der Nähe fanden sie einen Gasthof, an dem sie die Pferde unterstellen konnten. Matthes blieb wenig Zeit, den Marktplatz und das prächtige Rathaus sowie die Bürgerhäuser zu bewundern, sie mussten sich beeilen, um den Bürgermeister noch anzutreffen.

Ein alter Ratsbote brachte sie in das Büro des höchsten Beamten der Stadt. Dieser staunte nicht schlecht, als der Salzburger Bauer mit seinem Sohn bei ihm erschien und sich der junge Mann um die Stelle bewarb. Matthes sprach nicht viel und händigte stattdessen dem Bürgermeister das Empfehlungsschreiben seines ehemaligen Lehrers aus. Aufmerksam las der Beamte den ausführlichen Bericht. Matthes wurde in den höchsten Tönen gelobt, seine Schreib- und Rechenkünste sowie seine schnelle Auffassungsgabe und seine guten Manieren gewürdigt.

Dies überzeugte den Bürgermeister. Doch bevor er einwilligte, hielt er den beiden Dorfbewohnern erst einmal einen Vortrag über seine Stadt.

Er berichtete von der Pest, die wie in ganz Ostpreußen 1709 bis 1711 auch in Goldap gewütet hatte. Es lebten kaum noch Menschen in der Stadt und Umgebung. So wurde das entvölkerte Land durch Neusiedler aus Brandenburg, Pommern, Magdeburg, Halberstadt, Preußen, aus der Schweiz, Litauen, der Pfalz und Nassau besiedelt. Und 1733 wären auch noch die Landsleute der Trinkers, die Salzburger, hinzugekommen.

Und stolz berichtete er: »Jetzt ist Goldap eine bedeutende Handwerkerstadt, alle Gewerke sind vertreten. Berühmt wurde unsere Stadt durch unsere Tuchmacher, Hutmacher, Strumpfstricker, Gerber und Bäcker. Die Goldacher Kringel, Brezeln und der Goldacher Met sind überall im Land bekannt. Auf dem großen Marktplatz finden Vieh- und Pferdemärkte statt.«

Zum Abschluss erklärte er Matthes seine Aufgaben als zukünftiger Ratsbote: Er müsse Briefe zustellen und Bekanntmachungen aushängen, wäre bei offiziellen Besuchen oder Sitzungen des Magistrats für die Ordnung zuständig, zudem hatte er polizeiliche Aufgaben zu erfüllen. Denn mit der wachsenden Bedeutung Goldaps im Umland, so fügte der Bürgermeister hinzu, zog es auch zwielichtige Gestalten in die Stadt, Diebstähle hätten zugenommen.

So begann Matthes, gerade achtzehnjährig, seine Arbeit als Ratsbote in Goldap. Seine Arbeit war vielfältig; selbst als Bediensteter niederen Ranges musste er lesen und schreiben können, denn er hatte Berichte zu verfassen. Er lernte auch die Honoratioren der Stadt kennen, die Ratsmitglieder, alles vornehme Herren, die polnisch sprachen, aber fast alle der evangelischen Konfession angehörten.

Das Leben in der Stadt bedeutete eine große Umstellung für Matthes. War Goldap auch noch eine kleine Stadt, so ging es doch lauter und hektischer zu als im heimatlichen Dorf Dagutschen. Er bezog ein günstiges Zimmer bei der Witwe Müller. Der Weg nach Dagutschen war weit, eine Tagesreise von Goldap entfernt. Nur an großen Feiertagen, an denen ihm mehr als ein Tag Pause eingeräumt wurde, konnte er nach Hause fahren. Dann genoss er das gute Essen der Mutter und half mit auf dem elterlichen Hof.

Anna Scheel, Goldap

Es ging auf acht Uhr zu, draußen wurden bereits die Lampen angezündet. Bald würde Anna den Laden schließen, doch zuvor musste noch der junge Ratsdiener kommen. Er schaffte es immer gerade noch kurz vor Ladenschluss, manchmal kam er auch etwas später, atemlos, und sie öffnete ihm noch einmal die Tür.

Ein ganzes Jahr lang kam er nun schon immer um dieselbe Zeit, kaufte zwei Brezeln und einen Goldaper Kringel.

Am Anfang hatte ihn Anna kaum anschauen mögen. Sie war sehr schüchtern, bekam aber aus den Augenwinkeln mit, dass er noch jung war, vielleicht Mitte zwanzig, etwa so alt wie sie. Schlank und hübsch anzusehen in seiner dunklen Ratsdieneruniform. Höflich war er und zurückhaltend, so ganz anders als dieser Handwerksbursche, der sie vor einem Jahr nach wenigen Einkäufen unverschämt angeschaut und gleich ein Stelldichein vorgeschlagen hatte.

Anna wartete jeden Abend auf das späte Schellen der Glocke. Nur einmal war er nicht gekommen, das war vor gut zwei Monaten gewesen, und sie hatte sich Sorgen um ihn gemacht. Am nächsten Abend war er aber wieder da und hatte berichtet, dass er einen Einsatz außerhalb von Goldap hatte erledigen müssen. Und Anna stellte erstaunt fest, dass sie erleichtert war.

Inzwischen hatten sie auch schon ein paar Worte gewechselt. Anna wusste, dass er Matthes hieß, seit acht Jahren als Ratsdiener in Goldap arbeitete. Er wohnte bei der Witwe Müller und erhielt dort auch sein Frühstück. Mittags aß er günstig mit den andern Stadtbediensteten in einem Hinterzimmer der Ratsdiele. Für das Abendessen sorgte er selbst. Viele Jahre hatte er in der Bäckerei Schubert eingekauft, die sich wie das Geschäft ihrer Eltern in der Nähe des Marktplatzes befand. Als er wieder einmal zu spät dran war und die Ladentür der Konkurrenz geschlossen war, hatte er noch an ihre Ladentür geklopft.

Sie wusste, dass er aus Dagutschen stammte, aus einer Bauernfamilie, aber mehr hatte sie noch nicht von ihm erfahren.

Endlich klingelte die Glocke und Matthes trat ein. Wie immer freute sie sich, versuchte aber, es sich nicht anmerken zu lassen. Heute war er irgendwie anders, zögerlicher. Kurz vor dem Hinausgehen atmete er noch einmal tief durch und lud sie zu einem Abendspaziergang ein.

Anna willigte ein. So holte er sie nach dem Abendessen aus der Bäckerei ab und sie gingen gemeinsam über den Marktplatz hinaus an den Stadtrand, beide sehr verlegen; sie wechselten kaum ein Wort.

Doch sie wiederholten die Spaziergänge, wurden einander vertrauter. Bald wussten sie alles über die Familie des anderen, und Matthes nahm sie an einem Wochenende, für das er zwei Tage mehr Urlaub erhalten hatte, mit zu der Geburtstagsfeier seiner Mutter. Hier wurde sie freundlich willkommen geheißen und fühlte sich im lebendigen Hause der Trinkers wohl.

Anna stammte aus einer alteingesessenen ostpreußischen Familie, die schon seit mehreren Generationen das gut gehende Bäckergeschäft auf dem Marktplatz betrieb. Auch sie hatte die Schule besucht und lesen und schreiben gelernt. Ihr Vater legte viel Wert auf die Bildung seiner Kinder, auch der beiden Töchter. Vor allem gut rechnen sollten sie können, um es im Leben zu etwas zu bringen.

Die Eltern beobachteten mit zwiespältigen Gefühlen die langsame Annäherung zwischen Anna und Matthes. Sie hätten sich für ihre Tochter eine bessere Partie gewünscht als diesen einfachen Ratsdiener, aber auf der anderen Seite war Anna sehr schüchtern, hatte bisher alle Verehrer abgewiesen und ging nun schon auf die dreißig zu.

Als der junge Ratsdiener ein weiteres Jahr später die Scheels um die Einwilligung zur Heirat bat, stimmten sie schließlich zu.

So war Matthes der erste Trinker, der eine Frau wählte, deren Familie schon seit Generationen in Ostpreußen ansässig war und nicht aus einer Exulantenfamilie stammte.

Die Salzburger waren nun schon in der zweiten und dritten Generation im Lande und heirateten nur noch selten untereinander; jetzt vermischten sie sich mit anderen im Lande lebenden Volksgruppen, ihre Tracht sowie ihre Sprache verschwanden, allein in der Auseinandersetzung um die Salzburger Anstalt fühlten sie sich als eigene Gemeinde.

1808 heirateten Anna und Matthes, beide dreißigjährig, und bezogen ein kleines Haus in Goldap. Fünf Jahre musste das Paar auf Nachwuchs warten. Erst 1813 wurde ihr Sohn Carl geboren, doch dann folgten in kurzem Abstand noch zwei Kinder: 1815 erblickte Friedrich das Licht der Welt, eineinhalb Jahre später seine Schwester Johanna.

Die beiden jüngeren hielten wie zuvor Matthes und seine Schwester Magdalena fest zusammen und spielten vor allem in der frühen Kindheit viel miteinander.

Als Carl im Alter von fünf Jahren an den Folgen einer Blinddarmentzündung starb, waren Friedrich zwei und Johanna ein Jahr alt. Die Mutter trauerte um ihren Ältesten. So erlebten Friedrich und Johanna die Mutter schon früh als geistig abwesend und schlossen sich noch enger zusammen.

Auch für Matthes war der Tod seines Erstgeborenen ein großer Schock. Zudem konnte er den Schmerz seiner Frau kaum ertragen, Erinnerungen an die Trauer seiner Mutter um den kleinen Bruder Simon wurden wieder wach. Anna war wie die Mutter damals kaum noch erreichbar. So flüchtete er sich immer mehr in seine Arbeit.

Als Ratsdiener erlebte er viele Veränderungen in seiner Stadt, musste sich immer wieder auf neue Verordnungen und Bestimmungen einstellen.

1818 wurde Goldap Kreisstadt des Landkreises Goldap und nach der Aufhebung der vier Tore zur offenen Stadt erklärt. Eine neue Städteordnung mit Selbstverwaltung der Kommunen wurde eingeführt, die Bürger erhielten das Wahlrecht. Allerdings mussten sie dieses vorerst noch durch einen entsprechenden Einkommensnachweis erwerben. Matthes erhoffte zunächst auch das Bürgerrecht zu erhalten, doch als einfacher Bediensteter mit einem geringen Einkommen hatte er keine Chance.

Hinzu kamen soziale und wirtschaftliche Reformen: Getränke- und Schankzwang, Mahlzwang, Kleiderordnungen fielen fort, Zünfte wurden abgeschafft, der Lebensmittelmarkt freigegeben, die Preisüberwachung bei Bäckern und Fleischern aufgehoben, die Kontrolle an den Stadttoren nicht mehr ausgeführt. So hatte Matthes weniger Kontrollaufgaben, Goldap erlebte eine große Blüte. Doch die Kriminalität nahm zu, Diebstähle, Schlägereien und auch schwere Kapitalverbrechen belasteten die Stadt und Matthes musste immer mehr polizeiliche Aufgaben erfüllen.

Das wurde ihm schließlich zum Verhängnis, als er 1822 bei einem Einsatz niedergestochen wurde. Wenig später erlag er, gerade sechsundvierzigjährig, seinen Stichverletzungen.

Für seine Frau Anna war der frühe, gewaltsame Tod ihres Mannes ein schwerer Schlag. Auch wenn sie sich nach dem Verlust von Carl entfremdet hatten, weil sie in der Trauer um den ältesten Sohn gefangen war, hatte sie doch wahrgenommen, wie sehr er litt und sich in seine Arbeit flüchtete. Sie sorgte sich um ihn, konnte es ihm aber nicht zeigen. Sie wartete jeden Abend auf sein Heimkommen und war erleichert, wenn er müde die Wohnung betrat.

Nun war er nicht mehr da, sie war allein und musste für sich und die beiden Kinder sorgen.

Ihre Eltern waren inzwischen gestorben, das Bäckergeschäft wurde von ihrem Bruder Karl weitergeführt. Bei der Beerdigung ihres Mannes sprach er sie an. Er wusste, dass seine Schwester nur eine kleine Rente erhielt, von der sie mit ihren Kindern kaum würde leben können. Karl sprach ihr sein Beileid aus und bot ihr an, wieder in der Bäckerei zu arbeiten. Sie hätte ja schon viele Jahre vor ihrer Ehe im Laden verkauft und sei gut mit den Kunden ausgekommen, ihre Schüchternheit hätte sie inzwischen abgelegt.

Sie willigte ein und verdiente von da an den Lebensunterhalt für sich, Friedrich und Johanna.

Friedrich, Goldap

Die Adventszeit hatte gerade begonnen, als es spät am Abend an der Haustür schellte. Friedrich und Johanna schliefen schon, wachten aber durch das ungewohnte laute Klingeln wieder auf. Leise öffneten sie ihre Zimmertür. Draußen stand ein fremder Mann und berichtete stockend von dem Kampf auf dem Marktplatz, wie der Vater den Streit einer Gruppe von betrunkenen Handwerksburschen schlichten wollte, aber zwischen die Fronten geraten war und von einem der Kerle niedergestochen wurde. Diese wären dann schnell davon gelaufen und hätten den Vater liegengelassen. Andere Marktbesucher hätten noch einen Arzt geholt, aber inzwischen wäre der Vater seinen Verletzungen erlegen. Zum Schluss sprach der Bote der Mutter noch sein Beileid aus und verschwand schnell wieder.

Die Mutter hatte dem Bericht mit entsetztem Gesichtsausdruck zugehört und begann leise zu weinen. Die Kinder liefen zu ihr, klammerten sich an sie und weinten mit ihr.

Lange Zeit erfüllte die Trauer das kleine Haus in Goldap. Auch für Friedrich war der Tod des Vaters ein großer Schock. Zum ersten Schultag hatte er ihn noch begleitet, sich darüber gefreut, wie stolz Friedrich seinen ersten Ranzen trug. Der Vater war doch selbst gerne zur Schule gegangen und hätte auch gern die Höhere Schule besucht. So wünschte er seinem Sohn eine gute Ausbildung und eine bessere Zukunft als die eines Ratsdieners. Der Vater hatte ihn auch manches Mal ins Amt mitgenommen und den kleinen Sohn den Kollegen vorgestellt.

Er brachte Friedrich das Schnitzen bei und erzählte ihm von den langen Winterabenden in der Stube mit dem Großvater Christian, den Figuren und Tieren, die dort entstanden waren und den Geschichten aus dem Salzburger Land, die der Großvater so gern erzählt hatte.

Den Großvater Christian und die Großmutter Margarethe hatte Friedrich nicht mehr kennengelernt, beide waren schon einige Zeit vor seiner Geburt gestorben. Doch auf die Besuche in Dagutschen freute sich Friedrich immer wieder. Im letzten Sommer hatten sie alle bei der Ernte geholfen und Johanna und Friedrich durften sogar eine Woche allein bei den Verwandten bleiben. Onkel Leonard und Tante Eva waren sehr freundlich zu ihnen und die Geschwister spielten mit den Cousins und Cousinen, halfen auch bei der Fütterung der Tiere. Am Ende der Woche war der Vater wieder gekommen und hatte sie abgeholt.

Und nun war er nicht mehr da. Auch die Mutter war kaum noch zu erreichen, blieb lange Zeit in ihrer Trauer gefangen und war außerdem den ganzen Tag in der Bäckerei des Onkels beschäftigt.

Johanna litt ebenfalls unter dem Tod des Vaters und der Abwesenheit der Mutter. So wurde Friedrich ihre einzige Stütze. Die Mutter nahm sie am Vormittag zwar mit in die Bäckerei, aber dort wartete sie sehnsüchtig darauf, dass ihr Bruder wieder aus der Schule kam.

Ein Jahr später kam sie selbst in die erste Klasse und durfte von da an ihren Bruder begleiten. Er nahm sich ihrer an, übte mit ihr lesen und schreiben und kontrollierte ihre Hausaufgaben. Friedrich wurde ein in sich gekehrtes, folgsames Kind, das der Mutter keinen zusätzlichen Kummer bereitete. Zudem wurde er ein guter Schüler, ganz wie es der Vater erwartet hatte. Dies fiel dem Schullehrer auf, der den stillen aufgeweckten Knaben sehr schätze. Er nahm auch wahr, wie dieser seine kleinere Schwester begleitete und sie in allen schulischen Dingen förderte. Bereits früh setzte er Friedrich in der Dorfschule als Unterstützung für die schwächeren Schüler ein. Schließlich sprach der Lehrer mit der Mutter und empfahl ihr, ihren Sohn auf das Gymnasium zu schicken.

Anna war hin- und hergerissen. Zum einen war sie stolz auf ihren Sohn und wünschte, ihn so gut wie möglich zu fördern. Doch das Schulgeld war teuer, wie sollte sie das bezahlen?

Der Lehrer wusste um die finanzielle Situation der Witwe und schlug ihr vor, sich um ein Stipendium zu bemühen. Er selbst stellte den Antrag, der auf sein Drängen hin auch befürwortet wurde.

So besuchte Friedrich als erster Trinker das Realgymnasium in Goldap. Wie seine Tante Magdalena war er sehr musikalisch und brachte sich das Flötenspielen selbst bei. Auch dies blieb nicht verborgen und so gab ihm der Kantor der evangelischen Kirche Klavier- und Orgelunterricht.

Nach dem Abitur folgte Friedrich der Empfehlung seiner Lehrer und besuchte das Lehrerseminar Karalene in der Nähe von Insterburg.

Die Ausbildungsstätte war auf Anregung der Königin Luise, Gemahlin von Friedrich Wilhelm I. entstanden. Nach ihr wurde sie auch Karalene genannt, denn Karaliene heißt auf litauisch Königin. Luise hatte bei ihrem Aufenthalt in Ostpreußen die Notwendigkeit der Bildung der preußisch-litauischen Bevölkerung erkannt und die Ausbildung litauischsprachiger Volksschullehrer in einem besonderen Seminar empfohlen. 1811 hatte der preußische Staat das Wohngebäude des Gutes Wolfshagen in der Nähe von Insterburg sowie 12 Morgen Park und 14 Morgen Acker gekauft und eine Erziehungsanstalt errichtet, aus der das Lehrerseminar erwuchs. Hier lebte Friedrich zusammen mit fünfzig anderen Lehramtskandidaten und bestand 1835, gerade zwanzigjährig, sein Examen mit »gut«.

Seine ersten beruflichen Erfahrungen sammelte er als Hauslehrer in Angerburg im nördlichen Masuren, das wenige Jahre zuvor Kreisstadt des gleichnamigen Landkreises geworden war und damit einen wirtschaftlichen Aufschwung erlebte. Die Kreiskasse wurde eröffnet, eine Postanstalt, das Landgericht, ein Lehrerseminar und eine Taubstummenschule.

Friedrich unterrichtete die fünf Kinder der Familie Werner, die eine gut gehende Tuchmacherei betrieb. Eine seiner Schülerinnen war die damals neunjährige Louise, ein aufgewecktes kleines Mädchen.

Der Bruder von Frau Werner, Paul Masuch, war Pfarrer in Rhein und oftmals zu Besuch im Hause seines Schwagers und seiner Schwester. Auf diese Weise lernte er auch den jungen, sympathischen Hauslehrer der Familie kennen, der neben seinem pädagogischen auch musikalisches Talent besaß. Neben den üblichen Unterrichtsfächern unterrichtete er die Kinder auch im Klavierspielen und vertrat den örtlichen Kantor manches Mal an der Orgel.

Pfarrer Masuch besuchte einige Male den Gottesdienst des Kollegen und hörte den jungen Friedrich spielen. Was er hörte, gefiel ihm, denn es war kein Vergleich zum alten Kantor der Kirche, der nicht einmal die Noten richtig kannte. Als dieser krank wurde, empfahl er den jungen Friedrich, der 1837 von der Regierung als Kantoradjunkt nach Rhein geschickt wurde. Die Familie Werner ließ ihn ungern gehen, doch Friedrich freute sich über die neue Stelle in Rhein. Zunächst arbeitete er als Vertretung des kranken Kantors. Als dieser 1839 in Pension ging, übernahm Friedrich dessen Stelle.

Das kleine Städtchen Rhein liegt in Masuren auf einer Enge zwischen dem Ollofsee und dem Rheinsee, knapp 50 km von Angerburg entfernt. Bereits 1377 wurde hier auf einer Anhöhe anstelle einer prußischen Festung von den Ordensrittern eine Burg gebaut, von der starke Impulse zur Kolonisierung des Landes ausgingen. Um die Burg wurde eine Siedlung erbaut, die allerdings erst 1723 von Friedrich Wilhelm I. das Stadtprivileg erhielt; um 1724 sollen Gottesdienste nur in polnischer Sprache abgehalten worden sein. Die polnische Bevölkerung bildete zu dieser Zeit deutlich die Mehrheit, auch noch im Jahr 1837, als Friedrich nach Rhein zog und in der kleinen Stadt 891 Polen und 497 Deutsche gezählt wurden.

So hielt Pfarrer Masuch den Gottesdienst in der Kirche von Rhein an Sonn- und Feiertagen in deutscher und polnischer Sprache ab – die Kirchenlieder, die Friedrich auf der Orgel begleitete, wurden in beiden Sprachen gesungen.

Friedrich und Louise, Groß Stürlack

Louise freute sich jedes Mal auf die Besuche bei ihrem Onkel Paul Masuch. Zwei bis dreimal im Jahr unternahm ihre Mutter mit ihr die Reise nach Rhein, später durfte Louise auch allein fahren. Auf diese Weise sah sie auch Friedrich wieder, ihren ehemaligen Hauslehrer. Die zwei Jahre, die er sie unterrichtet hatte, waren ihr noch gut in Erinnerung. Er hatte ihr und den Geschwistern lesen, schreiben, rechnen und auch die Heimatkunde so lebendig vermittelt, dass sie viel Freude am Lernen entwickelt hatte. Seinen Klavierunterricht vermisste sie sehr. Der nachfolgende Hauslehrer war um einiges älter und langweiliger als Friedrich gewesen.

Bei ihren Besuchen in Rhein suchte sie stets Friedrichs Nähe und bat darum, weiter Klavierstunden bei ihm nehmen zu können. Nur allzu gern unterrichte er das lebendige junge Mädchen, das auch ihm ans Herz gewachsen war. Schließlich begleitete sie ihn auch in die Kirche und lernte bei ihm Orgel zu spielen. Sie zeigte eine besondere Begabung und auch ihr Onkel erfreute sich an ihren Fortschritten. Was dieser allerdings nicht mitbekam, war, dass sich Friedrich und Louise immer mehr annäherten.

Louise hatte bereits im Alter von elf Jahren sehr von Friedrich geschwärmt und war zu einer hübschen jungen Frau herangewachsen. Sie erinnerte ihn an seine Schwester Johanna und so verliebte er sich auch in sie und hielt kurz vor ihrem achtzehnten Geburtstag bei ihrem Vater um ihre Hand an.

Ihr Vater fiel aus allen Wolken; er war nicht begeistert von der Wahl seiner Tochter. Seine Familie betrieb schon seit mehreren Generationen die Weberei; sein Vorfahre George Werner war bereits 1658 als Tuchmacher in Angerburg eingebürgert worden.

Louise war doch noch so jung, und er hätte ihr einen wohlhabenderen Mann gewünscht als diesen dahergelaufenen Schullehrer und Kantor. Auf der anderen Seite ließ sich Louise nicht mehr von ihrem Entschluss abbringen und eigentlich war der junge Lehrer ganz sympathisch. Außerdem spielte er in der Kirche recht ordentlich die Orgel.

So wurde 1844, kurz nach Louises achtzehntem Geburtstag, Hochzeit gefeiert. Es gab ein großes Fest, wie es sich für eine geborene Werner gehörte.

Neben der zahlreichen Familie der Braut, alles gediegene Handwerker aus Angerburg, wurden auch die Verwandten von Friedrich eingeladen. Erstaunlich, wie viele Trinkers es in Ostpreußen gab, die es sich nicht nehmen ließen, zur Hochzeit von Friedrich zu erscheinen.

Louise stammte aus einer gebildeten und toleranten Familie. Auch sie war wie ihre Brüder schon früh gefördert worden. Sie war sehr musikalisch und sprachlich sowie mathematisch begabt. Aus ihr hätte auch eine gute Lehrerin und Organistin werden können. Aber sie wollte ja unbedingt früh heiraten; zudem stellte sich schnell Nachwuchs ein.

Die Ehe der beiden erwies sich als äußerst fruchtbar. Als Friedrich 1851 im Alter von sechsunddreißig Jahren Kantor in Groß Stürlack wurde und die Familie dorthin umzog, hatte Louise bereits vier Kinder geboren, Rudolf und Agnes, Lydia und Elise.

Der Ort Groß Stürlack, zum Kirchspiel Rhein gehörig, war 1387 von den Ordensrittern gegründet worden. 1656 litt Groß Stürlack wie viele Gemeinden Ostpreußens unter den Tartareneinfällen. Das Gotteshaus, das die Gemeinde nach den Zerstörungen 1657 wiedererrichtete, musste im 19. Jahrhundert wegen Baufälligkeit abgerissen werden. Es wurde 1832 durch eine Hallenkirche in Fachwerkbauweise ersetzt, für deren Gestaltung Karl Friedrich Schinkel Pate stand.

In dieser Kirche übernahm Friedrich die Stelle des Kantors und behielt sie bis ins hohe Alter. In Groß Stürlack brachte Louise noch fünf weitere Kinder zur Welt, Ernst-George, Martha, Anna, Paul und Hedwig. Alle durften das Erwachsenenalter erreichen.

Die selbstbewusste und lebensfrohe Louise förderte gemeinsam mit Friedrich die Söhne wie die Töchter. Es wurde im Hause viel musiziert und auch diskutiert. Die Eltern gaben ihre Begabungen an die Kinder weiter und so war es kein Wunder, dass es sie ins Lehr- und geistige Amt zog. Und Louise setzte auch durch, dass zwei der Mädchen studieren durften! Das sollte sich zwei Generationen später nicht mehr wiederholen. Louise war besonders stolz auf ihre Töchter Anna und Martha, die beide Lehrerinnen wurden, Martha dazu noch Organistin.

Als Anna und Martha ihre erste Stelle antraten, wurde in allen ostpreußischen Schulen nur noch in deutscher Sprache unterrichtet. 1873 wurde die polnische Sprache ganz aus dem öffentlichen Leben verbannt, die multiethnische Tradition Ostpreußens endgültig ausgelöscht.

Agnes, die älteste Tochter, lernte in Groß Stürlack den Gutsbesitzer August Nadolny kennen, dessen Familie dort ansässig war. Sechs Söhne und eine Tochter stammten aus dieser Ehe. Hier galt die alte patriarchalische Ordnung: Die Tochter namens Lieschen musste für ihre Brüder, die nacheinander auf das Gymnasium in Lötzen und Rastenburg gingen, in einer kleinen Mietwohnung den Haushalt führen.

Ernst-George, der zweite Sohn, wurde zunächst Rektor, dann Superintendent in Lötzen. Er war somit der erste Pastor der Trinkerfamilie, in der vierten Generation nach der Vertreibung aus dem Salzburger Land. Seine Vorfahren hatten ja bereits Andachten abgehalten, in Österreich und auch auf der Reise ins Exil, waren in Ostpreußen ihrem Glauben treu geblieben, aber jetzt war einer von ihnen offiziell Prediger.

1877, im Alter von zweiundsechzig Jahren, starb Friedrich im Kreise seiner Familie. Louise trauerte sehr um ihren Mann und folgte ihm fünf Jahre später in ihrem siebenundfünfzigsten Lebensjahr.

Paul, Groß Stürlack

Am Esstisch saßen die großen Geschwister über ihren Hausarbeiten. Martha war als erste fertig und wechselte zum Klavier. Währenddessen spielte der kleine Paul mit seinen Bauklötzen in der anderen Ecke der Stube und lauschte der Musik. Immer wieder unterbrach Martha ihr Spiel und wiederholte einige Takte. Die Mutter trat zu ihr, gab einige Anweisungen und ermutigte sie dazu weiter zu üben.

Die rothaarige, kräftige Anna, zwei Jahre älter als Paul, saß wenige Schritte von ihm entfernt auf einem kleinen Hocker, zog ihre Puppe andächtig aus und an und legte sie in den Puppenwagen zurück. Paul war froh, von ihr in Ruhe gelassen zu werden, denn wenn sie mit ihm die Bauklötze aufbaute, versuchte sie immer ihren Kopf durchzusetzen und er musste ihren Vorschlägen folgen.

Paul genoss es als Zweitjüngster, acht Jahre lang das Nesthäkchen in seiner Familie zu sein. Als er geboren wurde, war sein Bruder Rudolf bereits sechzehn Jahre alt. Die drei großen Schwestern Agnes, Lydia und Elise, fünfzehn, dreizehn und elf Jahre älter als Paul, kümmerten sich um die jüngeren Geschwister und verhätschelten vor allem den kleinsten Bruder. Ansonsten waren sie viel mit der Schule und der Musik beschäftigt; alle erhielten sie Musikunterricht von der Mutter und dem Vater.

Mit Ernst und Martha hatte er weniger Kontakt, sie lebten als Gymnasiasten die Woche über bei Verwandten in Rastenburg. Anna sollte ihnen später dorthin folgen.

Es zog ihn hinaus in die Natur, am liebsten trieb er sich auf den benachbarten Bauernhöfen herum. Als Agnes August kennenlernte und häufiger bei den Nadolnys zu Besuch war, nahm sie manchmal den vierjährigen Paul mit. Er war fasziniert von dem Leben auf dem großen Gut und war aus den Ställen nicht mehr herauszubekommen. Sein Großvater und alle anderen Trinkers davor waren ja auch Bauern gewesen.

Paul bettelte immer wieder darum mitgenommen zu werden. Später machte er sich allein auf den Weg und wurde, wenn die Mutter oder seine Geschwister ihn suchten, bei den Pferden oder den Kühen, manchmal auch auf dem Feld wiedergefunden. Er machte sich schon früh nützlich und half den Knechten bei ihrer Arbeit.

Die Nadolnys fanden Gefallen an dem kleinen, aufgeweckten Jungen und hatten nichts gegen seine Besuche einzuwenden. So lebte er bald mehr auf dem Gutshof als zuhause, musste sich daheim nur ordentlich abmelden, wenn es ihn in die Ställe zog. Oft war er gleich nach dem Frühstück verschwunden, tauchte kurz zum Mittagessen auf, um dann wieder auf den Hof zurückzukehren.

Die Einschulung unterbrach den Tagesablauf; jetzt musste er am Vormittag in die Schule. Das Lernen war nicht so seine Sache, vor allem nicht das Stillsitzen und Schönschreiben. Mit Müh und Not machte er am Stubentisch noch die Hausaufgaben unter der Aufsicht der Mutter, aber dann war er wieder verschwunden.

Über die Arbeit in der Landwirtschaft lernte er umso mehr; bald war er eine große Hilfe auf dem Gut, machte sich überall nützlich.

Die Eltern hätten auch ihn gern auf das Gymnasium geschickt wie seine Geschwister, gescheit genug war er dafür, aber seine Leistungen reichten nicht aus. Außerdem war der Gedanke für ihn unerträglich, fern von zuhause in der Stadt leben zu müssen, am Nachmittag nicht mehr auf dem Hof helfen zu können.

So blieb er in der Volksschule im Dorf und war mit vierzehn Jahren mit der Schule fertig. Danach nahm August Nadolny, inzwischen mit Agnes verheiratet, Paul als Knecht auf.

Zu dem Gut gehörten große Ländereien und eine Pferdezucht, es gab genug zu tun. Paul nahm an allen Arbeiten teil, lernte viel über Viehzucht und Ackerbau. Er lebte jetzt ganz auf dem Hof, teilte seine Kammer mit einem anderen Knecht. Nur an den Sonntagen nahm er nach dem Kirchgang am Mittagessen in seinem Elternhaus teil und berichtete von der Arbeit der vergangenen Woche, hörte auch die Neuigkeiten aus seiner Familie.

Inzwischen wurde die Germanisierung Ostpreußens weiter fortgesetzt. Die deutsche Masurenpolitik wurde mit dem Ziel betrieben, die Region dauerhaft vor polnischen Ansprüchen zu schützen. Immer mehr polnische Ortsnamen wurden in deutsche umgewandelt.

Noch zu Beginn des 19. Jahrhunderts hatten mindestens neunzig Prozent der Masuren mit polnischem Dialekt gesprochen, der später masurisch genannt wurde. Anfang des 20. Jahrhunderts waren es höchstens noch fünfzig Prozent mit weiter rückläufiger Tendenz. In den Schulen wurden die Kinder nur noch in der deutschen Sprache unterrichtet, auch in der Trinkerfamilie nur noch deutsch gesprochen.

Die Familie Drinkher im Salzburger Land

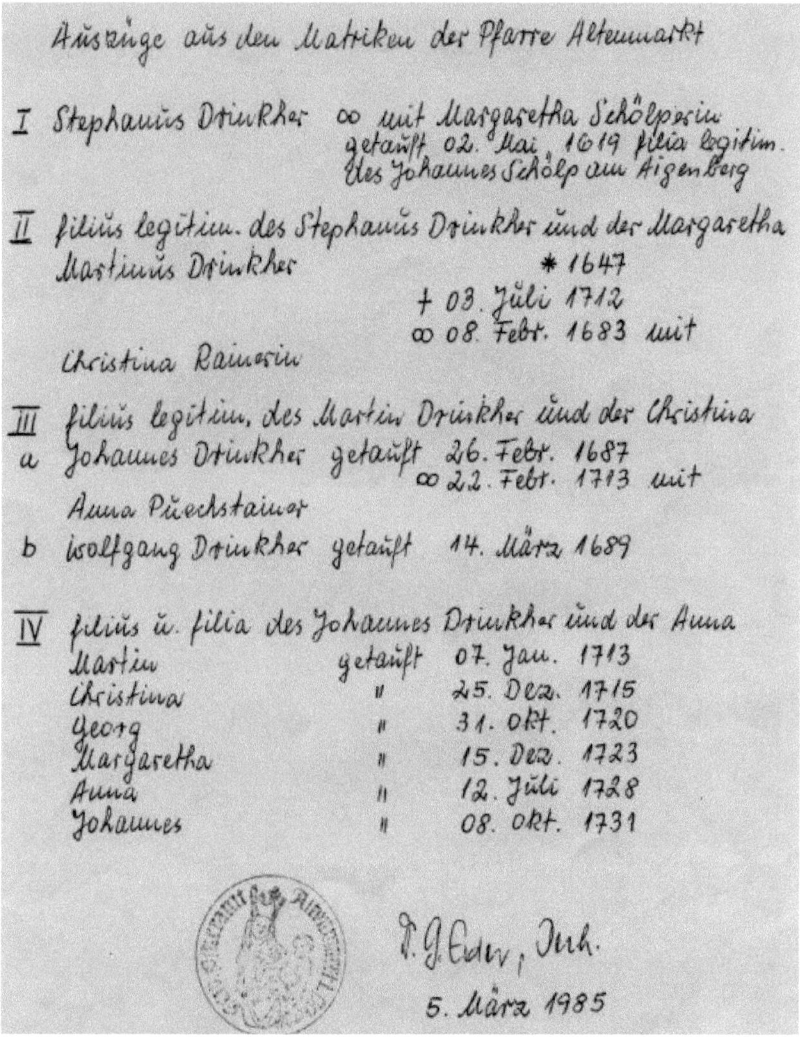

Auszüge aus den Matriken der Pfarre Altenmarkt

I Stephanus Drinkher ∞ mit Margaretha Schölperin
getauft 02. Mai 1619 filia legitim.
des Johannes Schölp am Aigenberg

II filius legitim. des Stephanus Drinkher und der Margaretha
Martinus Drinkher * 1647
† 03. Juli 1712
∞ 08. Febr. 1683 mit
Christina Raimerin

III filius legitim. des Martin Drinkher und der Christina
a Johannes Drinkher getauft 26. Febr. 1687
∞ 22. Febr. 1713 mit
Anna Puechstainer
b Wolfgang Drinkher getauft 14. März 1689

IV filius u. filia des Johannes Drinkher und der Anna

Martin	getauft	07. Jan. 1713
Christina	"	25. Dez. 1715
Georg	"	31. Okt. 1720
Margaretha	"	15. Dez. 1723
Anna	"	12. Juli 1728
Johannes	"	08. Okt. 1731

P. J. Eder, Inh.
5. März 1985

Dokument zur Herkunft der Familie Drinkher aus der Pfarrei Altmarkt im Salzburger Land: Eltern und Großeltern von Johannes und Wolfgang Drinkher sowie Kinder von Johannes und seiner Frau Anna

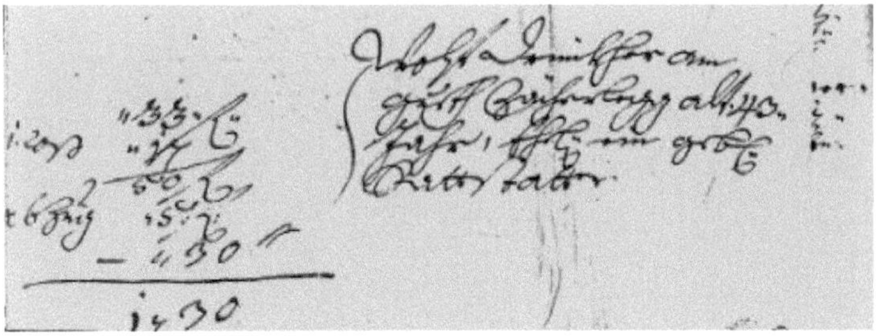

Wolf Drinkher am Gut Zächerlegg … mit seinem Weib Barbara Steinlechner, 42 Jahre alt, … und den Kindern Martin 16, Christine 14, Christian 12, Rosina 10, Thomas 8, Michael 6, Gertraud 2, Ursula 1/2

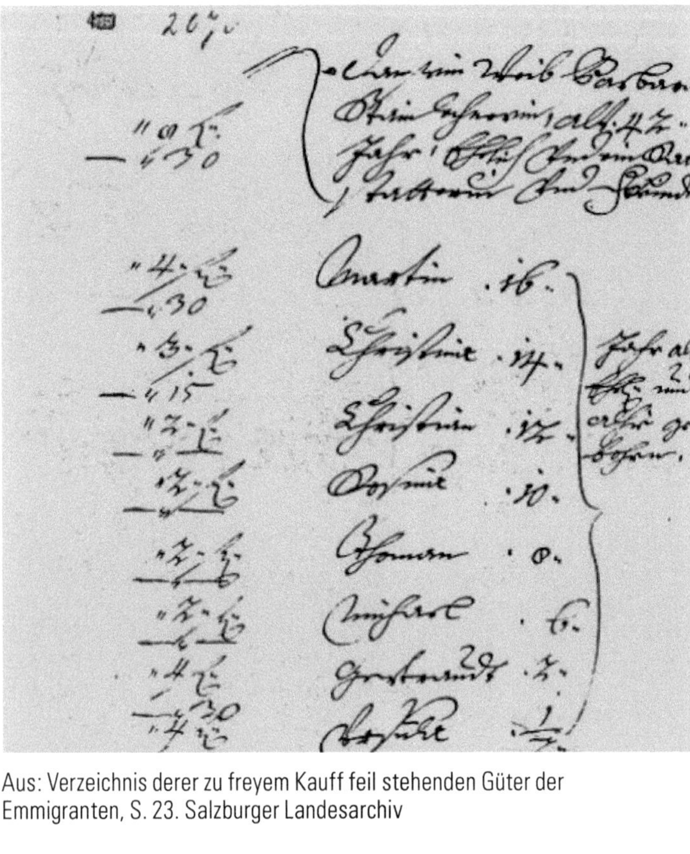

Aus: Verzeichnis derer zu freyem Kauff feil stehenden Güter der Emmigranten, S. 23. Salzburger Landesarchiv

Bergbauernhof aus dem 18. Jahrhundert

Bauernstube

Kornberghof heute

Zächerlegghof heute

Die Vertreibung der Salzburger Exulanten

Exulantenfamilie

König Friedrich Wilhelm I. ließ sich nicht nehmen, die Salzburger persönlich in seiner Heimat zu begrüßen.
Eine Szene aus Berlin

Die um des Evangeliums willen vertriebenen Salzburger,
Kupferstich von David Ulrich Boecklin, Leipzig 1732

Familie Trinker in Ostpreußen

Aus dem Stammbuch der ostpreußischen Salzburger von Hermann Gollup, 1956

Trinker, Trünkher, Drinckher, Drinckert, Trinkler

Hans Khienperg (= Kornberg?) Ger. Rdst.-Ebm, Anna Puechstainer 39: Martin 18, Georg 11, Hans ½, 3 T. —— Kallweitschen Ksp. Stall.

Hans Trinker vom Khienberg bzw. Kornberg, Gericht Radstadt-Ebm, verheiratet mit Anna Puechstainer, 39, Kinder: Martin 18, Georg 11, Hans 1/2, 3 Töchter, angesiedelt in Kallweitschen, Kirchspiel Stallupönen

Wolf 43 Zächerlegg Ger. St. Joh.-Obkirchen (geb. Rdst.), Barb. Stainlechner 42 († 1733): Martin 16 (Tilsit), Christian 12, Thomas 8, Michel 6, 4 T. —— Culmen-Szarden, Culmen-Wiedulaiten Ksp. Pikt.

Wolf Trinker, 43, aus Zächerlegg, Gericht St. Johann-Obkirchen, geboren in Radstadt, verheiratet mit Barbara Stainlechner, 42 (gestorben 1733), Kinder: Martin 16 (angesiedelt in Tilsit), Christian 12, Thomas 8, Michel 6, 4 Töchter, angesiedelt in Culmen-Sarden, später in Culmen-Wiedulaiten, Kirchspiel Piktupönen

Christian 12 Ger. St. Joh. (Zächerlegg) —— Mickieten Ksp. Piktup.; Dagutschen Ksp. Szittk.; Marg. Rainer

Christian, 12, aus dem Gericht St. Johann (Zächerlegg), angesiedelt in Mikieten, Kirchspiel Piktupönen, später in Dargutschen, Kirchspiel Szittkehmen, verheiratet mit Margarethe Rainer

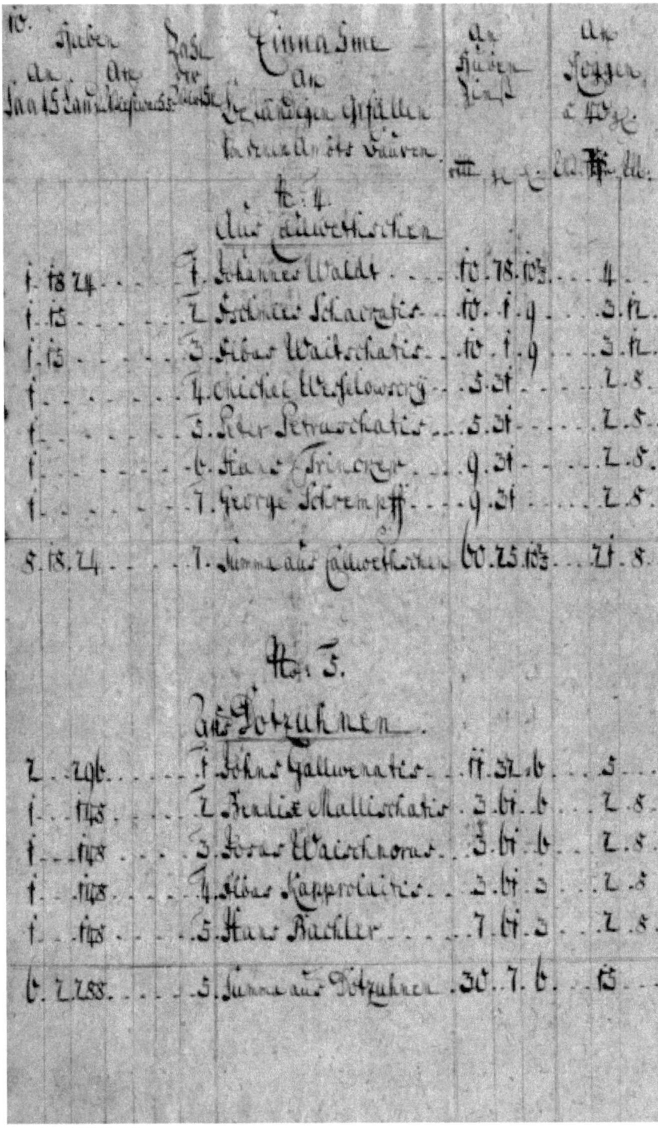

Aus der Steuertabelle des Amtes Göritten in Ostpreußen, etwa 1736. Nr. 4 Calwethschen: Nr. 6 Hans Trincker. Geheimes Staatsarchiv Berlin

an Gersten à 30 xr.			an Haber à 18 xr.			an Dienstordinari Brennholz geld.			an Extraordinari Dienstgeld.			Total Summa in Geld bezahlt des Getreids			
Ml.	Sch.	M.	Ml.	Sch.	M.	fl.	xr.	hl.	fl.	xr.	hl.	fl.	xr.	hl.	
	1	12		19	4	4						22	7	10 2/3	
	4	8		18		4						20	20	9	
	4	8		18		4						20	20	9	
	3			12		4						13	22		
	3			12		4						13	22		
	3			12								13	22		
	3			12								13	22		
1	1	12	4	7	4	20						119	6	10 2/3	als an Frucht 60 fl. 25 xr. 10 2/3 hl.; Mühlkorn 9. 50. –; Gersten 8. 52. 9; Haber 20. 58. 9; an Dienstgeld 20. – –; Summe 119 fl. 6 xr. 10 2/3 hl.
	6			1		4						24	34	6	
	3			12		4						12	11	6	
	3			12		4						12	11	6	
	3			12		4						12	11	3	
	3			12								12	11	3	
	18			3		16						73	13	6	als an Frucht 30 fl. 7 xr. 6 hl.; Mühlkorn 6. 6; Gersten 6; Haber 14. 36; an Dienstgeld 16; Summa 73 fl. 13 xr. 6 hl.

Aus der Steuertabelle des Amtes Baubeln in Ostpreußen um 1737. Vorwerk des Königlichen Amtes Hauß Bublen. Wolfgang Trincker (Wittmann): 1 Erwachsener, 1 Kind über 12 Jahre, 2 Kinder unter 12 Jahre. Geheimes Staatsarchiv Berlin

Alte Bauernhäuser in Ostpreußen

Sohn und Enkel von Luise und Friedrich Trinker

Ernst Trincker, Superintendent in Lötzen,
Sohn von Luise und Friedrich Trinker,
17.05.1853 – 21.02.1932

Rudolf Nadolny, deutscher Diplomat,
Sohn von August Nadolny und
seiner Ehefrau Agnes, geb. Trinker,
12.07.1873 – 18.05.1953

Bilder aus Kamionken, ab 1928 Steintal

Julius Groß, der Bruder von Friedrich Trinkers Ehefrau Ida, mit der Kamionkener Kapelle (1. Reihe, 2. v.l.). Er reiste aus den USA zur Volksabstimmung an und spendierte nach deren Ausgang (Verbleib der Provinz beim Deutschen Reich) der Kapelle neue Musikinstrumente

1924 Einweihung des Kriegerdenkmals in Kamionken (ab 1928 Steintal)

Alte Schule in Kamionken (bis 1931)

Bootsfahrt auf dem Dobensee, 1930, vorn in der Mitte Erika Bolz, Ehefrau von Heinz Trinker

Roggenernte bei einem Nachbarn der Trinkers

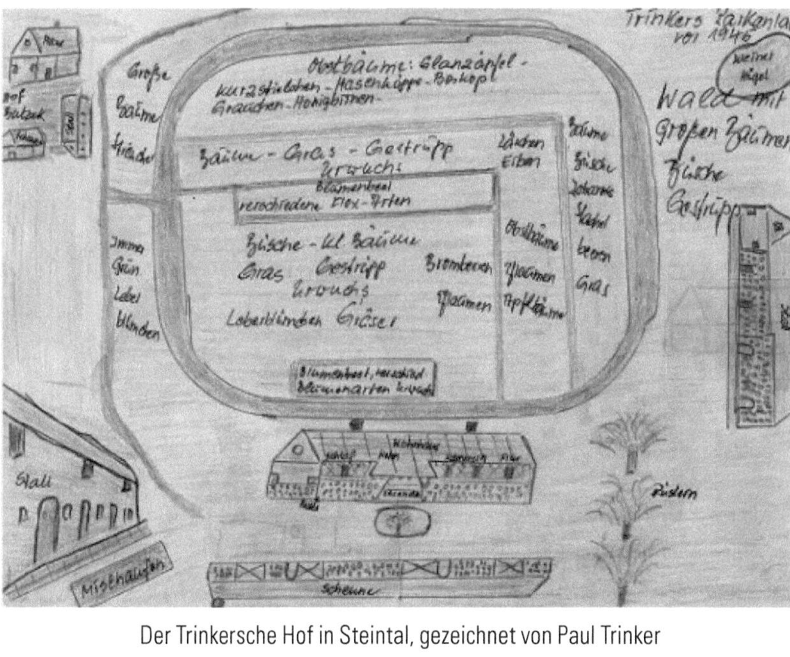

Der Trinkersche Hof in Steintal, gezeichnet von Paul Trinker

Paul und Elise Trinker

Paul und Elise Trinker mit ihren Kindern Hans, Anna, Käthe, Ernst, Paul und Friedrich, 1917

Paul und Elise Trinker mit ihrem Sohn Paul und Enkel Ernst, 1935

Elise und Pauls Kinder und Familien

1. Ida Trinker, geb. Groß, und Friedrich Trinker

Ida und Friedrich Trinker, 1934

Beerenlesen im Borwald von Steintal, Ernst, Wilfried, Paul, Waltraut und Bruno, 1942 (die Soldatenmütze stammte von dem Onkel Ernst der Kinder, der gerade Urlaub in Steintal machte)

2. Marie Trinker, geb. Sackel, und Hans Trinker

Marie und Hans Trinker mit ihren Kindern Fritz, Ruth, Hans, Else, Alfred und Arno, 1947 in Stakendorf, Schleswig-Holstein

Marie und Hans Trinker mit Else, Alfred, Wolfgang, Haulick und Arno Trinker auf ihrer Siedlungsstelle in Hohenfelde, Kreis Plön

3. Anna Malitz, geb. Trinker, und Walter Malitz

Anna und Walter Malitz
mit Annis Mutter Elise Trinker und
den Kindern Hildegard und Heinz,
etwa 1925

Anni auf ihrem Berliner Balkon, 1948

Theater in Müncheberg

„Stadt Wien" (F. Gutzmann).

Sonntag, den 3. Dezember 1916:

Gastspiel der Märkischen Operetten-Gesellschaft.

9 darstellende Personen.

„Schatz du musst tanzen!"

Persönliche Mitwirkung des Verfassers sowie des Komponisten.

Der Teufelsdoktor.

Preise der Plätze:

Handzettel für die Aufführung der Operette von Walter Malitz: »Der Teufelsdoktor« am 3. Dezember 1916 in Müncheberg

Heinz als Soldat

Hochzeit mit Ilse Volbach, August 1945

Käthe Haulick, Christa und Anni Malitz, Berlin 1954

4. Käthe Haulick, geb. Trinker, und Max Haulick

Hochzeit Käthe Trinker und Max Haulick, Berlin 1939.
Hintere Reihe: Hildegard Marquard, geb. Malitz, und Heinz Marquard, Anna Malitz, Verlobte von Heinz Malitz, Walter und Heinz Malitz, rechts neben dem Brautpaar: Elise und ihr Sohn Paul Trinker

Käthe, Max, Sohn Wolfgang, Hildegard Marquard, geb. Malitz, deren Tochter Ingrid, Anni und Walter Malitz in Berlin

5. Minna Trinker, geb. Woytal, und Maria Trinker, geb. Peglau, und Paul Trinker

Hochzeit mit Minna Woytal in Steintal,
Minna starb 1939 im Kindbett

Hochzeit August 1940 in Berlin:
Von links stehend: Walter Malitz, Bruno Trinker, Anna Malitz, das Brautpaar, Käthe und Max Haulick, Heinz Malitz

Paul als Soldat

Maria und Paul

Maria und Paul mit Tochter Renate, 1941

6. Elisabeth Trinker, geb. Kneifel, und Ernst-George Trinker

Hochzeit am 30. August 1952

Bruno Trinker, Anni Malitz, Käthe Haulick, Jochen,
Elisabeth und Ernst-George Trinker

Elisabeth und Ernst-George mit Sohn Jochen,
Dieter und Erika Trinker, 1954

Oma Elise Trinker mit Jochen

7. Rotraut Trinker, geb. Rudkowski, und Bruno Trinker

Bruno als Soldat

Hochzeit mit Rotraut

Die dreifache Hochzeit der Rudkowski-Schwestern in Seefrieden, Kr. Lyck, am 6. Oktober 1937. »Lehrstand – Wehrstand – Nährstand« (Die Bräutigame waren Lehrer, Soldat und Bauer)

8. Erika Trinker, geb. Bolz, und Heinz Trinker

Erika Bolz

Heinz als Soldat

Erika und Heinz, 1948

Der Hof in Kamionki heute

Vor dem ehemaligen Insthaus: Elfriede und Paul Trinker mit dem befreundeten ukrainischen Bauern-Ehepaar Nadjeja und Pjotr Koziol, das seit 1946 auf dem Hof lebt. Seit 1973 besuchen Elfriede und Paul die beiden regelmäßig und unterstützen sie finanziell. Pjotr starb 1996

Besuch bei Nadjeja im Mai 2010

DIE TRINKERS IN OSTPREUSSEN – VOR UND IN DEN ZWEI WELTKRIEGEN

Paul und Elise, Kamionken

Achtzehn Jahre arbeitete Paul bereits auf dem Hof der Nadolnys. Aus dem schmächtigen vierzehnjährigen Jungen war ein stattlicher junger Mann geworden. Inzwischen war er nicht mehr nur einfacher Knecht; August hatte ihn vor acht Jahren als Verwalter eingesetzt. So wurde er zur rechten Hand des Schwagers und bezog ein eigenes, geräumigeres Zimmer im Gutshaus.

Aber noch immer war er ledig. In den ersten Jahren hatte er noch zusammen mit den anderen Knechten alle Dorffeste im Umkreis besucht, hatte mit ihnen gefeiert und auch einige Mädchen kennengelernt, aber die Richtige war nicht darunter gewesen.

Im Frühjahr 1893 erschien der Stellmacher Gollmer aus Rosengarten auf dem Gutshof, um einen neuen Erntewagen abzuliefern. Ein zweites Gespann wurde von seinem Sohn Max geführt. Neben dem Vater Gollmer saß Elise, seine Tochter. Sie wollte unbedingt mitfahren, um einmal das Gut der Nadolnys zu sehen.

Der Stellmacher konnte ihr keinen Wunsch abschlagen. Sie war seine einzige Tochter und sah doch seiner verstorbenen Frau so ähnlich. Und so saß die junge, stolze zwanzigjährige Elise neben ihm auf dem Kutschbock und schaute sich neugierig auf dem Gutshof um. Was sie sah, machte einen besonderen Eindruck auf sie, ein großes Anwesen, das nach Reichtum aussah.

Paul trat aus dem Nebengebäude und begrüßte den Stellmacher und seinen Sohn, der mit dem Vater zusammenarbeitete; sie kannten sich bereits. Elise hatte er zuvor noch nicht gesehen; der Vater stellte sie vor und auch sie erfuhr, wen sie vor sich hatte. Sie begrüßten einander. Ihm gefiel die junge, aufrecht sitzende Frau mit dem dunklen hochgesteckten Zopf; auch sie schaute ihn genau an. Doch zunächst ging es erst einmal darum, das Geschäftliche zu erledigen. Der neue Wagen wurde begutachtet, die Gollmers ins Haus gebeten, um eine Erfrischung zu reichen und die Bezahlung zu tätigen.

In der Eingangshalle des Haupthauses wurde ihnen von einem Dienstmädchen eine Limonade gereicht. Paul holte das bereits abgezählte Geld und übergab es dem alten Gollmer.

Lange wollten sie sich nicht aufhalten, denn sie hatten noch einen langen Heimweg vor sich, und Paul anderes zu tun. Doch Elise bat, sich noch kurz im Garten umsehen zu dürfen, Paul bot sich an sie zu begleiten Die schönen Blumenrabatten und Obststräucher beeindruckten Elise. Paul gefiel es, wie sie sich freute.

Die Gollmers brachen wieder auf und Paul blieb nachdenklich zurück.

Zwei Wochen später mussten noch einmal einige Wagenräder gerichtet werden. Paul bot sich an, zum Stellmacher zu fahren und dies zu erledigen. August war erstaunt, sonst erledigte ein Knecht diese Aufgabe, aber er sagte nichts und ließ Paul ziehen.

Jetzt fuhr der junge Verwalter öfter in die Richtung von Angerburg. So sahen sich Paul und Elise immer öfter.

Eines Tages kam Paul sehr bedrückt wieder. Seine Schwester Agnes kannte ihren kleinen Bruder und bemerkte, dass etwas mit ihm nicht stimmte; sie sprach ihn darauf an. Zuerst versuchte Paul auszuweichen, doch dann atmete er tief durch und begann mit seiner Beichte: Er habe Elise lieb gewonnen und öfter besucht. Sie seien auch miteinander ausgegangen und dabei auch im Heu gelandet. Nun hatte sie ihm erzählt, dass sie schwanger wäre, im Herbst schon würde das Kind kommen. Was sollte er nun tun? Er würde sie gern heiraten, aber was für ein Leben konnte er ihr bieten? Sie war zwar nur eine einfache Stellmachertochter, doch sehr vom Vater verwöhnt und erwartete ein besseres Leben.

Agnes hörte aufmerksam zu und schickte ihn dann an die Arbeit. Gleich darauf machte sie sich auf die Suche nach ihrem Mann und berichtete ihm von den Neuigkeiten.

August runzelte die Stirn, als er von der Schwangerschaft hörte. Auch war ihm zu Ohren gekommen, dass Elise eine recht anspruchsvolle junge Person war. Aber auf der anderen Seite wurde es Zeit für Paul, eine Familie zu gründen, und so war es jetzt soweit. Jetzt war nur noch die Frage, wovon und wo die beiden leben sollten.

August schlug vor, ihn als Verwalter weiter zu beschäftigen und sein Gehalt zu erhöhen, damit er eine Familie ernähren könne. Zum Wohnen gab es noch ein kleines Nebengebäude, das sich herrichten ließe.

Agnes nickte, doch dann hatte sie noch einen anderen Einfall: Da gäbe es doch noch den Hof in Kamionken, der nicht bewirtschaftet wurde. Stattliche 280 Morgen, die brach lagen. Der letzte Pächter hatte den Hof verlassen, war mit dem Boden nicht zurechtgekommen. Na ja, so besonders gut war der Boden auch nicht, steinig vor allem, nicht leicht zu bearbeiten. Wenn man nun Paul den Hof überließe, würde er schon etwas daraus machen, er war schließlich ein tüchtiger Bauer.

August dachte noch eine Weile über den Vorschlag seiner Frau nach und stimmte schließlich zu. Zusammen mit dem Familienanwalt wurde ein Vertrag ausgearbeitet, der Paul als Pächter einsetzte, ihm aber auch die Möglichkeit gab, den Hof zu erwerben. Das setzte allerdings voraus, dass er gut wirtschaftete. Auch war der Preis nicht zu hoch angesetzt, zumal der Hof in der Familie bleiben würde.

Paul war überrascht und dankbar; mit dieser Lösung hatte er nicht gerechnet. Er kannte das Anwesen in Kamionken und wusste auch, was auf ihn zukam. Aber er erhielt die Chance, selbstständiger Bauer zu werden und eine Familie zu ernähren!

Auch Elise war einverstanden. Als Paul ihr den Hof und die dazugehörigen Ländereien zeigte, schaute sie genau hin und sah auch die Arbeit, die sie würden leisten müssen. Das Hauptgebäude war ziemlich verfallen, der Garten verwildert. Das Gut der Nadolnys, das sie so bewundert hatte, sah um einiges schöner aus. Aber 280 Morgen waren schon etwas, das betonte auch ihr Vater, als er von dem Vorhaben erfuhr.

So wurde denn Hochzeit gefeiert, ziemlich bald, da der Bauch der Braut sich schon zu runden begann. Wie schon bei den neu angekommenen Vorfahren zuvor, musste ein heruntergekommenes Haus und ein verwilderter Garten hergerichtet und die Äcker neu bestellt werden. Gerade letzteres war nicht so einfach, denn das Land war sehr steinig.

Kein Wunder, denn Kamionka heißt Steinlager. Bei der Gründung des Dorfes im Jahr 1436 durch den Ordensritter Johann von Beenhusen wurde der Ort Steindamerau genannt. Das Dorf war auf einem gerodeten Eichengrund, eine Damerau errichtet. Nach der Eiszeit waren in diesem Eichengrund große Steinmassen liegen geblieben.

Im Jahr 1715 wurde das Dorf das erste Mal offiziell Camioncken genannt. Anscheinend hatten sich auch immer mehr Polen in diesem vom deutschen Orden gegründeten Ort angesiedelt. Denn Kamionken wuchs; im Jahr 1436 waren es siebzehn Bauern, die sich unter der Führung des Schulzen Paul Doliwa ansiedelten, im Jahr 1539 zweiundzwanzig. Das Dorf blieb von der Pest verschont, so konnte es weiter wachsen. Infolge der Agrarreformen wurden nach 1820 außerhalb von Kamionken bisher ungenutzte Flächen zu neuen Landbesitzen umgewandelt, die sogenannten Abbauten. Auf ihnen entstanden die Ausbauhöfe.

Auch der Hof von Paul und Elise war ein Ausbauhof auf einem Abbau am Rande des Dorfes. Schon der erste Besitzer war mit dem Boden nicht zurechtgekommen, hatte sich hoch verschuldet und an August Nadolnys Vater verkauft. Und, wie schon gesagt, der folgende Pächter hatte ebenfalls aufgegeben.

Doch Paul verstand etwas von seiner Landwirtschaft; er und seine Frau waren sehr fleißig; es konnten bald auch Knechte und Mägde angestellt werden, ohne die die viele Arbeit nicht zu schaffen gewesen wäre. In das Insthaus zogen Landarbeiterfamilien ein und halfen ebenfalls auf dem Hof mit. Paul begann, seine Raten an den Schwager zu zahlen und bereits nach zehn Jahren gehörte der große Hof ihm.

Der Trinkerhof wurde zu einem prachtvollen Anwesen. Das Wohnhaus hatte eine schöne Holzveranda, das untere Stockwerk war gemauert, das obere mit Fachwerk versehen. Zwei große Ställe für die Kühe und Pferde und eine Scheune für das Heu, alle aus Feldsteinen gemauert, gehörten dazu. Und dann der große Garten mit den Blumenbeeten, Obstbäumen und -büschen, dazwischen die Blumenwiesen, dahinter ein großer Wald. Von all dem existiert heute noch ein Stall mit sechs Toren, alles andere verfiel nach der Flucht oder wurde zerstört.

Doch davon später.

Auch diese Ehe erwies sich als sehr fruchtbar. Innerhalb von einundzwanzig Jahren wurden die zehn Kinder geboren, Friedrich, Hans, Anna Martha, Paul, Frieda, Käthe, Ernst-George, Bruno und Heinz. Frieda starb bereits im Babyalter. Beim ersten Kind war Elise zweiundzwanzig, beim letzten dreiundvierzig Jahre alt.

Friedrich, der den Namen seines Großvaters trug, würde als ältester der Hoferbe, brauchte somit nicht die höhere Schule zu besuchen. Allein Ernst-George und Bruno wurden auf das Gymnasium geschickt, Ernst-George studierte später Theologie und Bruno Pädagogik. Wieder gab es einen Lehrer und einen Pastor in der Familie.

Wurden die ersten drei Kinder noch im 19. Jahrhundert geboren, erblickten die sechs jüngeren im neuen Jahrhundert das Licht der Welt.

Große Veränderungen kündigten sich an. Ein Jahr nach der Geburt von Heinz brach der Erste Weltkrieg aus. Als einzige deutsche Provinz erlitt Ostpreußen 1914/1915 Krieg, Besatzung, Tod und Verwüstung. Im südwestlichen Masuren überschritt die russische Armee ungehindert und in breiter Front die Grenze. Dem bereits pensionierten Paul von Hindenburg gelang es mit seinen Soldaten, in der Schlacht von Tannenberg im August 1914 die russische Armee zu umzingeln und zu besiegen; auch die besetzten ostmasurischen Kreise wurden befreit. Im Siegestaumel wurde der verhängnisvolle Fehler begangen, die Provinz ohne ausreichenden Schutz zurückzulassen. So konnten Reste der russischen Armee erneut in den Osten von Ostpreußen einmarschieren. Wieder siegte Hindenburg und befreite das besetzte Land. Doch die Kampfhandlungen hinterließen schwere Zerstörungen; Städte und Dörfer lagen in Trümmern, eine halbe Million Ostpreußen waren auf der Flucht in Richtung Königsberg. Die Ernte von 1914 war vernichtet oder von den deutschen und russischen Truppen requiriert worden.

Ostpreußen konnte immerhin auf die Solidarität des Reiches bauen. Viele deutsche Kommunen sahen es als patriotische Pflicht, beim Wiederaufbau der Provinz zu helfen. Die Ostpreußenhilfe brachte Millionen an Spendengeldern zusammen.

Anni, Kamionken

Der kleine Friedrich war fünf und sein Bruder Hans zweieinhalb Jahre alt, als Elise ein Mädchen zur Welt brachte. Paul freute sich sehr über die Geburt der Tochter. Seinem Wunsch entsprechend erhielt sie die Namen zweier seiner Schwestern: Anna Martha. An die beiden erinnerte er sich gern, Anna war eine gute Spielkameradin gewesen, auch wenn sie häufig ihren Kopf durchsetzte. Und die sieben Jahre ältere Martha hatte sich viel um ihn gekümmert und vor möglichen Strafen beschützt.

So wuchs die lebendige Anna, ein kleiner Wildfang, unter dem stolzen Blick des Vaters heran, doch ihre Mutter Elise sah in der ersten Tochter vor allem eine Hilfe in der rasch weiterwachsenden Kinderschar. Sie setzte die kleine Anni, wie sie von allen genannt wurde, früh zum Hüten der jüngeren Geschwister ein.

Anni war vier Jahre alt, als ihre Schwester Frieda das Licht der Welt erblickte. Nach den drei Brüdern endlich ein zweites Mädchen! Doch Frieda starb im Alter von neun Monaten an den Folgen einer Magen-Darm-Grippe. Viel Zeit blieb der Mutter nicht zum Trauern, der große Haushalt und die Landwirtschaft forderten ihre ganze Kraft.

Anni besuchte bereits ein Jahr die Dorfschule in Kamionken, als ihre zweite Schwester Käthe geboren wurde. Das kleine Mädchen wurde ihr ein und alles. Nach der Schule und dem Abwasch kümmerte sie sich um die Schwester und die beiden blieben Zeit ihres Lebens eng miteinander verbunden. Noch drei Brüder sollten folgen, die vor allem von Anni, später auch von Käthe betreut wurden.

Als gute Schülerin hätte Anni wie ihre Tanten Anna und Martha das Gymnasium besuchen können, doch ihre Mutter war dagegen. Als Mädchen wurde sie auf dem Hof gebraucht und würde später sowieso heiraten. Die jüngeren Brüder Ernst und Bruno dagegen durften die Höhere Schule besuchen.

So beendete Anni ihren Schulbesuch nach der Konfirmation und wurde als älteste Tochter von früh bis spät zu allen Arbeiten im Haus, Stall und Gemüsegarten eingespannt. Sie wuchs zu einer hübschen jungen Frau heran, rothaarig und von schlanker Gestalt. Im Alter von achtzehn Jahren wurde sie mit dem Sohn des Nachbarbauern verlobt, sehr zum Gefallen der Mutter, denn zwei große Höfe würden zusammenkommen.

Anni und Walter, Kamionken und Berlin

Auf dem Trinkerhof war wenig von den Wirren des Krieges zu spüren, zum Glück war er bisher von der Besetzung und Zerstörung verschont geblieben. Nur Friedrich, der älteste Sohn, war eingezogen worden und fehlte der Familie.

An einem frostigen Novembertag im Jahr 1918, kurz vor der Verkündung des Waffenstillstands, der den Ersten Weltkrieg beenden sollte, hörte Anni die Mutter nach dem Vater rufen. Neugierig folgte sie der Stimme und trat vor die Tür des alten Bauernhauses.

Dort stand die Mutter und schaute über das verschneite Feld in Richtung Waldrand. Anni stellte sich still hinter sie und blickte in dieselbe Richtung. Die Sonne versteckte sich hinter grauen Wolken, der Wind blies kräftig und kündete neuen Schneefall an. Die Abenddämmerung hatte bereits eingesetzt. Einige Krähen flogen kreischend auf und landeten auf den sichereren ersten Baumwipfeln des Waldes.

Durch den hohen Schnee bewegte sich ein seltsamer Trupp von Menschen eng zusammengeschlossen langsam auf das Haus zu. Mutter und Tochter spähten konzentriert in Richtung der näherkommenden Gruppe, versuchten bekannte Gesichter zu entdecken. Sie zählten fünf, sechs Männer, alle in zerlumpten Uniformen gekleidet. Einer von ihnen trug einen kleinen, rundlichen Soldaten auf dem Rücken.

Die Mutter runzelte die Stirn, wandte sich um und rief noch einmal etwas ins Haus hinein. Einen Augenblick später trat ihr Mann Paul an ihre Seite. Er sah schon nicht mehr so gut, kniff die Augen zusammen, schaute misstrauisch auf die Männergruppe, die jetzt fast das Haus erreicht hatte. Der kleine Dicke sprang vom Rücken des großen, kräftigen Mannes herunter und lief den anderen voraus auf das Bauernhaus zu. Von Nahem konnte das Paar in der Tür die alten, abgewetzten russischen Uniformen des Trupps erkennen. Der Kleine war als deutscher Soldat zu identifizieren, sah aber nicht weniger abgerissen aus, trug ein Gewehr auf dem Rücken. Er verbeugte sich kurz vor dem Paar und ihrer Tochter und stellte sich im breiten Berliner Akzent vor: »Entschuldigen Se die Störung. Ikke bin deutscher Soldat uff dem Rückzug und habe die Oofgabe, auf diese Herrn uffzupassen. Hätten Se vielleicht ne Möglichkeit für uns zum Übernachten und ne Kleenigkeit zu essen? Wir sind nich wählerisch, nen Platz im Stroh wäre toll und nen Kanten Brot wäre ooch nicht schlecht.«

Als er den misstrauischen Blick und das Zögern der beiden Bauersleute bemerkte, fügte er schnell hinzu: » Entschuldigen Se, ikke habe mich noch gar nich vorgestellt. Mein Name ist Walter Malitz, ikke bin, äh war in diesem Kriech Unteroffizier. Ikke stamm aus Berlin und bin in meinem bürgerlichen Leben Musiker, Komponist, schreibe Opparetten, wennse vaschtehen. Die Herren hier sind Kriechsgefangene und sind in meine Obhut gegeben worden.«

Die Miene der Mutter hellte sich auf. »Können Sie auch Klavier spielen?« »Na klar, von Kindesbeenen an«, antwortete der Soldat. Sie blickte ihren Mann an. Dieser nickte zustimmend.

Daraufhin lud sie die Gruppe ein, ihr ins Haus zu folgen. Schnell lief auch Anni in die warme Küche zum Herd und löste Käthe ab, die in der Zwischenzeit die Bratkartoffeln in der riesigen gusseisernen Pfanne gewendet und die danebenstehende Erbsensuppe umgerührt hatte. Der Geruch von gebratenem Speck und Zwiebeln verbreitete sich im Raum. Dabei musterte Anni die eingetretenen Männer neugierig.

Am langen Holztisch saßen bereits vier von Annis Geschwistern und warteten auf das Essen. Der Bauer setzt sich dazu.

»Legt noch sechs Bestecke und Teller dazu. Die Männer übernachten heute hier«, wies Elise ihre beiden Töchter an.

Und stellte sie vor: »Meine Töchter Anni und Käthe«, und mit Blick auf den Tisch, »das sind unsere Söhne, Paul, Ernst, Bruno und Heinz.«

»Nehmen Sie Platz, der Tisch ist groß genug, zur Erntezeit sind wir mit unseren Helfern auch so viele. Und wenn die Kartoffeln und die Suppe nicht reichen, Brot ist genug da.«

Die Männer setzten sich auf die noch freien Plätze auf den Bänken und warteten ebenfalls still und hungrig auf das Essen. Allein der Soldat plauderte weiter.

»Dat is sehr nett von Ihnen, junges Frollein, dat sie uns so bedienen. Und wie jut es riecht!« Anni antwortete nicht, holte aus dem Bauernschrank noch sechs Suppenteller, Löffel und Gabeln, stellte diese vor die Männer auf den Tisch und trug zusammen mit der Mutter das Essen auf.

Jetzt war es still am Tisch, außer dem Klappern von Löffeln und Gabeln und dem Suppenschlürfen war nichts zu hören. Die Kinder warfen neugierige, verstohlene Blicke auf die Männer.

Nach dem Essen räumten Anni, die kleine Käthe und die Mutter den Tisch ab und wuschen das Geschirr.

Paul brachte die Russen in die Scheune und zeigte ihnen ihren Schlafplatz im Stroh. Und den Abort sowie die Pumpe zum Waschen und Wassertrinken. Der Soldat blieb sitzen und plauderte weiter. Als Paul in die Küche zurückkehrte, trocknete Elise gerade ihre nassen Hände an der Schürze ab und hängte diese an den Haken.

Die Mutter führte den Soldat in den benachbarten Raum. Der Vater, Anni und die Kinder folgten und traten beinahe ehrfürchtig in die große Stube. Der Soldat blinzelte, denn der Raum war staubig, die Vorhänge vor den Fenstern zugezogen, die Möbel mit Laken verhängt. »Unser Wohnzimmer«, stellte die Bäuerin vor. Und erklärend, fast entschuldigend: »Wir kommen hier nur zu Festtagen hinein, oder beim Besuch des Pastors.«

Gemeinsam mit Anni öffnete sie die Vorhänge, zog die Laken von den Möbeln und faltete sie zusammen. Erstaunt blickte der Soldat sich um: Er sah in ein großbürgerlich eingerichtetes Wohnzimmer mit einem mächtigen, wenn auch etwas verschlissenen Sofa, bezogen mit dunkelrotem Brokatstoff, zwei wuchtige Sessel mit dem gleichen Bezug, ein glänzend polierter Mahagonicouchtisch mit geschwungenen Füßen, ein ebenfalls aus Mahagoniholz gefertigter Esstisch mit zehn Stühlen sowie eine große Anrichte, unter allem zwei riesige Perserteppiche. An der gegenüberliegenden Wand entdeckte er einen schwarzen Flügel.

»Das alles habe ich in die Ehe gebracht«, erklärte die Bauersfrau und mit dem Blick auf das ebenfalls polierte, geschlossene Musikinstrument: »Und ich habe auch einmal darauf gespielt. Das ist lange her, aber es wurde vor kurzem erst gestimmt.«

»Können Sie uns etwas vorspielen?«, fragte sie fast schüchtern.

»Aber nur zu gerne, jnädige Frau, ikke habe schon soolange nicht mehr jespielt!« Er setzte sich auf den Klavierhocker und öffnete die Klavierdeckel. Dicht gedrängt nahmen die Familienmitglieder Platz, die Mutter mit Heinz, dem Jüngsten, auf dem einen, der Vater im zweiten Sessel, Annie und ihre Geschwister auf dem Sofa. Alle warteten gespannt auf das Spiel des Soldaten.

Er schlug einen leisen Akkord an und begann. Schnell fand er eine Melodie und sang dazu mit einer angenehmen und sicheren Tenorstimme: »Schatz, du musst tanzen« und »So schön wie du« und »Der Zauber der Spree«. Und, und und ... Fröhlich, schmalzig und lebendig füllte die Musik den Raum und verfehlte ihre Wirkung nicht auf die lauschende Schar. Selbst die Kinder waren mucksmäuschenstill. Vor allem die Frauen wirkten wie verzaubert.

Der Soldat spielte und sang zweieinhalb Stunden lang, die Zeit zum Schlafengehen war schon lange überschritten. Der Bauer räusperte sich und mahnte zur Bettruhe. Der Soldat schloss leise den Klavierdeckel und es wurde ruhig im Raum. Die Melodien klangen noch nach und seufzend erhob sich die Mutter, bedankte sich und die Mädchen brachten die Kleinen zu Bett. Die Mutter zeigte dem Soldaten noch die Gästekammer unter dem Dach, denn er als Klavierspieler schlief nicht bei seinem Trupp in der Scheune.

Summend begab auch Anni sich zur Ruhe.

Aus der einen Übernachtung wurde eine Woche. Die Gefangenen genossen das gute Essen und die Ruhe, tagsüber schippten sie fleißig den immer wieder neu fallenden Schnee auf dem Hof und den Wegen zur Straße. Dabei erfuhr der Bauer, dass seine Gefangenen mehr auf den Soldaten aufpassten als er auf sie.

Der Soldat spielte jeden Abend für die Familie. Doch dann wurde es Zeit für den Abschied, die Wintervorräte reichten nicht mehr länger für die zusätzliche, hungrige Truppe.

Erst nach dem Weiterziehen der Gruppe mit ihrem rundlichen Anführer wurden die Möbel im Wohnzimmer wieder zugehängt.

Er hatte mit seinen Melodien vor allem Anni bezaubert. Und das zeigte Folgen. Ende November wusste sie ganz sicher, dass sie ein Kind erwartete. Dabei war sie schon seit Jahren dem Nachbarbauern versprochen, im nächsten Sommer sollte die Hochzeit sein. Anni litt still, konnte mit niemandem reden, versuchte, den wachsenden Bauch zu verbergen. Später schnürte sie sich. Keiner schien etwas zu merken. Sie sparte Geld, vielleicht nahm sie sich auch etwas aus dem Portemonnaie der Mutter. Kurz vor der Hochzeit, im Sommer, machte sie sich heimlich davon und fuhr mit dem Zug nach Berlin.

Bisher war sie nicht weiter als bis in die Kreisstadt Lötzen gefahren. Und jetzt verließ sie ihre Heimat ganz allein, fuhr in die weit entfernte

Hauptstadt. Sie muss große Angst gehabt haben vor der Entdeckung. Sie malte sich das Entsetzen der Mutter aus, ihre Verachtung. Und die Suche nach einer schnellen Lösung: Sie würde mit einem anderen Mann verheiratet werden, der bereit war, einen Bankert als seinen Sohn oder Tochter aufzuziehen. Vielleicht wäre der Sohn des Nachbarbauern noch bereit dazu oder auch nicht. Es gab noch einige arme, ältere alleinstehende Männer, die sie nehmen würden. Aber gerade so stellte sie sich ihr Leben nicht vor.

Dann lieber die Heimat verlassen und in Berlin den Mann suchen, der sie so mit seiner Musik verzaubert hatte, auch wenn sie sich nicht sicher sein konnte ihn zu finden. Und würde er sie überhaupt wollen?

So fuhr sie allein in der Eisenbahn nach Berlin, das Bauernmädchen vom Lande, mit einem kleinen Koffer und dem wenigen Geld, das sie auf die Seite hatte schaffen können. Sie fuhr durch die ostpreußische Landschaft, die ihr erst noch vertraut vorkam, die Wälder, Seen, Wiesen und Äcker.

Doch dann wurde sie immer fremder und ihre Beklemmung wuchs. Was würde sie in Berlin erwarten, würde sie Walter überhaupt finden? Und wie würde er reagieren, wenn er davon erfuhr, dass er Vater wurde?

Nach vielen Stunden erreichte sie die große Stadt, in der sie sich überhaupt nicht auskannte.

Dass sie es schaffte, dort den ehemaligen Soldaten und Musikanten ausfindig zu machen, zeugt von ihrer Kraft, Geschicklichkeit und Ausdauer, oder war es eher der Mut der Verzweiflung? Nun war er vor dem Ersten Weltkrieg ein bekannter Komponist gewesen, seine Operetten und Lieder wurden überall gesungen, aber nach Kriegsende hatte er es schwer, wieder an seine früheren Erfolge anzuknüpfen.

Vielleicht hatte er Anni von den Andreas-Festsälen und dem Schweizergarten erzählt, in denen seine Operetten aufgeführt worden waren. Dorthin fragte sie sich durch und bekam einen Hinweis, wo sie ihn finden könnte.

Er war, gelinde gesagt, nicht wenig erstaunt, dass sein Besuch auf dem ostpreußischen Bauernhof solche Folgen hinterlassen hatte. Doch er fügte sich und heiratete Anni. Allerdings erst ein knappes halbes Jahr nach der Geburt der Tochter Hilde. Warum erst so spät, hing wohl auch mit seiner Mutter zusammen. Marie Malitz wird wohl nicht so begeistert gewesen sein von der ostpreußischen Bauerntochter, sie hatte es schwer, ihren Sohn an eine andere Frau abzugeben.

Walter war ihr einziges Kind und sie hing ohnehin sehr an ihm. Walters Vater, in jungen Jahren Omnibusfahrer, hatte gemeinsam mit seiner Frau ein Lebensmittelgeschäft eröffnet, das gut lief und ihnen einigen Wohlstand bescherte. Früh entdeckte die Mutter Walters musikalisches Talent, ein Klavier wurde angeschafft und Walter erhielt bereits im Alter von fünf Jahren Klavierunterricht. Er lernte schnell und musste schon zwei Jahre später auf den vielen festlichen Einladungen den elterlichen Gästen vorspielen. So fielen ihm am Tag darauf in der Schule fast die Augen zu, aber er genoss den Applaus der vielen Erwachsenen und den Stolz im Blick der Eltern. Walters Mutter war aber der Schulbesuch ebenso wichtig, er sollte einen anständigen Beruf ergreifen. Er ging nach der Mittleren Reife zur Berliner Behörde und wurde Registrator, erfasste und archivierte eingehende Dokumente. Nach Feierabend besuchte er einige der vielen Operettenbühnen, die zu Beginn des 20. Jahrhunderts in der Hauptstadt aus dem Boden sprossen.

So wurde sein Interesse an der leichten Muse geweckt. Im Alter von 19 Jahren begann er zu komponieren. Er bewarb sich am renommierten Berliner Konservatorium von Professor Phillip Scharwerka und erhielt dort eine musikalische Ausbildung. Sein erstes eigenes Singspiel entstand. Er fand auch die passenden Sänger, sie spielten an verschiedenen Bühnen vor, so auch im Schweizergarten, und führten erstmals die Operette »Der Teufelsdoktor« auf.

Sie hatten Erfolg, Walters Stern war am Berliner Operettenhimmel aufgegangen und hätte noch mehr Glanz bekommen, wäre der Erste Weltkrieg nicht dazwischengekommen mit der Einberufung Walters zur

Armee. Nur schwer ließ seine Mutter ihn ziehen, sie sorgte sich sehr um Walter, der doch für den Soldatenberuf viel zu zart und feinfühlig war.

Der kleine, rundliche Walter entsprach nicht gerade dem Bild eines hochgewachsenen, athletischen germanischen Recken und hatte so überhaupt kein Talent zum Schießen und Marschieren, aber sein Humor und sein komödiantisches Talent erheiterte die Kameraden, die im Krieg sonst wenig zu lachen hatten. War ein Klavier in der Nähe, spielte und sang er für sie am Abend, führte seine Operetten alleine vor, in dem er selbst alle Rollen übernahm; später setzten auch noch die Soldaten, die einigermaßen singen konnten, mit ein. Als seine Truppe immer mehr ins Kampfgeschehen einbezogen wurde, ging es auch ohne Instrument, und sie sangen zusammen die bekannten Lieder. Manchmal parodierte er die Vorgesetzten, wenn sie nicht in der Nähe waren, denn er verfügte über einiges komödiantische Talent. Und zum Glück wurde er auch nie erwischt.

Seine Kameraden liebten und beschützen ihn, so dass er nie wirklich in vorderste Front und in Gefahr geriet. Später wurde ihm die Aufgabe übertragen, auf einen Trupp russischer Kriegsgefangener aufzupassen, mit denen er aber auch schnell Freundschaft schloss. An den Abenden lernte er von ihnen ihre Lieder und er sang ihnen seine vor. Sie beschützten ihn, und trugen ihn auch durch den tiefen Schnee des ostpreußischen Winters 1918, als er zum Hof der Trinkerfamilie in Steintal gelangte und dort Anni begegnete.

Wenige Monate später war der Krieg beendet und Walter gesund nachhause zurückgekehrt, sehr zur Erleichterung seiner Mutter. Und nun kam dieses junge Mädchen daher und wollte ihren Jungen heiraten. Und war auch noch hochschwanger.

Bereits eine Woche nach ihrer Ankunft in Berlin brachte Annie ihre Tochter Hilde zur Welt. Die erste Zeit wohnte sie mit im Haushalt von Walters Eltern, nicht zur Freude von Marie Malitz. Erst fünf Monate später heirateten Annie und Walter in aller Stille und bezogen eine eigene kleine Wohnung.

Nach der Hochzeit schaute seine Mutter jeden Tag vorbei und kontrollierte, ob Anni ihren Jungen auch richtig bekochte, dass der Arme nicht hungern musste. Der klein gewachsene Walter, der schon früh zur Korpulenz neigte, aß mit gutem Appetit und rundete sich immer mehr.

Deutschland hatte den Krieg verloren, Posen und große Teile Westpreußens waren Polen zugesprochen worden. Für Ostpreußen sah der Versailler Vertrag eine Volksabstimmung vor. Mit der Durchführung der Abstimmung wurde eine Interalliierte Kommission beauftragt, die für politische Neutralität sorgen sollte. Anfang 1920 übernahmen britische, französische, italienische und japanische Truppen das militärische und zivile Oberkommando.

Die Präsenz der ausländischen Vertreter zeigte den Deutschen, dass sie besiegt worden waren und stärkte ihre patriotische Haltung. So war das Abstimmungsergebnis eindeutig, 98% stimmten für die Zugehörigkeit zu Deutschland. Daraufhin wuchs der Nationalismus. Wer sich als Pole zu erkennen gab, wurde angefeindet, die polnische Sprache nur noch ungern gehört.

Zwei Jahre nach Hildes Geburt, Ende 1921, erblickte Heinz das Licht der Welt. Von ihm erfahren wir später mehr.

Der Musiker Walter komponierte weiter seine Operetten und führte sie mit einem eigenen Ensemble auf Berliner Bühnen auf. Aber in den zwanziger und dreißiger Jahren entstanden im amüsierfreudigen Berlin immer mehr Bühnen und Ensembles, die Konkurrenz wurde immer größer. So musste sich Walters Truppe ihr Geld hart verdienen und häufig auch in die umliegenden Provinzstädte ausweichen.

Anni blieb mit den beiden Kindern zuhause und bekam doch mit, dass die Musik des kleinen, runden Walter nicht nur sie verzauberte. Als sie von seinem Verhältnis zu einer Sängerin seines Ensembles erfuhr, setzte sie ihm das Messer auf die Brust: Das Tingeln mit der Operettenbühne oder ich. Walter gab nach. Fortan spielte er Klavier im Stummfilmkino.

Als der Tonfilm eingeführt wurde, versiegte auch diese Einnahmequelle. Er ging zurück in die Behörde und wurde ein kleiner Beamter.

Doch erst noch einmal zurück nach Ostpreußen, nach Steintal auf den Hof der Trinker.

Friedrich und Ida, Kamionken

Drei Jahre nach der Volksabstimmung erkrankte Annis Vater Paul am grauen Star und erblindete langsam. So musste er seinem ältesten Sohn Friedrich den Hof übergeben. Das war ein schwerer Schlag für Paul. Bisher hatte er das Leben auf dem Hof bestimmt, den Knechten, Mägden und den Deputaten die Arbeit zugewiesen und selbst viel gearbeitet, jedes Jahr die Ernte eingebracht, die wachsende Kinderschar versorgt. Und nun fand er sich mit einundfünfzig Jahren auf dem Altenteil wieder.

Auch für Elise war es schwer, die Veränderung ihres Mannes anzunehmen. Der bisher so kräftige Mann sah immer weniger, saß fast nur noch in der Stube und verbreitete schlechte Laune. Aber noch war sie die Bäuerin und führte das Zepter.

Das zeigte sich, als sich Friedrich in Ida verliebte, eine hübsche junge Bauerntochter. Sie stammte auch aus Kamionken, aber ihre Eltern besaßen nur einen kleinen Hof mit zwei Kühen und drei Pferden. So waren Paul und Elise gegen die Heirat der beiden. Aber Friedrich und Ida gaben nicht auf, Ida wurde schwanger. Doch noch lehnten Friedrichs Eltern die Heirat ab. Das Kind wurde im Hause von Idas Eltern geboren. Warum wohl Ida und Friedrich ihren ersten Sohn Paul nannten? Wollten sie das Herz der Großeltern erweichen? Wenn ja, so schafften sie es damit nicht. Erst als Waltraut, das zweite Kind, unterwegs war, willigten Elise und Paul ein.

Es wurde eine stille Hochzeit gefeiert, später kaum davon berichtet. Ida zog endlich als junge Bäuerin auf den Hof ein, den kleinen Paul auf dem Arm und Waltraut im Bauch.

Nur widerwillig räumte Elise ihren Platz. Fortan machte sie Ida das Leben schwer. Kochte die junge Bäuerin eine Suppe, schmiss sie heimlich eine Handvoll Salz hinein und rief laut: »Sie kann nicht einmal kochen!« Die Bruteier schüttelte sie solange, bis jedes Leben in ihnen erstarb. »Bei ihr gibt es nicht einmal Küken!« Immer wieder versuchte sie, Ida vor den Familienmitgliedern und dem Gesinde schlecht zu machen.

Elise und Paul bezogen zwei große Zimmer, die für Ida und Friedrich Tabu waren. Sie half nur, wenn sie Lust hatte, spielte die feine Dame, die »Gräfin«. Von wegen Gräfin, dabei war sie doch nur die Tochter eines einfachen Stellmachers. So musste Ida von früh bis spät schuften, den großen Hof und sieben Kinder versorgen. Friedrich saß ständig zwischen den Stühlen. Er hatte es wie viele Bauernsöhne schwer, sich gegen die Eltern durchzusetzen und seine Frau zu verteidigen. Dafür war er aber Ortsbauernführer, fuhr häufig mit Pferd und Wagen in die Kreisstadt, um sich mit seinen Kollegen im Wirtshaus zu treffen. Doch davon später.

Hans der Zweite, Berlin

Zwei Jahre nach seiner Schwester Hildegard erblickte Heinz das Licht der Welt. Anni nannte ihn nach ihrem jüngsten Bruder; dieser war gerade sechs Jahre alt, als sie die Familie so plötzlich verlassen hatte. Sie hatte ihn sehr umsorgt, die Trennung war beiden schwergefallen.

Heinz wuchs im Berliner Arbeiterviertel Neukölln auf, beschützt und behütet von seiner Mutter. Als guter Schüler erhielt er eine Empfehlung für das Gymnasium – nicht so häufig in diesem Stadtviertel.

In den Jahren der Arbeit seines Vaters als Stummfilmklavierspieler war er andauernd im Kino, denn er durfte umsonst hinein. So kannte er bald alle Filmgrößen dieser Zeit, viel besser als all seine Schulkameraden.

Sonst fuhr er viel mit S- und U-Bahnen durch Berlin, kannte auch seine Heimatstadt in- und auswendig. Er schien viel allein zu spielen.

Die schönste Zeit waren für ihn die Sommerferien. Zusammen mit der Mutter und Hilde fuhr er nach Ostpreußen. Walter hatte vorher wieder heimlich alle Uhren in der Wohnung eine Stunde vorgestellt, denn er fürchtete stets zu spät zu kommen. So waren alle wieder viel zu früh am

Bahnhof, ärgerlich auf den Vater und Ehemann, einmal mehr auf seinen Uhrentrick reingefallen. Der Vater war als einziger erleichtert, denn der Zug war noch nicht ab-, ja nicht mal eingefahren. Die Familie wartete am Bahnsteig, zunächst noch sehr einsilbig. Doch Anni hielt das Schweigen nicht lange aus, sie würden sich ja auch noch für eine lange Zeit von Walter verabschieden, der allein in Berlin zurückblieb.

Endlich fuhr der Zug ein, die Mutter und die beiden Kinder suchten sich einen Platz im Abteil, verstauten ihre Koffer im Gepäcknetz und verabschiedeten sich von Walter. Lange winkten sie noch, ein wenig wehmütig und auch schuldbewusst, den Ehemann und Vater zurückzulassen. Doch nach kurzer Zeit waren sie in Gedanken schon in Ostpreußen, sie freuten sich auf die schöne Zeit in Masuren, vor allem die Mutter, die endlich ihre Heimat wiedersehen würde. Hilde sang und plapperte die ganze Zeit. Heinz schaute aus dem Fenster, redete nicht viel, träumte vor sich hin. Langsam verging die Zeit, die Fahrt schien nicht zu enden.

Nach vielen Stunden erreichten sie Lötzen. Wie immer holte Bruno sie ab. Mit Pferd und Wagen versteht sich. Eine stürmische Begrüßung, alle fielen Bruno um den Hals. Heinz war glücklich, freute sich über die Wiederbegegnung mit seinem Lieblingsonkel. Der Trakehner trottete gemächlich über den Feldweg auf das Bauernhaus zu. Bruno erzählte vom Studentenleben und den Semesterferien, die er wie sie in Steintal verbrachte. Und wie weit die Ernte war. »Dieses Jahr haben wir Glück mit dem Wetter, das Getreide ist fast vollständig eingefahren. Ihr müsst nicht mehr viel helfen.« So schmiedete er schon Pläne für das abendliche Bad im See. Und für die gemeinsame Radtour.

Die Sonne strahlte, es war heiß, dabei schon später Nachmittag. Die langsame Fahrt mit dem Pferdewagen verschaffte nur wenig Fahrtwind und lediglich einen kleinen Hauch von Kühlung. Der Weg führte am Löwenthinsee vorbei. Sehnsuchtsvoll schauten die Kinder auf das glitzernde Wasser, hörten das Geschnatter der Enten und das Quaken der Frösche.

Am Hoftor warteten schon die Großmutter, Onkel, Tanten, Cousins und Cousinen. Deren Zahl vergrößerte sich jedes Jahr. Die Großmutter war wieder ein wenig älter geworden, die Haare ganz grau, aber sie hielt sich immer noch gerade. Ein wenig unterkühlt begrüßte sie die Tochter und die beiden Enkel, fragte nach dem Leben in Berlin. Umso herzlicher fiel die Begrüßung durch die anderen Verwandten aus. Es wurde gejuchzt, geherzt, die kleinen Kinder hüpften wild um die Erwachsenen herum.

Cousin Paul (der Dritte), fünf Jahre jünger als Heinz, freute sich jedes Jahr auf den Besuch der Städter und wartete schon begierig darauf, was sie dieses Mal mitbrachten. Er erhielt stets die abgelegte Kleidung von Heinz, auch die alten Spielsachen, mal einen Ball, einmal einen Roller. Der Holzroller war wohl mehr für die Straßen in der Stadt gebaut, denn er überstand die wilde Fahrt auf den rauen Wegen um den Hof nur eine halbe Stunde.

Nachdem alle Geschenke verteilt, begutachtet und ausprobiert worden waren, bezog die Mutter wieder ihr altes Zimmer und schickte die beiden Kinder mit Bruno und den Koffern in das große Schlafzimmer von Paul und Elise. In den zwei zusätzlichen Betten an der Wand würden sie in den nächsten Wochen ihre Nächte verbringen. Anschließend rief Elise sie in die Küche zum Abendessen.

Schon vorher hatten die Berliner die Bratkartoffeln gerochen, die in den riesigen gusseisernen Pfannen auf dem Holzofen schmorten. Bratkartoffeln mit Zwiebeln und Speck, einfach köstlich. Der Hunger meldete sich, aber sie mussten noch warten, bis alle vom Feld gekommen waren.

Am Herd standen die Mutter und ihre Schwägerin, beide mit der Schürze über dem Sommerkleid, sie wendeten die Kartoffeln, damit nichts anbrannte.

Wieder saßen die kleinen Kinder schon am Tisch, dieses Mal die Cousins und Cousinen, fünf an der Zahl. So langsam füllte sich die Küche. Als erstes trat der Großvater ein, hager und ein wenig gebeugt, die Haare auf dem Kopf waren gänzlich verschwunden. Die typische Trinker-Glatze war braungebrannt, der Blick durch den grauen Star getrübt. Auch er begrüßte seine Enkel, allerdings wesentlich wortkarger als seine Frau, und begab sich gleich an den langen Holztisch. Seine anderen Söhne folgten, ebenso die polnischen Helfer, die jedes Jahr zur Ernte erschienen. Es wurde laut in der Küche, die Hocker polterten, die Gabeln und Teller klapperten. Heinz und Hilde setzten sich zu Bruno und bekamen endlich ihre Bratkartoffeln, dazu wie immer einen Becher frische Milch. Heinz noch ein Zuckerei, denn er war immer so blass und dünn. Ob es wirklich wirkte, er dadurch zunahm und Farbe bekam, bleibt fraglich.

Nach dem Abwasch ging es dann zum See, das langersehnte Bad stand an. Hilde sprang juchzend ins Wasser, schwamm weit hinaus. Heinz war wesentlich vorsichtiger und besorgt um seine Schwester. »Sei vorsichtig, denk an letztes Jahr!«, rief er ihr nach. Da war sie wie immer weit draußen auf dem See, schwamm und schwamm und kam beinahe nicht mehr zurück. Bruno musste sie holen, schaffte es in letzter Minute, zu ihr zu kommen und sie abzuschleppen. War nicht ganz so leicht, denn auch da war sie schon recht kräftig. Doch sie hatte nicht wirklich daraus gelernt, schwamm auch an den folgenden Abenden immer noch zu weit hinaus, genau wie jetzt.

Bruno lachte. »Ach komm, lass sie, es macht ihr soviel Spaß. Notfalls hole ich sie wieder. Lass uns auch hineinspringen!«

Schnell war der junge Onkel im Wasser und rief seinen ängstlichen Neffen. Der folgte vorsichtig, ging langsam hinein, musste sich erst an das kühle Wasser gewöhnen. Aber jetzt traute auch er sich und schwamm, genoss mit Bruno das abendliche Bad. Zu gern würde Bruno seinen jungen Neffen einmal untertauchen, aber das traute er sich nicht, denn er wollte Heinz nicht verschrecken. Denn dieser hatte erst im letzten Jahr schwimmen gelernt und war noch nicht so sicher im Wasser.

Am nächsten Morgen wurden die beiden Kinder früh geweckt. Heinz ging mit den Männern hinaus aufs Feld, Hilde half in der Küche mit. Er durfte mit auf den Wagen und die Garben aufladen. Am Morgen war es noch angenehm kühl, doch bald schon brannte die Sonne vom Himmel, die Luft flirrte. Allen lief der Schweiß den Kopf, Rücken und Bauch hinunter.

Endlich war Mittagszeit. Von Ferne sahen die Erntearbeiter die Frauen kommen, mit großen Kannen und schweren Henkelmännern in den Händen. Erleichtert suchten sich alle einen Platz im Schatten und das Essen wurde ausgeteilt. Dabei halfen auch Hilde und Heinz. Wieder gab es Bratkartoffeln und Milch.

Jeden Tag wurden riesige Mengen Kartoffeln gekocht, gepellt und nach dem Abkühlen in Scheiben geschnitten, Zwiebeln geschält und Speck gewürfelt. Vor allem Speck und Zwiebeln mussten immer ordentlich dazugegeben werden, damit es gut schmeckte. Bratkartoffeln gab es zum Mittag- und zum Abendessen.

Auch Hilde musste fleißig helfen. Es war nicht ihre Lieblingsbeschäftigung. Lieber wäre sie bei den jungen Erntehelfern auf dem Feld gewesen. Doch bald war die Ernte abgeschlossen und sie hatte wieder mehr Zeit zum Baden.

Auch Bruno und Heinz waren erleichtert nach dem Abschluss der Ernte. Nach dem großen, ausgelassenen Erntefest besorgte Bruno zwei Fahrräder. Eines hatte allerdings nur eine Pedale. Es wurde abwechselnd von beiden gefahren.

So ging es gemeinsam für einige Tage durch Masuren, über die Feldwege, von See zu See, von Ort zu Ort. Gebadet wurde in jedem See, geschlafen bei den Bauern auf dem Heuboden. Nach der erfolgreichen Ernte hatten sie Glück und wurden überall gut aufgenommen, bekamen auch überall zu essen und mussten nur ab und zu etwas im Stall oder auf dem Feld helfen.

Meistens fuhr Bruno das Rad mit der einen Pedale, aber auch Heinz musste manchmal dran glauben. Mit viel Gejohle bemühte sich der Fahrer des ramponierten Rades, das Gleichgewicht zu halten, bis er irgendwann vom Rad absprang oder mit diesem umkippte. Mit der Zeit wurden beide Meister im Einpedalenradfahren, nur ging es recht langsam vorwärts. Bruno war ein wunderbarer Unterhalter, er erzählte viele Geschichten und Witze. Der schüchterne Heinz sog alles in sich auf und wurde immer lebendiger.

Zum Glück begannen die Sommergewitter erst nach ihrer Rückkehr. Sie wurden aber dennoch gefürchtet, vor allem von der Großmutter. Eines Nachts wurden alle wieder einmal von den Blitzen und dem Donner geweckt. Die Familie versammelte sich wie üblich im Wohnzimmer zum Beten. Das Wohnzimmer hatte damit noch eine andere Aufgabe bekommen, die Laken über dem Mobiliar hatte man wieder entfernt.

In diesen Nächten erreichte die Großmutter erstaunlich schnell ihren Sessel. Bald war der Raum vom Gemurmel der betenden Familienmitglieder erfüllt. Die Frauen waren die Vorbeter. Sie fürchteten sich am stärksten vor dem Einschlag des Blitzes und dem Abbrennen der Häuser, der Vernichtung der ganzen Ernte.

Nur das Licht zweier Kerzen erhellte den Raum. Immer wieder zuckten die Blitze am Himmel, erleuchteten ihn für kurze Zeit, gefolgt vom dumpfen Schlag des Donners. Jedes Mal zuckten alle zusammen, bange wurde der Abstand zwischen Blitz und Donner gezählt mit der Frage: Wie weit ist das Gewitter noch entfernt? Ist es schon über uns? Das Gemurmel wurde immer inbrünstiger und lauter, die Gebete wurden immer schneller gesprochen, damit Gott auch dieses Mal wieder ein Einsehen haben möge.

Mitten in der sich steigernden Furcht öffnete sich leise die Tür, und ein Bett schwebte herein. Auf ihm lag ein Toter mit bleichem Gesicht. Ein markerschütternder Schrei ertönte, die Großmutter war zu Tode erschrocken, aber nicht nur sie. Plötzlich bekam das Bett Beine und rannte wieder hinaus.

Wieder einer von Brunos Streichen: Er hatte sich schwarz gekleidet, nur das Gesicht weiß geschminkt, eine leichte Bahre mit Tüchern ausgestopft, die einen liegenden Menschenkörper nachformten. Seinen weißen Kopf legte er seitlich ab und trug so die Bahre hinein, Träger und Leiche in einem. Er kam auf dem Höhepunkt der Gewitterangst hereingeschwebt, die Dunkelheit nutzend war ihm das Täuschungsmanöver gelungen. Aber der großmütterliche Schrei hatte auch ihn erschreckt und ihm Beine gemacht.

Dieses eine Mal löste sich die Nachtgebetsrunde sehr heiter auf. Und die Geschichte von Brunos Auftritt wurde wieder und wieder erzählt und milderte auch die vielen noch folgenden nächtlichen Gewitterängste.

Nicht immer blieb das heftige Naturereignis ohne Folgen. Dunkle Wolken zogen auf, in der Ferne grollte schon der Donner, als der kleine Paul hinausgeschickt wurde, um einen einquartierten Soldaten zurückzuholen. Dieser war mit Pferd und Pflug unterwegs, um Kartoffeln zu häufeln. Doch als Paul den Acker erreicht hatte, sah er, wie der Blitz in den Pflug und in den Soldaten einschlug. Nie wird er diesen Anblick vergessen!

Ein anderes Mal fuhr der Blitz in einen Baum, der neben dem Haupthaus stand. Ein großer Ast brach ab und krachte auf das Dach. Auch hier war der Schreck der Familie groß, der Schaden erheblich.

Die Sommerferien im Steintal wiederholten sich viele Male und prägten die Kindheit der Stadtkinder Heinz und Hilde. Und Heinz erzählte die Geschichten auch immer wieder seinen Kindern.

Kein Wort von den politischen Hintergründen der Zeit, der Kindheit im Dritten Reich. In seinen Erzählungen blendete er dies stets aus. Bei der Machtergreifung Hitlers war er erst zwölf Jahre alt, aber auch in dem Alter wird er einiges mitbekommen haben. In seinen Erzählungen gab es keine Fahnen, keine politischen Auseinandersetzungen. Gerade in Ostpreußen fanden die Nazis viele Anhänger. Wie stand seine Familie zur Partei und Hitler?

Die Geschichten aus Steintal hörte ich dennoch gerne, nahm die Bilder in mich auf, die Erzählungen blieben in mir lebendig. Veränderten sich vielleicht auch im Laufe der Jahre.

Heinz besuchte zwar das Gymnasium in Berlin, beendete seine Schullaufbahn aber mit der Mittleren Reife. Später berichtete er, die Auseinandersetzungen mit den autoritären Lehrern hätten ihn dazu bewogen. Sein Abgangszeugnis war allerdings auch nicht das beste, das Abitur hätte er auf diese Weise schwerlich erreichen können. Stattdessen absolvierte er eine Banklehre. Dies sollte sich später im weiteren Verlauf seines Lebens als sehr hilfreich erweisen. Gleich nach dem Ende seiner Lehrzeit meldete er sich freiwillig zum Kriegsdienst, da war er gerade achtzehnjährig.

Paul der Dritte, Kamionken

Wie Hilde und wohl schon einige Kinder zuvor wurde Paul vor der Eheschließung der Eltern geboren. Doch erst nachdem die Mutter Ida mit seiner Schwester Waltraut schwanger war, durften die Eltern heiraten. Dabei hatte Friedrich längst den Hof übernommen.

Es folgten noch fünf weitere Kinder: Bruno, Ernst, Wilfried, Christa und Ingrid. Paul war somit der älteste unter den Geschwistern.

Seine Kindheits-, Jugend- und Kriegserlebnisse schrieb er später auf, ein lebendiger Bericht über sein Leben in Ostpreußen und seine Zeit als junger Soldat im Zweiten Weltkrieg. Im Gespräch mit ihm und durch diese Schrift erfuhr ich viel über das Leben der Trinkers in Steintal. Die Landschaft entsteht vor dem inneren Auge, die stillen Seen, die verschneiten Wälder im Winter, die blumenreichen Wiesen im Sommer.

Im großen Wohnhaus mit der schönen Holzveranda vor der guten Stube lebten drei Generationen sowie das Gesinde. Das Erdgeschoss wurde über zwei Flure betreten, in denen der Kartoffeldämpfer und die Regale mit dem Eingemachten ihren Platz hatten. Die große Wohnküche grenzte an den kleinen Flur, dahinter befanden sich die beiden Stuben des Knechts und der Magd. Von der Küche sowie vom großen Flur führte je eine Tür in das Wohnzimmer der jungen Bauernfamilie, von diesem ging es in die Schlafstube der Eltern. Die Großeltern Elise und Paul hatten ihr eigenes Schlafzimmer und das große Wohnzimmer, die eigentliche gute Stube mit den kostbaren Möbeln und dem Flügel, auf dem schon Walter gespielt hatte. In den beiden Schlafräumen standen noch mehrere Betten. Bis zum Alter von zehn Jahren schlief Paul mit beim Großvater im Bett, seine Schwester Waltraut bei der Großmutter, die kleinen Geschwister bei den Eltern im Ehebett und den übrigen zwei Betten im Raum. So fanden immer zwei Familienmitglieder Platz in einem Bett. Nur die großen Kinder und die Studenten Bruno und Ernst gingen hinauf in die beiden kleinen Schlafkammern auf dem Dachboden.

Hier befand sich auch die Räucherkammer, die sommers wie winters beheizt wurde. Es roch immer gut nach Wurst und Schinken. In einer der Kammern stand ein großer Schrank mit den Gebets- und Gesangsbüchern von Ernst Trincker, dem Superintendenten und Pauls Großonkel. Paul ging gern hinauf und öffnete in den Schubladen, blätterte ehrfürchtig in den alten Bänden.

Wer den Boden betrat, musste aufpassen, nicht über das viele Gerümpel zu stolpern, das sich hier angesammelt hatte.

Der Keller war voller Kartoffeln und gelber Rüben, im Sommer wurden hier auch die Milch und die Butter kühl gehalten.

Vor dem Wohnhaus stand die aus Feldsteinen gemauerte Scheune mit vier kleinen Türen und vier großen Toren, die Platz bot für die vierspännigen Leiterwagen. Die großen Tore wurden nur zur Erntezeit geöffnet, wenn das Heu und das Stroh eingefahren wurden. Sonst wurde das Gebäude nur durch die kleinen Türen betreten.

Links neben der Scheune befand sich der ebenfalls aus Feldsteinen gemauerte Pferde- und Kuhstall mit sechs Türen, rechts hinter dem Wohnhaus der Stall, der die Schweine, das Geflügel und den Hund beherbergte. In ihm fanden auch Torf und Holz als Heizmaterial, die Wagen, Schlitten, Arbeitsgeräte und eine Werkstatt Platz. Der Stall war ausgebaut zum Getreidespeicher und über eine Holztreppe über den Geflügelstall zu erreichen.

Ein schönes Blumenbeet und eine Wiese mit den verschiedensten Blumenarten, Obststräuchern und Bäumen grenzten an die Rückseite des Hauses. Ida pflegte die Blumen. Zu den Aufgaben der Kinder gehörte es, im Sommer die Beeren zu ernten und der Mutter zu bringen, die daraus Marmelade kochte. Nur die Kirschen lieferten sie nicht ab, sie wurden im Vorbeigehen von den Kindern aufgegessen.

Im Wald hinter dem Hof wuchsen Unmengen von Beeren und Pilzen. So bekam jedes Kind zur Erntezeit einen Eimer und musste ihn gefüllt mit

Walderdbeeren und Blaubeeren wieder heimbringen. Pfifferlinge, Steinpilze und Maronen wurden gesammelt und bereicherten den Speiseplan.

Im Wald wohnten viele Füchse, die es in den wärmeren Jahreszeiten auf die frei umherlaufenden Hühner abgesehen hatten. Immer wieder holten sie sich die Hühner, der Vater war oft mit der Flinte hinter ihnen her und erwischte einige von ihnen. So gehörte zu den Aufgaben der Kinder auch das Hüten, um die Gänse und Hühner vor dem Fuchs zu schützen. Am Abend mussten sie die Puten von den Bäumen jagen, damit sie sicher im Stall übernachten konnten. Als der Großvater Paul vollständig blind und auch noch wunderlich wurde, hieß es auch, auf ihn zu achten, damit er keinen Unsinn anstellte.

Der Teich am Rande des Hofes diente als Viehtränke, hier fuhren im Winter die Kinder Schlittschuh. Im nahegelegenen Dobensee lernten sie schwimmen. Onkel Bruno riss hierfür die Binsen am Gewässerrand heraus und band sie mit einem Strick zusammen. Dann legte er die Kinder mit dem Oberkörper auf die selbst gebastelte Schwimmhilfe und sie paddelten fröhlich auf dem Teich herum, bis sie immer weniger Binsen brauchten und selbstständig schwimmen konnten. Pauls Vater Friedrich sah dies gar nicht gerne, denn er konnte selbst nicht schwimmen. Im Ersten Weltkrieg war er als tapferer Soldat zweimal verwundet und mit dem Eisernen Kreuz ausgezeichnet worden, aber er hatte nie zugeben mögen, dass er Nichtschwimmer war. Jetzt fürchtete er um das Leben seiner Kinder und hätte seinem Bruder am liebsten den Schwimmunterricht verboten.

War im Winter der Dobensee zugefroren, fuhr die Familie mit dem Schlitten über das Eis nach Rosengarten, denn sie waren zum Geburtstag des Onkels Karl Gollmer eingeladen, Sohn des Bruders von Elise, der auch immer wieder zu Gast bei den Trinkers war.

Zum Hof gehörte noch ein Insthaus, das von zwei Tagelöhnerfamilien mit Deputat bewohnt wurde. Neben ihrem Lohn von fünf Mark im Monat erhielten sie Getreide, Milch, Brennholz und Arbeitskleidung, durften Schweine und Geflügel halten und hatten freies Wohnrecht.

Von morgens früh bis abends spät wurde gearbeitet. Auch alle Kinder hatten Aufgaben, halfen beim Säen und Ernten. Doch es wurde ebenso viel gespielt, es gab immer eine große Kinderschar. Paul und seine Geschwister waren zu siebt, die Tagelöhner auf dem Hof hatten auch sieben und acht Kinder. Paul war der Älteste und führte die Gruppe an, heckte so manchen Streich aus.

Im Alter von knapp sieben Jahren wurde Paul in der zweiklassigen Schule von Steintal eingeschult. Zur ersten Lehrerstelle gehörten vierzig Morgen Ackerland, so dass der Lehrer noch ein Dienstmädchen und einen Knecht beschäftigte. In der zweiten Klasse waren die Schuljahrgänge eins bis vier, in der ersten Klasse die Schuljahrgänge fünf bis acht untergebracht. Je neun Kinder fanden in einer Bank Platz, Jungen und Mädchen getrennt. Paul erlebte seine Lehrer als streng aber gerecht, ihnen verdankte er das Rüstzeug für sein Leben.

Der Trinkerhof lag auf dem Abbau anderthalb Kilometer vom Dorf entfernt. Der Schulweg führte über die eigene Wiese, über einen Hügel und – als Abkürzung – über die Wiese des Nachbarn. Darüber war dieser wenig erfreut und ließ oft seinen Hund los. Die Kinder bekamen Angst und rannten so schnell sie konnten. Trotzdem wählten sie immer wieder diesen Weg.

War der Schnee im Winter zu hoch, wurden die Kinder mit dem Schlitten zur Schule gefahren. »Klingende Glöckchen am Geschirr der Pferde begleiteten uns. Oft waren es fünfundzwanzig bis dreißig Grad Frost. Eisiger Wind pfiff über die Felder und fegte uns den Schnee ins Gesicht. Nach der Schule ging es eilig nach Hause, und dann spielten wir draußen: mit Schlittschuhen auf dem freigeschaufeltem Teich, mit Tonnenbrettern den Hang hinunter. Es war ein großer Spaß. Durchgefroren und nass kamen wir wieder nach Hause. In der Küche und in den Stuben bullerte und krachte das Holz in den Kachelöfen. Sie verströmten eine wohlige Wärme durch das ganze Haus. Die nassen Sachen wurden über der Ofenleine zum Trocknen aufgehängt, die Schuhe am Ofen abgestellt. Dann ging es an die Schularbeiten. Um den großen Tisch bei Petroleumbeleuchtung saßen wir

Kinder. Wir halfen uns gegenseitig die Hausaufgaben zu erledigen. Nur bei Unstimmigkeiten wurde meine Mutter eingeschaltet.«

Paul berichtete auch von den Bräuchen in Steintal, über das Johannisfeuer, das nach alter Sitte in ganz Ostpreußen gefeiert wurde. »Auf Chiducks Berg, der höchsten Erhebung in unserem Dorf, wurde ein großer Holzhaufen zusammengefahren. Bei Anbruch der Dunkelheit versammelten sich die Dorfbewohner und der Holzhaufen wurde angezündet. Vorher wurden Reden gehalten und wir Kinder sangen unsere eingeübten Lieder. Die Flammen loderten in den Himmel. Das Holz knisterte und knackte, Wärme verströmte nach allen Seiten. War der Holzhaufen fast niedergebrannt, durften wir hindurchspringen und unseren Mut beweisen. Die Menschen klatschten. – Für uns Kinder war es ein unvergleichlich schöner Tag.«

Nach der bestandenen Aufnahmeprüfung ging Paul in Sensburg zur Oberschule. Der Weg nach Steintal war zu weit, so wurde Paul bei seinem Onkel Bruno in Stangenwalde untergebracht, der dort als Lehrer angestellt war. Jeden Tag fuhr Paul drei Kilometer mit dem Fahrrad zur Schule. Er verlebte eine schöne Zeit in der jungen Familie, passte am Abend auch auf seine kleine Cousine Gisela auf, wenn die Eltern einmal ausgingen.

Dann hielt der Tod Einzug ins Trinker'sche Haus und kündigte sich durch unheimliche Vorzeichen an. Schrien die Eulen am Fenster, krächzten die Dohlen laut ums Haus, starb ein Familienmitglied. So auch der Großvater von Paul, dem Dritten, Paul, der Erste. Der kleine Paul hatte ihn sehr geliebt, hatte er ihm doch das Einmaleins beigebracht und ihm viele Spukgeschichten erzählt.

»Es war tiefer Winter, der 5. Januar 1939, die Wege waren in eine dicke Schneedecke gehüllt, als Großvater starb. Er wurde in der besten Stube aufgebahrt, Kerzen angezündet. Nachbarn, Bekannte und nahe Verwandte kamen. Es wurden fromme Lieder gesungen. Am Beerdigungstag wurden alle Stalltüren aufgemacht, auch die Tiere nahmen Abschied. Der Sarg wurde mit dem Schlitten zum Friedhof gefahren. Die Trauergesellschaft folgte durch den hohen Schnee und sang. Mit verweinten Augen nahmen wir Abschied.«

Der Zweite Weltkrieg

Ein halbes Jahr nach Pauls Tod begann der Zweite Weltkrieg mit dem Überfall der Deutschen auf das polnische Nachbarland. Masuren glich einem einzigen Heerlager, da auch von hier in Polen einmarschiert wurde. Der Jubel verflog schnell, denn bald stellte sich der harte Kriegsalltag ein. Die jungen Männer wurden einberufen und es fehlte an landwirtschaftlichen Arbeitskräften. Zwangsarbeiter und Kriegsgefangene sollten sie ersetzen.

Dennoch war es in Masuren bedeutend friedlicher als in den Großstädten des Reichs, die von den Bomben bedroht und zerstört wurden. Doch es gab auch hier die Gestapo; Juden, aufrechte Christen und Mitglieder pro-polnischer Masurenvereine wurden verhaftet und in Konzentrationslagern getötet.

Als Paul im zweiten Gymnasiumsjahr war, begann der Krieg und Bruno wurde eingezogen, seine Frau Rotraut kehrte mit ihrem Baby in ihr Elternhaus in Seefrieden bei Lyck zurück. Paul wurde in einer kleinen Schülerpension bei einer Försterswitwe untergebracht, wohnte dort mit vier Schülern aus seiner Schule. Nur in den Ferien fuhr er nach Hause, die Wochenenden verlebte er allein bei der Witwe, wenn er nicht von einem seiner Mitschüler eingeladen wurde.

Wie viele seiner Klassenkameraden wurde er Mitglied bei den Pimpfen, später bei der Hitlerjugend. Und er erlernte das Segelfliegen. Sein großer Traum war es, Fliegeroffizier zu werden. Im Mai 1944 wurde er aus nichtigen Gründen von der Schule verwiesen, eine große Enttäuschung für ihn und seine Eltern.

So beendete er seine Segelfliegerausbildung, wurde zum Arbeitsdienst und im Alter von siebzehn Jahren zum Kriegsdienst eingezogen. Im Januar 1945 wurde er mit anderen Soldaten in Güterwagen Richtung Osten geschickt. Die russischen Truppen waren bereits weit in Ost- und Westpreußen eingedrungen, die Waggons wurden von russischen Jägern angegriffen. Paul erlebte das Flüchtlingsdrama, sah die endlosen Wagenkolonnen, die auch immer wieder von Flugzeugen angegriffen wurden. In den Straßengräben lagen tote Menschen und Pferde, zerschossene Wagen. Auf Fahrrädern und Schlitten, mit Hand- und Kinderwagen versuchten die Menschen, sich und ihre Habseligkeiten zu retten. Dieser Anblick gehörte zu den schrecklichsten Eindrücken seines Lebens. Dazu kam die Sorge, wie es wohl seiner Familie erginge, ob sie wohl auch unterwegs waren. Er hatte keinen Kontakt zu seiner Familie.

Er erlebte den Beschuss durch russische Soldaten, den Tod eigener Kameraden und das Elend der Flüchtlingstrecks, da traf ihn mit aller Wucht das Grauen der kriegerischen Auseinandersetzung. »Hilflos dem Geschehen ausgeliefert, dabei Weisungen folgend, die einem nicht verständlich erscheinen, empfindet man die Gefahr und die Nähe des Todes. Kein Gebet zu Gott, kein Ruf nach der Mutter, kein Fluch auf die, die dich in diese Situation gebracht haben, hilft dir.«

Der übrig gebliebene Trupp wurde schließlich von einer SS-Gruppe gestellt und beinahe als Deserteure erschossen, schließlich doch einer neuen Einheit zugeteilt. Auf einem Gutshof wurde ihm der Befehl erteilt, eine Gruppe russischer Gefangener zu exekutieren. Ein weiterer Angriff erfolgte, er wies sie an, sich zu verstecken und begab sich selbst auf die Flucht, wurde am Arm verwundet, geborgen und auf einen Lazarettzug Richtung Westen verfrachtet. Auch dieser wurde immer wieder beschossen, viele der Verwundeten wurden noch einmal verletzt oder getötet.

Paul landete in Büdingen. Dort wurde er kurze Zeit gepflegt und Mitte März 1945 erneut eingesetzt, dieses Mal, um die amerikanischen Truppen aufzuhalten, die bereits Frankreich, Holland und Belgien erobert hatten. Östlich von Arnheim befanden sich die Deutschen ständig auf der Flucht, erfuhren, dass der Krieg längst verloren war. Doch sie mussten vorsichtig sein, denn überall gab es Feldjäger, die Deserteure erschossen. Hungernd und frierend ergaben sie sich den amerikanischen Truppen. Mit den jüngeren deutschen Soldaten, den »Naziboys«, landete er in einem großen amerikanischen Gefangenenlager mit 1.500 Jugendlichen in der Nähe von Cherbourg in Frankreich. Hier wurden sie täglich drei Stunden unterrichtet, und sahen erstmals Filme über die Vergasung von Juden in Konzentrationslagern, hackten Kartoffeln, pflanzten Bohnen und reinigten Straßen.

Die Jugendlichen aus den russischen Besatzungszonen wurden den Franzosen übergeben, deren Gefangene sie nun waren. Hier erging es ihnen schlechter. Sie mussten im Steinbruch arbeiten, bekamen wenig zu essen und wurden mit der Peitsche geschlagen. Im November 1945 wurden sie in ein Lager in Belgien gebracht. Dort arbeiteten sie im Straßenbau, wurden erträglich behandelt. Endlich wurde Paul entlassen und in Kassel einem Bautrupp zugeteilt, dessen Aufgabe es war, Schutt von zerstörten Häusern auf Bahngüterwagen aufzuladen und Kohlen aus Güterwagen abzuladen.

Im März 1946 erfuhr er, dass seine Familie lebte und wohlbehalten mit einem Flüchtlingstreck in Stakendorf im Kreis Plön angekommen war. Sofort machte er sich mit seinen wenigen Sachen und ohne Geld auf den Weg in Richtung Schleswig-Holstein, mal auf der Lokomotive, mal im Güter- oder Gepäckwagen, zum Schluss zu Fuß.

Ernst hatte sein Theologiestudium vor Kriegsbeginn beendet und seine erste Stelle in Hamburg-Barmbek angetreten, als er sich kurz nach Kriegsausbruch freiwillig zur Armee meldete. Eingesetzt wurde er in Frankreich, Griechenland und Afrika. In Tunesien geriet er in englische Gefangenschaft und als Prisenor of War wurde er von dort nach Amerika gebracht.

Die Brüder Bruno und Heinz waren ebenfalls als Soldaten im Krieg eingesetzt und in Gefangenschaft geraten. Heinz wurde oft verwundet, aber beide überlebten. Paul, der Zweite, hatte dieses Glück nicht, er fiel 1944, im Geburtsjahr seiner Tochter Bärbel, die er nicht mehr kennenlernen sollte.

Heinz, mein Vater, meldete sich nach dem Ende seiner Banklehre, gerade neunzehnjährig freiwillig zum Kriegsdienst. Er wurde in Russland eingesetzt und bald zum Leutnant befördert. Zunächst noch begeistert vom Nationalsozialismus und der »Verteidigung des Vaterlandes«, erlebte er die Gräuel des Krieges, den Tod vieler Freunde, Hunger, Frost, Ruhr und auch das Leiden der russischen Bevölkerung. Er überlebte drei Jahre in Russland und wurde noch in Frankreich eingesetzt, bis er durch einen Granatsplitter an der Halsschlagader verwundet und in ein Lazarett in Erwitte in Westfalen gebracht wurde. Dort erlebte er das Kriegsende und lernte seine zukünftige Frau, meine Mutter, kennen.

Auch Anni und Walter erlebten schwere Zeiten in Berlin. Immer wieder gab es Bombenangriffe, so viele Nächte verbrachten sie im Luftschutzkeller. Doch sie hatten Glück im Unglück und wurden nicht ausgebombt. Wie freuten sie sich, wenn Heinz von der Front auf Heimaturlaub kam. Doch sie sahen auch, wie er sich veränderte, wie aus dem lebendigen Jungen ein ernster, in sich gekehrter, ausgemergelter Mann wurde, viel zu früh gereift, der aber auch nicht über das Erlebte sprechen wollte. Sie erfuhren nur, wer von den Freunden schon gefallen war. War er wieder fort, begannen die Sorgen aufs Neue. Am Anfang kamen die Feldpostbriefe noch häufiger, dann hörte die Familie wieder monatelang nichts von ihm.

Und was waren sie froh, als er gesund aus Russland heimkehrte. Doch schon bald wurde er an die französische Front geschickt. Wieder gab es lange Zeit keine Nachricht. Dann kam der Schrecken, als sie von seiner Verwundung erfuhren. Aber er hatte überlebt!

DIE ZWEITE VERTREIBUNG DER TRINKER JANUAR 1945

Gut 200 Jahre nach der Ausweisung aus Salzburg musste sich die Familie Trinker erneut auf den Weg machen. Wieder nicht freiwillig. Wie die Salzburger Trinkers wären sie gern in ihrer Heimat geblieben. Sie mussten wieder eine geliebte Landschaft und ihre gut bestellten Höfe verlassen.

Doch anders als der Exulantenzug waren sie nicht gezwungen, ihres Glaubens wegen das Land verlassen. Die nationalsozialistische Regierung hatte einen furchtbaren Krieg ausgelöst, dessen Folge die Vertreibung der gesamten ostpreußischen Bevölkerung war. Nur wenige Bewohner blieben zurück, viele von ihnen wurden getötet oder verschleppt. Diese Flucht glich keinem Siegeszug wie einst der Salzburger Exulantentreck durch die evangelischen Lande, die ostpreußischen Flüchtlinge wurden beschossen und ständig bedroht, erlebten Hunger, Chaos, Tod.

Im Sommer 1944 brach im Osten bereits die Front der Heeresgruppe Mitte zusammen. Daraufhin drängten hohe Generäle auf eine Evakuierung der Bevölkerung Ostpreußens. Doch Hitler sowie der Gauleiter Erich Koch lehnten dies ab. Die Flucht wurde unter schwere Strafe gestellt.

Anfang Januar überschritt die russische Armee die ostpreußische Grenze. Von diesem Zeitpunkt an war der Bevölkerung klar, dass der Zweite Weltkrieg verloren war. Von nun an ging es nur noch darum, die Flucht vorzubereiten, aber keiner durfte sie antreten.

Paul Trinker veröffentlichte zur Flucht aus Steintal eine beeindruckende Broschüre mit einer Karte des Fluchtweges, Berichten seines Vaters Friedrich Trinker, der Abschrift der Tagebuchnotizen des Lehrers Roeder aus Groß Warnau im Kreis Lötzen sowie den Erinnerungen Karol Gorskis, der als polnischer Zwangsarbeiter bei den Trinkers untergebracht worden war und sie auf der Flucht begleitete. Vieles aus dieser Schrift findet sich im Folgenden wieder.

Im Vorfeld der Flucht

Bereits im Oktober 1944 war das Gymnasium in Lötzen geschlossen worden, Wilfried, Brunos Bruder, wurde nach Hause geschickt. Es begann für viele Kinder eine schullose Zeit, während die Front näherrückte. Die Bewohner des östlichen Teils des Kreises Lötzen flohen schon Ende 1944. Steintal befand sich im westlichen Teil, dessen Bewohnern noch verboten war, ihre Höfe zu verlassen.

Friedrich Trinker erhielt als Kreisbauernführer zunächst den Auftrag, Quartiere für die Flüchtlinge der östlichen masurischen Seenkette bereitzustellen. Doch er konnte dies nicht umsetzen, wurde er doch mit den letzten Männern aus dem Dorf eingezogen. Sie waren alte, kranke und bisher freigestellte Männer. Sie sollten zur Verteidigung der Seenge Kullabrücke zwischen Saiten- und Kröstensee eingesetzt werden und dafür auch Waffen erhalten. Doch es gab keine mehr und so wurden sie wieder nach Hause geschickt. Sehr zur Erleichterung der Frauen, denn es ging ja darum, die Flucht vorzubereiten, von der alle sprachen.

Der Evakuierungsbefehl – Vorbereitung der Flucht

Am 22. Januar wurde Friedrich beauftragt, für die Sprengung der Steintaler Gastwirtschaft Witt Stroh aufzufahren, da in ihr Heeresgut gelagert würde. Er weigerte sich diesen Auftrag auszuführen. Kurz darauf erhielt er die Mitteilung, dass der Ortsgruppenleiter den Befehl zur Flucht von der Kreisleitung erhalten hätte. Er ließ sich aus dem Lager viele Decken für die Frauen und Kinder aushändigen, nahm sie auf seinem Schlitten mit und verteilte sie später an die Soldatenfrauen. Der Bürgermeister, Friedrich und zwei weitere Helfer waren bis spät in der Nacht unterwegs, den bevorstehenden Aufbruch den Bewohnern bekanntzugeben.

Auf dem Trinkerhof wurde die ganze Nacht geschlachtet, Puten gerupft, das Fleisch eingesalzen, Brot gebacken, zwei Kannen voll

Schweineschmalz gefüllt, Mehl, Zucker und Puddingpulver, Töpfe und Pfannen und ein Kocher eingepackt. Später sollte Ida des Öfteren Schnee auftauen und daraus Pudding kochen. Die Leiterwagen wurden beladen, vor allem warme Decken und Federbetten mitgenommen.

Auch die Mutter von Inge Rohloff packte in dieser Nacht. Ihr Vater, der früher die Steintaler Molkerei leitete, später die Milch der Bauern nach Lötzen fuhr, war zusammen mit Inges Bruder eingezogen worden. So mussten sich Inge, die Mutter und eine Tante aus Mönchengladbach ohne die Männer auf die Flucht begeben. Die Tante war nach der Bombardierung des Rheinlands bei den Rohloffs einquartiert worden. Ihnen wurde ein Wagen mit zwei Pferden zur Verfügung gestellt, den sie sich mit einer Nachbarsfamilie teilen mussten. Noch in der Nacht beluden ihn die Frauen mit Kleidung, Papieren und Nahrung für Menschen und Pferde. Begleitet wurden sie von den beiden Franzosen, die als Zwangsarbeiter bei den Rohloffs wohnten.

Wie eine ehemalige Bewohnerin aus Lötzen berichtete, erging bereits einen Tag zuvor, am Abend des 21. Januar, für die 9.000 Einwohner der Kreisstadt Lötzen der Evakuierungsbefehl. Der Bürgermeister hatte schon im Herbst 1944, nach den ersten Bombenanschlägen auf Lötzen, die Evakuierung der Mütter mit Kleinkindern nach Sachsen angeordnet, obwohl dies vom Gauleiter strikt verboten worden war. Täglich kamen Züge durch Lötzen, die überfüllt waren mit Flüchtlingen aus den Grenzgebieten. Viele Bürger der Stadt versuchten bereits vorher zu flüchten, doch nur die ganz Mutigen schafften es, durch die Abteilfenster einzusteigen. Flüchtende mit Gepäck oder Kindern an der Hand hatten keine Chance aufzuspringen.

Viele Bürger versuchten auch noch ihre Lebensmittelkarten im Rathaus gegen Reisemarken umzutauschen. Die Menschen wurden immer ungeduldiger. Widersprüchliche Mitteilungen ergingen, so hieß es auch, dass die zivilen Trecks wieder heimgeschickt würden, damit sich die Soldaten zum Gegenangriff sammeln könnten.

Gegen 19 Uhr kam der offizielle Aufruf an alle Einwohner, die Stadt bis Mitternacht zu Fuß in Richtung Rastenburg zu verlassen. Eisenbahnzüge gab es nicht mehr.

Das letzte Abendessen schmeckte niemandem mehr an diesem Tag. Viele alte Menschen hatten keinen Mut, plötzlich alles im Stich zu lassen und bei Kälte und Nacht ins Ungewisse zu laufen. Sie blieben in der Stadt zurück.

Der Aufbruch

Bis Mitternacht verließen die Lötzener ihre Stadt, zum Teil im Treck der Wehrmacht. Einige hatten noch das Glück, mit einem Auto mitgenommen zu werden. Die meisten waren aber zu Fuß unterwegs, ihr Hab und Gut auf Rodelschlitten verteilt und die Kinder an der Hand. Manche hatten auf dem Schlitten eine Zinkwanne befestigt und darin ihr Gepäck verstaut.

Der Weg zur Ostseeküste

1. Tag

Am 23. Januar morgens um sieben Uhr brachen die Steintaler auf, verließen mit fünfundvierzig Flüchtlingswagen ihr Dorf. Erstes Ziel war die Stadt Rastenburg. Zuvor verteilte Friedrich noch die Soldatenfrauen mit ihren Kindern auf die einzelnen Wagen. Erika, die Ehefrau seines Bruders Heinz, der auch im Feld war, fuhr mit seiner Familie mit. Die Kriegsgefangenen aus Frankreich und Polen schlossen sich dem Zug an.

Die Trinkers waren mit einundzwanzig Personen auf der Flucht. Friedrich und seine Frau Ida mit sechs ihrer sieben Kinder, Waltraut gerade sechzehn Jahre alt, Bruno vierzehneinhalb, Ernst dreizehn, Wilfried elf, Christa acht und Ingrid, die jüngste, fünf Jahre alt. Paul, der älteste Sohn, war ja selbst Soldat und die Familie hatte schon lange nichts mehr von ihm gehört. Friedrichs Mutter Elise sowie Erika waren ebenfalls dabei. Ihre Habe wurde auf die zwei Gespanne von Ida und Friedrich verteilt. Das dritte Gespann belud die Familie von Hans und Marie, von denen sechs Kinder mit auf der Flucht waren: Ruth siebzehneinhalb, Hans fünfzehneinhalb, Else dreizehn, Alfred fünf und Arno erst zweieinhalb Jahre alt. Auch Maries Mutter fuhr auf dem Wagen mit. Hans selbst, der Ehemann von Marie, und sein ältester Sohn Fritz, waren Soldaten und nicht mit dabei. Karol und Franek, die beiden polnischen Zwangsarbeiter, begleiteten die Trinkers und beluden gemeinsam mit der Familie die drei Gespanne.

Morgens um sieben Uhr mussten die Trinkers an der Hauptstraße eintreffen. Sie lebten im Ausbau außerhalb des Dorfes und trafen hier auf die anderen Steintaler. Vorher wurde noch das Vieh versorgt, die Stalltüren aufgemacht, auch die Fohlen freigelassen, damit sie sich selbst das Futter im Stall beschaffen konnten. Was würde aus den Tieren werden?

Der Abschied fiel allen schwer, es gab viele Tränen und lautes Wehklagen. Keiner wusste, wohin der Weg sie führte und ob sie ihre Heimat je wiedersehen würden. Die Reise in eine ungewisse Zukunft im tiefen, kalten Winter bei zwanzig Grad Frost, mitten in den Wirren des Krieges, der Gefechtslärm hinter ihnen löste Ängste und Trauer um das Verlorene aus.

Friedrich führte den Treck an. Er tat dies sehr umsichtig, ausgestattet mit einer alten deutschen Autokarte, die er wohl gut lesen konnte. Waren die Straßen verstopft, fand er immer Nebenwege, auf denen die Steintaler besser vorankamen.

Kurz nach der Abfahrt brach eine Deichsel an einem der Trinker'schen Gespanne, die Karol schnell reparierte, um den Anschluss nicht zu verpassen.

Den Steintalern kam eine Gruppe deutscher Pioniere entgegen, die sechs Wochen auf dem Trinkerschen Hof einquartiert waren. Sie hatten sich im Heeresverpflegungslager, das zuvor geöffnet worden war, mit Lebensmitteln versorgt. Sie mochten vor allem die Kinder der Familie Trinker und warfen Schokolade hoch in die Leiterwagen.

Der Treck war der russischen Front immer um ungefähr vierundzwanzig Stunden voraus, der Gefechtsdonner war ständig zu hören. Die Angst saß allen buchstäblich im Nacken. Friedrich drängte immer wieder zur Eile, es durfte kaum gerastet werden.

Übernachtet wurde häufig in kalten Scheunen oder in Kuhställen, Kirchen, Schulen, einmal auch in einem Zirkuszelt. Fand sich keine feste Unterkunft, war es anfangs auch zu gefährlich, auf den Wagen zu nächtigen. So schliefen alle, in Decken gehüllt, auf Schnee und Eis oder in einem Garten.

Noch waren die Straßen ziemlich leer. Am Abend des ersten Tages erreichte der Treck aus Steintal Rastenburg und übernachtete im Landesgestüt. Siebenundzwanzig Kilometer hatten die Steintaler zu Fuß und auf den Leiterwagen zurückgelegt.

Hier wurden wie im Hauptgestüt in Trakehnen die nach ihm benannten ostpreußischen Pferde gezüchtet. Im Jahr 1938 standen dort 113 Warmblut- und vier Vollbluthengste, die in jenem Jahr 7.078 Stuten deckten (von 43.856 in ganz Ostpreußen). Nur wenige Tiere konnten bei der Eroberung Ostpreußens durch die Rote Armee in den Westen des Reichs gerettet werden. Fast hundert Hengste, die zunächst in den Gestüten bei Dresden und Halle untergekommen waren, traten bald nach der sowjetischen Besetzung den Weg nach Russland an.

In Rastenburg trafen sie auf einen Treck aus Angerburg. Der Treckführer meinte zu Friedrich, sie würden wieder nach Hause fahren und ihre Höfe weiter bestellen, die Russen würden ihnen schon nichts tun. Friedrich warnte ihn noch, aber der Treck kehrte tatsächlich um. Die Steintaler aber setzten ihren Weg fort.

2. Tag

Mitten am Tag brach eines der Pferde des Rohloff'schen Wagens tot zusammen, ein großes Unglück für die beiden Familien. Anders als der Trinkerfamilie stand ihnen kein Ersatzpferd zur Verfügung. Ein Pferd allein konnte den schweren Wagen aber nicht ziehen. Wie sollte es weitergehen?

Zum Glück kam ihnen ein Trupp Soldaten entgegen, die selbst Pferde dabei hatten und ihnen eines abgaben, das sie vor ihren Wagen spannen konnten.

Am Abend landete der Treck in Kämlack, einem kleinen Dorf, knapp 17 km von Rastenburg entfernt. Etwa zwanzig Kilometer nördlich von Kiemlawki Male, wie es heute genannt wird, verläuft in unserer Zeit Polens Staatsgrenze zur russischen Oblast Kaliningrad. 1910 hatte Kämlack 89 Bewohner; 1970 lebten nur noch sechsunddreißig Menschen in Kiemławki Małe.

Die Steintaler bezogen Quartier auf einem Bauernhof. In diesem kleinen Dorf trafen zur selben Zeit die Trecks aus Großwarnau und Faulhöden ein, die alle aus dem Kreis Lötzen stammten. Gemeinsam zogen sie mit den Steintalern weiter. Jetzt waren fast 100 Gespanne miteinander unterwegs.

3. Tag

Am 25. Januar wurden die Steintaler und Faulhödener im Gut Lennenburg, die Großwarnauer im Schloss Gallingen untergebracht.

Das Schloss war eines der ältesten Landsitze in Ostpreußen und gehörte bis 1945 den Grafen zu Eulenberg. Ihr Vorfahr Wendt von Eylenburg († 1488) stammte aus einer im 15. Jahrhundert eingewanderten sächsischen Familie und erhielt 1468 die Besitztümer Gallingen, Thüngen und Skandau als Lehen.

Das Schloss kam recht wohlbehalten über den Krieg. Allerdings wurde im Inneren stark geplündert, viele Einrichtungsgegenstände im Hof verbrannt. In der Folge verfiel das Gebäude immer mehr. 1995 wurde die Gutsanlage mit Abstimmung des Denkmalschutzes aufwändig restauriert. Auch die frühere Eigentümerfamilie zu Eulenburg steuerte mit Rat, Abbildungen und Fotos bei, deren Nachfahren mindestes einmal im Jahr das Gut besuchen. Derzeit befinden sich dort eine Pension mit Gaststätte, ein Gestüt und ein Reitclub, eine Reitschule und die Felder werden landwirtschaftlich genutzt.

4. Tag

Das nächste Ziel des Trecks war die Kaserne in Bartenstein. Auf dem Weg dorthin wurden einige Mitreisende bei Bombenangriffen tödlich getroffen. Wilfried, bei der Flucht elf Jahre alt, sah zwei tote Frauen am Wegesrand liegen, um die sich niemand kümmerte.

Die Faulhödener und Großwarnauer Trecks setzten sich daraufhin wieder ab, ebenso einige Steintaler Gespanne. Sie fanden Unterschlupf bei Verwandten oder blieben allein in Ostpreußen.

Viele von ihnen wurden später ermordet oder nach Sibirien verschleppt, so auch die zwei Töchter des Nachbarn der Trinkers, 15 und 17 Jahre alt. Sie starben beim Kühetreiben nach Russland.

Ein Teil des Trecks, der sich abgesondert hatte, wurde am 6. Februar von den russischen Soldaten eingeholt, alle Männer zusammengetrieben und abtransportiert. Die Frauen und Kinder wurden zurückgeschickt und erreichten nach einem leidvollen Fußmarsch Steintal. Dort bot sich ihnen ein Bild des Grauens. Die Zurückgebliebenen und viele der Zurückgekommenen waren von den russischen Soldaten ermordet und in einem Massengrab bei Faulhöden verscharrt worden.

Der Steintaler Treck setzte seinen Weg allein fort. Begleitet wurden sie weiterhin von dem Lehrer Roeder aus Großwarnau, der Friedrichs

Führung vertraute. Beide hörten so oft wie möglich im Volksempfänger die Nachrichten über die Lage in Ostpreußen, versuchten zu erfahren, wie weit sie von der Front entfernt waren und wie es um die Fluchtwege bestellt war. Gemeinsam legten sie die Route des Trecks fest.

Der Weg führte sie über Worienen und Landsberg nach Seefeld. Nun konnten sie oft nur noch kurze Strecken pro Tag zurücklegen; die Straßen wurden voller und gefährlicher. Sie hatten auch weiterhin Opfer zu beklagen. Der Frost nahm zu, ein älterer Mann erfror, am Tag darauf starb eine Steintalerin, immer wieder verirrten sich einzelne, so auch Friedrich, der zum Glück wieder gefunden wurde.

7. bis 15. Tag

Nach einer Woche landete der Treck in Layß, einem kleinen Dorf bei Mehlsack. Auf dem Weg wurden sie von Fliegerangriffen verfolgt. Wieder wurde ein Steintaler getroffen, ein weiterer Mitfahrer setzte sich mit sieben Wagen ab. Der Treck übernachtete in einer Schule, einem Massenquartier, das gleichzeitig als Verbandsplatz diente. Zwei Tage rasteten die Steintaler, mussten aber eine Mitreisende zurücklassen, die an Lungenentzündung erkrankt war.

Weiter ging es über Lüdjenfürst, Hohenwalde und Grunau bis nach Leysuhnen im Kreis Heiligenbeil an der Ostsee. An einem der Orte übernachteten sie auf einem Gut, das voller Flüchtlinge war. Friedrich besorgte Hafer für die Pferde, sollte am nächsten Tag bezahlen. Als alle in der Scheune schliefen, studierte er die Karte mit Taschenlampe und hörte, dass im Haus das Radio lief. Er hörte die Nachrichten mit und erfuhr, dass die Russen kurz vor dem Ort standen. So weckte er alle Steintaler leise in der Nacht und sie zogen heimlich los. Als die russischen Soldaten am nächsten Morgen um zehn Uhr das Dorf erreichten, war der Steintaler Treck schon einige Stunden unterwegs.

Am 7. Februar, zwei Wochen nach dem Aufbruch aus Steintal, erreichten sie das Haff. Gut 200 Kilometer hatten die Steintaler jetzt zurückgelegt und mussten das erste Mal in einem Biwak am Strand übernachten. Hier erwartete sie der gefährlichste Abschnitt ihrer Flucht.

16. bis 21. Tag – Das Frische Haff

Das Frische Haff ist eine Bucht, die von der Ostsee durch die Frische Nehrung abgetrennt wird, neunzig Kilometer lang und sechs bis dreizehn Kilometer breit. Begrenzt wird das Haff durch Kaliningrad (ehemals Königsberg) im Osten und Elbing im Westen.

Zwischen dem 22. und 29. Januar erreichte die russische Armee bei Elbing das Frische Haff westlich von Königsberg. Die Besetzung der Region um Elbing machte die Fortsetzung des Fluchtwegs über Land unmöglich, es blieb nur der Weg über das zugefrorene Haff, ein gefährlicher Weg.

Die zur Flucht aufgebrochene Zivilbevölkerung strömte aus dem Inneren der Provinz in den Küstenkreis. Von Ende Januar bis in die letzten Februartage vollzog sich von der Haffküste bei Heiligenbeil und Braunsberg der Abmarsch von Hunderttausenden Flüchtlingen über das Eis des Frischen Haffs zur Frischen Nehrung. Tag und Nacht zogen auf abgesteckten Treckwegen Tausende von Menschen und hochbeladenen Pferdewagen durch diese letzte, gefahrvolle Öffnung des russischen Einschließungsrings um Ostpreußen.

Einbrüche ins Eis, russische Luftangriffe auf den endlosen Flüchtlingszug und Bombenabwürfe auf die Eisdecke sowie Erfrierungen, Hunger, Durst und das Übermaß der Anstrengungen kosteten während dieser Flucht über das Eis und die Nehrung viele Menschen das Leben. Bei eisiger Kälte fegten Schneegestöber über das Haff. In Pelze gehüllt und tief vermummt betraten ortskundige Männer aus dem Küstengebiet das Haff, ausgerüstet mit Kompass und Eispickel und steckten die Treckwege ab. Ihnen folgten Schlitten mit Tannenbäumen zur Markierung der Eisstraße.

Ein großes Hindernis war die durch die Mitte des Haffs führende Fahrrinne von dreißig Metern Breite von Elbing nach Pillau. Die Rinne musste für den Abtransport von Munition und wertvollem Marinegerät per Schiff aus Elbing offen gehalten werden. Bäuerliche Fahrzeuge beförderten aus den nahen Schneidemühlen und Wäldern Langbäume zur Fahrrinne, die zu je drei Stück mit Klammern zusammengehalten und in einer Breite von vier Metern über das dreißig Meter weite, offene Wasser geschoben wurden und als Fahrbahn einen Bohlenbelag erhielten. Solche Eisbrücken wurden für die Treckwege von Alt-Passarge, Leysuhnen, Deutsch Bahnau und Rosenberg nach der gegenüberliegenden Nehrung gelegt. Anfangs gestaltete sich der Brückenbau recht schwierig, weil die Brücken wegen des laufenden Munitionstransportes immer wieder aufgenommen werden mussten.

Nach dem 28. Januar 1945, zu dem Zeitpunkt, als die Steintaler das frische Haff erreichten, wurde der Schiffsverkehr eingestellt, und die Brücken konnten jetzt liegenbleiben. Sie froren fest und waren nunmehr für alle Lasten der Trecks tragbar.

Das Trecken begann nun auf allen abgesteckten Straßen, Tag und Nacht, bei jedem Wetter. Der Verkehr wurde durch die Gendarmerie geregelt. In Abständen von etwa zwanzig Metern zogen die Fahrzeuge auf das Eis.

An allen Abfahrtsammelstellen hatten sich auch Tausende von Fußgängern mit Handwagen und Rodelschlitten eingefunden, die jetzt die Fahrzeuge bestiegen. Um hierfür Platz auf den Wagen zu schaffen, musste viel Hausrat zurückgelassen werden. Streckenweise sah man aneinandergereihte, zurückgelassene Truhen, Kisten, Nähmaschinen, Wannen, Körbe, Betten, Fahrräder und vieles mehr. Wehmütigen Auges schauten die abziehenden Eigentümer auf das zurückgelassene Gut, erkennend, dass die Rettung von Menschenleben an erster Stelle zu stehen hat.

Pioniere befestigten die brüchigen Anfangsstrecken an den Haffufern und errichteten aus Barackenteilen Schutzhütten in der Mitte der etwa fünfzehn bis achtzehn Kilometer langen Eisstraße. In diesen Schutzhütten wurde am Tage ein offenes Feuer auf Bohlenunterlagen unterhalten, an dem man die erstarrten Glieder wärmen konnte, sofern das Trecken langsam vonstatten ging.

Stark gefährdet war die Fahrt bei klarem Wetter. Wehrlos waren die Trecks auf der schutzlosen Eisfläche den Fliegerangriffen ausgesetzt. Mit Bordwaffen wurden die Fahrzeuge unter Feuer genommen. Bomben zerschlugen die Eisdecke. Überall sah man zusammengeschossene Fahrzeuge, tote Pferde und Leichen von Erschossenen. An Gruppen, die sich um Verwundete bemühten und die Toten auf der Eisfläche mit einer Decke betteten, zog der endlose Treck schweigsam vorbei. Das Elend war zu groß, um ein lautes Klagen aufkommen zu lassen. Das Schicksal der auf so tragische Weise Umgekommenen konnte sich an den Vorbeiziehenden schon in der nächsten Stunde wiederholen. Einen nennenswerten Schutz gegen Fliegerangriffe gab es nicht.

Der Lehrer Roeder wollte Friedrich Trinker überreden, nicht über das Haff zu gehen, es sei mit den vielen Gespannen zu gefährlich. Doch Friedrich führte seine Gruppe über das Eis.

Kurz vor der Abfahrt fanden sich vier Steintaler Männer vom Volkssturm ein. Sie hatten die Truppe heimlich verlassen, um ihre Frauen zu begleiten, die mit dem Treck fuhren. Friedrich sprach mit ihnen, dass sie Gefahr liefen, als Deserteure erschossen zu werden und auch ihn als Treckführer und den ganzen Treck gefährdeten, wenn sie ihnen Unterschlupf gewährten. Zwei der Soldaten kehrten daraufhin um, die anderen beiden versteckten sich unter den Decken auf den Leiterwagen.

Schaurig war die Fahrt über das Eis bei Nacht, wenn der Himmel am südlichen Horizont violett und rot von Kämpfen an der brennenden Front gefärbt war. In tiefem Schweigen ging der Zug durch die matt schimmernde Eislandschaft, die dann und wann gespensterhaft von in weiter Ferne abgelassenen Leuchtschirmen der Nachtflieger erhellt wurde. Oft standen die kilometerlangen Trecks bei bitterer Kälte und

Schneegestöber stundenlang auf einer Stelle, weil auf der einzigen Nehrungstraße wichtige Truppen- und Munitionstransporte vorbeigelassen werden mussten. Hier, nahe der Nehrung, in Reihen zu vieren, waren die Fahrzeuge besonderes Ziel der Fliegerangriffe.

Alle hatten Angst. Große Risse hatten sich auf dem Eis gebildet, das von russischen Kampffliegern zusätzlich zerschossen wurde. Doch Friedrich hatte darauf geachtet, dass die Gespanne nicht zu schwer beladen waren, viel Gepäck musste zurückgelassen werden.

Die Leiterwagen fuhren in großem Abstand voneinander, an gefährlichen Stellen allein mit den Fahrern besetzt. Alle anderen Flüchtlinge, selbst Elise, die sonst immer auf dem Wagen saß, mussten mit ihrem Handgepäck neben den Gespannen laufen. Die Kinder der Trinkerfamilien wurden angehalten, sich nahe an den Leiterwagen zu bewegen, um nicht verloren zu gehen. Sollte dies doch einmal passieren, musste sich jedes Kind die Anschrift der beiden Tanten in Berlin, Anna und Käthe fest einprägen, damit sie über diese ihre Familie wiederfinden könnten. Wilfried kennt noch heute die damalige Adresse von Anna in Berlin, so sehr hatte sie sich verinnerlicht. Doch die Kinder blieben nahe bei den Wagen, sie wollten auf keinen Fall die Eltern verlieren.

Dafür war das polnische Kindermädchen der Trinkers plötzlich nicht mehr da, wollte nicht mehr weiter mit oder verpasste den Anschluss. Sie wurde später von russischen Soldaten vergewaltigt und starb an den Folgen.

Zusätzlich war die Angst vor dem Einbrechen sehr groß. Sie nahm noch zu, als mit dem Hellwerden die vielen eingebrochenen Leiterwagen im Haff sichtbar wurden; die toten Pferdeköpfe schauten noch aus dem Eis.

Viele Fahrzeuge waren zu schwer beladen und im brüchigen Eis eingebrochen. Einige Fahrer hofften, schneller vorwärts zu kommen, indem sie außerhalb der abgesteckten Treckstraßen ihren Weg über das Eis suchten. Ortsunkundig fuhren sie über nur dünn zugefrorene Bombeneinschlagstellen und versanken in der Tiefe oder brachen an flachen, warmen Stellen ein. Im günstigsten Falle musste der Wagen abgeladen werden, um ihn wieder flott zu bekommen. Viel zurückgelassenes Gut blieb auf dem Eis liegen.

Friedrich versuchte, seinen Treck über die Nehrung weiterzuführen. Der Weg hinauf war sehr steil, die Pferde schafften es nur im Galopp. Doch die Nehrung war in diesem Abschnitt noch nicht befahrbar, die Gespanne sackten im tiefen Sand ein. Sie konnten nur auf das Eis zurückkehren.

So musste das Haff ein zweites Mal durchquert werden, doch war es inzwischen so zersprungen, dass Nachtfahrten nicht mehr möglich waren. Die Gruppe schlug ein Nachtlager auf dem Eis auf, doch niemand konnte wirklich schlafen. Am nächsten Tag ging es weiter. Es waren sehr viele Trecks unterwegs, die Fahrt wurde nicht weniger gefährlich.

Wieder einmal stockte der Zug, es ging nicht weiter. Vier Wagen steckten fest, die zu schwer beladen waren. Ein Offizier mit einer Gruppe Soldaten forderte die Wagenführer auf, abzusteigen und vieles abzuladen. Als sie sich weigerten, fragte der Offizier, ob sie mit in die Tiefe wollten. Daraufhin luden sie ab und alle konnten weiterfahren.

Die nächste Nacht musste erneut auf dem Eis verbracht werden. Der Kreisleiter, der mit dem Treck fuhr, forderte Friedrich auf, die Steintaler sollten alles stehen und liegen lassen. Sie könnten alle auf einem großen Schiff mitfahren. Aber Friedrich traute dem nicht und setzte den Weg mit dem Treck fort.

Jetzt erging der Befehl, dass sich alle wehrpflichtigen Männer der Trecks melden sollten. So verabschiedete sich Friedrich von seiner Frau und den Kindern und bat die Polen, seine Wagen und die Familie weiterzuführen. Bei der Meldestelle wurde er aber abgewiesen: »Opa, wir können Sie hier nicht mehr gebrauchen.« Schnell kehrte Friedrich zu seinem Treck zurück und ließ seinen weißen Bart weiter wachsen.

Endlich konnten sie das Eis verlassen. Der Weg führte die Flüchtlinge auf der Nehrungsstraße in westlicher Richtung nach Kahlberg.

Doch auf der Nehrung ging es nur langsam voran. Große Menschenmassen und Fahrzeuge stauten sich im Nehrungswald, insbesondere in Kahlberg.

Bei eisiger Kälte musste im Freien kampiert werden. Es gab kaum Nachtquartiere und kein Trinkwasser. Groß war die Zahl der Wegmüden, die infolgedessen erfroren. Auch die Steintaler verbrachten zwei eiskalte Nächte im Biwak im Nehrungswald.

Manchmal wurden sie mit einer warmen Suppe aus großen Bottichen versorgt. So war es wichtig, einen Teller und einen Löffel zu besitzen. Auf der Nehrung stand die Gulaschkanone neben einem Berg voller Leichen; das Essen schmeckte niemandem wirklich.

22. bis 28. Tag – Westpreußen und Danzig

Am 12. Februar erreichte der Treck Steegen. Drei Wochen waren die Steintaler bereits unterwegs. Fünf lange Tage und Nächte hatten sie auf dem Haff und der Nehrung verbracht, in großer Angst und mit wenig Schlaf. Schreckliches mussten sie mit anschauen, sie waren erschöpft und durchgefroren. Doch waren sie dank Friedrichs besonnener Treckführung unbeschadet über das Haff gekommen. Allein Maria Trinker, die Frau von Hans, ging verloren, wurde aber zum Glück später wiedergefunden.

In Steegen konnten die Steintaler endlich wieder einmal ein Quartier in einem Gasthaus beziehen, ein Dach über dem Kopf! Hier ließ Hans Trinker seinen Wagen stehen und musste sein übrig gebliebenes Hab und Gut auf die zwei Gespanne seines Bruders Friedrich verteilen.

Weiter ging es auf schlechten, verstopften Wegen. Auch hier fand Friedrich häufiger einen ruhigeren Nebenweg, führte seinen Treck direkt am Ostseestrand entlang. Sie waren noch allein, später folgten viele ihrer Spur. Übernachtet wurde im Freien oder in Schulen, Kohlenkellern, Massenquartieren in Ställen oder Scheunen.

Die Straßen wurden immer voller, viele Trecks und Soldaten waren unterwegs. Plötzlich stockte alles, es ging nicht weiter. Die älteren Steintaler Kinder liefen nach vorn und sahen, dass sie einen Fluss erreicht hatten, die Brücke aber gesprengt war. Das Übersetzen war nur mit einer Fähre möglich. Das Militär hatte wie so oft Vorrang, dann folgten Frauen und Kinder, zum Schluss die Männer. Polen wurde untersagt, sich dem Ufer auch nur zu nähern. Es bildete sich ein Stau, denn es konnten nur immer sieben oder acht Pferdewagen mit der Fähre übersetzen. Viele der Kinder fuhren viele Male mit der Fähre mit, nahmen die Bedrohung nicht wahr. Die russischen Soldaten kamen immer näher, waren nur noch eine halbe Stunde entfernt. Plötzlich wurde die Fähre für alle freigegeben und auch die beiden polnischen Begleiter der Trinkers durften sie benutzen. Kaum hatten alle das andere Ufer erreicht, rückte die russische Armee in den Ort ein.

Der Weg führte weiter durch Westpreußen, die Weichsel wurde überquert und fünf Tage später, am 17. Februar, Danzig erreicht. Wenig wird über die Stadt berichtet; der Treck zog gleich weiter. Zwei Tage später, am 19. Februar in Neustadt, erwähnte der Lehrer den Geburtstag von Ida Trinker, die siebenundvierzig Jahre alt wurde. Kein Wunder, denn sie buk zwei Kuchen. Viele rochen es und feierten mit. So erhielt Ida viele Glückwünsche der Steintaler.

Dann fing es an zu regnen, die Flüchtlinge waren oft nass bis auf die Knochen.

29. bis 41. Tag – Der Weg durch Pommern

Am 20. Februar erreichte der Treck Gotendorf im Landkreis Lauenburg, dem östlichsten Punkt von Pommern, zehn Kilometer von der Ostseküste entfernt. Der Steintaler Bürgermeister schlief das erste Mal wieder in einem Bett . Von nun an konnte der Treck wieder größere Wegstrecken zurücklegen. Im dreißig Kilometer entfernten Poblotz

(Pobłocie) im Landkreis Stolp (Słubsk) wurden die Steintaler wieder in einem Massenquartier untergebracht.

Das nächste Ziel war das Dorf Ziethens (dreiundzwanzig Kilometer entfernt, heute Siecie). Hier erhielten der Lehrer und vielleicht auch ein Teil des Trecks ein Quartier beim Gemeindeboten, in Klein Machim, Gussekow und Damshagen (Darłowo) in der Schule. Bis hierher hatten die Steintaler bereits 130 Kilometer in Pommern zurückgelegt. Nach langer Zeit konnten sich hier alle gründlich waschen. In Schübben (Skibno) mussten alle in einem Kuhstall übernachten, in Güddenhagen über Kösslin in einer Gutsscheune.

Am 1. März erreichte der Treck Drenow über Kösslin und wurde in einem Massenquartier in einem Stall und einer Scheune untergebracht. Am nächsten Tag verirrten sich die Steintaler in einem Schneesturm und mussten sechsundfünfzig Kilometer an einem Tag zurücklegen.

In Pommern verlor Inge Rohloff den Treck. Sie war mit einer anderen Frau und deren beiden Kindern in einem Haus kurz auf die Toilette gegangen, anschließend erhielten sie alle noch etwas zu trinken. Als sie wieder herauskamen, waren die Steintaler Wagen umgeleitet worden; Inge und die junge Mutter fanden ihre Gruppe nicht wieder. Ohne Geld, Proviant und Ersatzkleidung setzten sie ihren Weg zu Fuß fort. Endlich erreichten sie einen Zug, doch dieser wurde bombardiert und sie mussten ihn wieder verlassen. Eine Wegstrecke legten sie mit den Soldaten zurück, so waren sie wenigstens nicht allein.

Essen wurde auch für die Steintaler im Treck immer knapper, viele der Flüchtlinge und auch die Pferde hungerten, einige verhungerten, starben an Entkräftung oder erfroren bei den tiefen Temperaturen in der Nacht.

Die Überlebenden litten auch unter Läusen; die Übernachtungen in den Massenlagern in den Scheunen, die mangelnde Hygiene, forderten ihren Preis. Wiederholt gab es Entlausungsaktionen, die wenig halfen.

Auch für die Trinkerfamilie wurde es schwieriger, Nahrung zu beschaffen. In den Fahrtpausen kochte Ida das Wenige, das ihr Mann oder die beiden polnischen Helfer beschafft hatten. Karol berichtete, dass Ida ihren Mann zum Essen rief, er aber stets seinen Kindern den Vorrang ließ, erst aß, wenn diese gegessen hatten.

Unterwegs stritten sich die zwei Frauen mit ihren Männern, die aus dem Volkssturm desertiert waren. Darauf zeigte eine der beiden ihren Mann heimlich an. Als Friedrich in der Stadt Hafer für die Pferde kaufen wollte, wurde er von einem Polizisten abgeholt, der ihm mitteilte, dass der Deserteur bereits abgeholt worden war. Seine Personalien wurden aufgenommen und er sollte eingesperrt werden. Friedrich legte ein gutes Wort für ihn ein, er wäre ein guter Bauer, habe nur Ärger mit seiner Frau bekommen. Am nächsten Morgen musste Friedrich noch einmal beim Kreisleiter erscheinen. Dieser ließ sich alles noch einmal genau schildern, meinte, es wäre eben auch nicht einfach, mit den Frauen umzugehen und daraufhin durfte er den Steintaler wieder mitnehmen.

Nur die Alten und die kleinen Kinder konnten auf den Wagen mitfahren; die meisten mussten laufen. Auf den langen Märschen über Schnee und Eis, später auf den von Regen aufgeweichten Wegen löste sich das Schuhwerk immer mehr auf. Die Füße wurden nass und kalt, Frostbeulen bildeten sich und verursachten Schmerzen.

In Kamin flogen deutsche Stukas direkt über den Treck hinweg und bombardierten die russischen Soldaten, die dem Treck in kurzem Abstand folgten. Alle fürchteten, selbst getroffen zu werden.

Auf ihrem weiteren Weg passierten die Steintaler pommersche Dörfer, die noch ganz unberührt vom Krieg schienen. Später würden auch sie unter dem Einmarsch der russischen Soldaten leiden.

Kurz vor Wollin wollte Friedrich noch am Abend über die Oderbrücke und den Weg weiter fortsetzen. Doch seine Frau schimpfte mit ihm, dass er ihnen keine Ruhe gönnen würde.

So gab Friedrich nach und sorgte für eine gute Unterkunft. Am nächsten Tag ging es nicht weiter, der Treck stand vor dem Fluss Dziwna, einem Mündungsarm der Oder. Deutsche Soldaten wollten die Brücke sprengen, legten bereits die Schnüre. Friedrich schickte die Frauen mit den Kindern über die Brücke und wies sie an, kurz hinter dem Ort im Wald auf sie zu warten. Wenn sie am nächsten Tag nicht kämen, sollten sie sich alleine durchschlagen, dann wären sie von den russischen Soldaten erwischt worden. So standen die Steintaler Männer mit den Fuhrwerken, den Franzosen und Polen vor der Brücke. Friedrich sprach den Leutnant an: »Sie haben gesehen, unsere Frauen und Kinder sind über die Brücke, die werden umkommen. Wollen Sie das verantworten?«

Er hielt den Major an und schilderte ihm die Lage. Dieser fragte nur kurz: »Wieviele Wagen?«

»Sechsundzwanzig«, antwortete Friedrich.

Alle Steintaler durften die Brücke überqueren. Friedrich meinte später, hätte er seiner Frau nicht gehorcht, wären sie am Tag zuvor noch ohne Probleme über die Brücke gekommen.

Am 5. März übernachtete der Treck im Wald westlich von Wollin, da eine große Gefahr von den russischen Soldaten ausging, Kinder und Frauen wurden vorausgeschickt.

An den darauffolgenden Tagen blieb die Verpflegung für Mensch und Tier aus, bis endlich wieder Brot verteilt wurde. Heringsdorf und Swinemünde erreichten sie am 9./10. März, die Gruppe wurde in einem Waldlager untergebracht und wieder einmal entlaust.

Ingrid Rohlow und die junge Steintaler Mutter mit ihren Kindern hatten inzwischen auch Swinemünde erreicht. Soldaten rieten ihnen, sich auf die Oderbrücke zu stellen und zu warten. Hier müssten alle Flüchtlingswagen durchkommen.

Wie groß war die Freude, als sie endlich die ersten der Steintaler Leiterwagen sichteten! Aufgeregt suchten beide nach ihren Angehörigen. Die junge Mutter fand schließlich den Wagen ihrer Familie. Nur Ingrid suchte vergebens nach ihrer Mutter und Tante. Stattdessen erfuhr sie, dass auch ihre Mutter den Treck verloren hatte. Sie war sehr enttäuscht, hatte sich schon so sehr auf das Wiedersehen gefreut. Doch wurde sie von Ida und Friedrich aufgenommen, reiste von nun an mit den Trinkers. Die Familie war ihr vertraut; oft hatte sie ihre Freundin Waltraut besucht und auch mit den anderen Kindern gespielt oder auf dem Feld und im Garten mitgeholfen.

42. bis 55. Tag – Mecklenburg-Vorpommern

Bereits in Lötzen war von der Parteileitung als Ziel des Trecks Mecklenburg vorgesehen worden, doch hier fand sich kein Platz mehr für die Steintaler; sie mussten weiterziehen.

So passierten sie Gützkow und Altentreptow und übernachteten im ersten Ort in einem verräucherten Gasthaussaal, im zweiten in einem Hotelsaal. In Stavenhagen mussten sie im Freien schlafen. Grabow blieb allen in guter Erinnerung, denn hier wurden Brot, Wurst und Butter gekauft und an alle verteilt. In Güstrow blieb die Gruppe zwei Tage, besuchte sogar gemeinsam eine Kinovorstellung. In einem Gut vor Schwerin mussten alle ohne Verpflegung übernachten.

Schleswig-Holstein, siebzig Kilometer

Langsam näherte sich der Treck seinem Ziel. In Holstein wurde den Steintalern das erste Mal Grünkohl angeboten, ein Gemüse, das sie aus ihrer Heimat nicht kannten. Frantek, der Pole, meinte zu Friedrich: »Lass uns zurückfahren, das ist ja ein Fressen für die Kühe.«

Am 22. März erreichten die Steintaler Ratzeburg und schliefen in einem Massenquartier, einem Hotelsaal, in Bad Schwartau in einer Schule. In Neudorf bei Eutin lehnten sie das Essen ab, da es verdorben war. In Plön erfuhren sie, dass ihr Ziel Stakendorf sein sollte. Dort gebe es eine Probstei und Salzwiesen, das Land wäre gut für sie geeignet.

Doch die Pferde waren erschöpft. Als Friedrich hörte, dass das Ziel Stakendorf noch dreißig Kilometer entfernt lag, protestierte er, dass ihre Pferde die Strecke nicht mehr schaffen würden. Letztlich gab er aber nach und sie fuhren weiter nach Preetz, dem letzten Übernachtungsort auf ihrer Reise. Hier wurden die Pferde in einem Kloster, die Menschen in einem Militär-Barackenlager untergebracht.

Ankunft in Stakendorf

Am 26. März, nach neun qualvollen Wochen, erreichte der Treck endlich Stakendorf bei Schönberg. 1.100 Kilometer hatten die Steintaler zu Fuß zurückgelegt. Mit fünfundvierzig Gespannen waren sie gestartet, mit vierundzwanzig Wagen landeten sie in Schleswig-Holstein. Empfangen wurden sie von Bürgermeister Göttsch und Ortsbauernführer Schneekloth, der sie auf ihre Quartiere verteilte. Endlich war die Flucht beendet, die Trinkers mit den anderen Steintalern in Sicherheit.

Keine Angst mehr vor den Fliegerangriffen, kein Abspringen vom Wagen, Flüchten und Verstecken im Straßengraben oder im Wald. Kein Eis, das brechen und sie hinunterziehen konnte, wie so viele andere Flüchtlinge. Noch war Winter, aber niemand musste mehr erfrieren oder verhungern. Endlich konnten auch alle baden, die Kleidung wechseln, die Läuse verschwanden und ihre Bisse verheilten.

In den neun schweren Wochen waren fünfzehn Steintaler gestorben; doch die Trinkers erreichten wie vor gut 200 Jahren wieder vollzählig ihr Ziel. Waltraut berichtete, sie hätten nicht mal einen Schnupfen bekommen, wären wohl sehr gesund gewesen.

Aber wie viele Flüchtlinge mochte sie nicht an die schwere Zeit erinnert werden. Das Erlebte, der Hunger, die ständige Angst, der Tod so vieler Menschen hatte bei vielen Menschen seelische Wunden hinterlassen, die nur schwer verheilen konnten.

Ein anderer Fluchtweg

Rotraut, die Ehefrau von Bruno, floh zusammen mit den beiden Töchtern Gisela und Heidi, ihrer Schwester und deren Tochter über Danzig nach Crossen bei Frankfurt an der Oder.

Gisela kann sich nur wenig an die Zeit in Ostpreußen erinnern, sie war zur Zeit der Flucht erst fünf Jahre alt. So denkt sie an eine Szene mit ihrer Mutter, die damals als Hilfslehrerin eingesetzt, gemeinsam mit ihren vierzehnjährigen Schülern weinend, die eingezogen wurden als Kanonenfutter. Sie habe das damals alles noch nicht verstanden, aber an der Erschütterung gespürt, dass etwas ganz Schreckliches vorgehen würde. Die Reise im Viehwagon, viele Menschen zusammengepfercht, ein Nachttopf für alle, dieses Bild habe sie noch vor Augen.

In Crossen blieben Rotraut und die Töchter nur eine kurze Zeit, dann führte sie der Weg weiter nach Halberstadt. Hier stieß der aus der amerikanischen Gefangenschaft entlassene Bruno wieder zu seiner Familie.

Ostpreußen hatte im und nach dem Zweiten Weltkrieg die höchsten Opferzahlen einer Provinz innerhalb der Reichsgrenzen zu verzeichnen: neben 200.000 gefallenen Wehrmachtsangehörigen starben 311.000 Einwohner auf der Flucht, durch Selbstmord, Mord, Internierung, Hunger und Kälte. Das waren über zwanzig Prozent der rund 2.490.000 Einwohner. Dabei hatte die Deutsche Marine mit der Rettung der Flüchtlinge und der Verwundeten über See unglaubliche Leistungen vollbracht und noch Schlimmeres verhindert: von Pillau entkamen 500.000, von Danzig-Gotenhafen 900.000 und von Hela 390.000 Menschen auf Schiffen jeglicher Art in den Westen. Zurück blieben 600.000, die nicht flüchteten und 200.000, die von der sowjetischen Armee überrollt und zurückgeschickt wurden. Die ausharrenden Überlebenden wurden 1947/48 endgültig aus Ostpreußen vertrieben.

Die Wege der Trinkers – Resumee

Dies ist nun die Geschichte der Familie, die als Drinkher das Salzburger Land verlassen musste und als Trinker in Ostpreußen angesiedelt wurde. Gut zweihundert Jahre später wurden ihre Nachfahren gezwungen, sich ebenfalls auf den Weg in eine ungewisse Zukunft zu machen.

Vertreibung gab und gibt es noch immer. Überall in der Welt wurden und werden Menschen verfolgt und aus ihrem Land verjagt, begeben sich auf eine leidvolle und gefahrvolle Suche nach einer neuen Heimat.

In Deutschland wird unter dem Begriff vor allem die Flucht, Ausweisung und Zwangsumsiedlung von Deutschen aus den vormaligen deutschen Ostgebieten (Ostpreußen, Pommern, Schlesien) und dem heutigen Tschechien (Sudentenland) verstanden. Doch hat inzwischen auch eine Debatte begonnen, diese in den unmittelbaren Kontext mit den Vertreibungen von jüdischen Deutschen und zahlreichen nichtdeutschen Bevölkerungsgruppen durch Deutsche bis 1944/45 zu stellen.

Der Flucht und der Vertreibung von Deutschen aus den Ländern östlich von Oder und Neiße ging die Massendeportation und die Ermordung von Juden, Polen und Russen in den im Zweiten Weltkrieg von der Wehrmacht eroberten Gebieten voraus. Millionen von Menschen wurden zur Zwangsarbeit in das Deutsche Reich verbracht. Volksdeutsche aus Südtirol und Russlanddeutsche wurden in den eroberten Gebieten im Osten der Reichsgrenze neu angesiedelt und sollten dort neue »deutsche Siedlungsinseln« bilden.

Im Anschluss an den Sieg über die Sowjetunion sollten nach der Vernichtung der europäischen Juden weitere von den Nationalsozialisten als »minderwertig« bezeichnete Rassen, vor allem die slawischen Völker, langsam nach Ostrussland und Sibirien vertrieben werden (Generalplan Ost).

Unter der sowjetischen Herrschaft gab es ebenfalls viele Zwangsdeportationen der als unzuverlässig geltenden Völker, Deportation der Wolgadeutschen, Tschetschenen, Inguschen, Krimtataren, Ingermanländer Finnen, Mescheten, Pontos-Griechen, Kurden sowie vieler Esten, Letten, Litauer und Ukrainer.

Schon viel früher gab es Vertreibungen. Es traf vor allem ethnische und religiöse Minderheiten, Urchristen im Römischen Reich, Juden vom Römischen Reich über das Mittelalter bis heute, Muslime in den von Kreuzzügen betroffenen Gebieten, Friesen und Sachsen unter Karl dem Großen, Katharer, Waldenser, Hutterer, Hugenotten und viele mehr. Und es gab und gibt die Vertreibung und Völkermord an indigenen Völkern während der Besiedlung Amerikas und Australiens und danach, teilweise bis in die jüngste Gegenwart. Viele Indianervölker wurden dauerhaft in Reservate abgeschoben. Im 18. Jahrhundert wurden viele Schotten aus ihrem Hochland vertrieben, 1915 die Armenier aus der Türkei.

In Afrika kam und kommt es auch infolge der europäischen Kolonialherrschaft immer wieder zu Vertreibung, Flucht und Morden von und an verschiedenen Bevölkerungsgruppen.

Auch in unserer jüngeren Vergangenheit bis in die Gegenwart werden Menschen gezwungen, ihre Heimat zu verlassen, so die Palästinenser aus dem ehemaligen Palästina, Juden aus der arabischen Welt, die Vertreibungen im Zusammenhang mit den türkischen-griechischen Konflikten und den Jugoslawienkriegen.

Flucht und Vertreibung haben in unserer Gegenwart ungeheure Ausmaße angenommen. Noch nie waren so viele Menschen wie heute gezwungen ihre Heimat zu verlassen. In den vergangenen zehn Jahren meldet das Flüchtlingshilfswerk der Vereinten Nationen neue Höchstzahlen. Ende 2017 ist die Zahl der gewaltsam vertriebenen Menschen auf 68,5 Millionen angestiegen. Ursachen sind Krieg und Gewalt, Perspektivlosigkeit und Armut, Diskriminierung und Verfolgung, Umweltzerstörung und Landraub sowie Umweltzerstörung und Klimawandel.

Deutschland wurde mit diesem Thema erneut konfrontiert, als vor wenigen Jahren eine Flüchtlingswelle aus dem syrischen Bürgerkrieg einsetzte, die 2015 ihren Höhepunkt erreichte. Hinzu kamen viele

Asylsuchende aus Afrika, die aus Verzweiflung den Weg über das Mittelmeer suchten.

Zu Beginn wurden sie noch freudig aufgenommen. Die Bilder von Flüchtlingen, die von applaudierenden Menschen an Bahnhöfen mit Wasserflaschen und Stofftieren in Empfang genommen wurden, gingen um die Welt. Sie erinnerten mich an die Salzburger Exulaten, die auf ihrer Durchreise durch die deutschen evangelischen Länder begeistert gefeiert wurden.

Doch gleichzeitig gab es eine Gegenbewegung, eine ablehnende bis feindliche Einstellung gegenüber den Asylsuchenden. Einzelne Geflüchtete und ihre Unterkünfte wurden vermehrt von Rechtsradikalen bedroht und angegriffen. In den letzen Jahren wuchs dazu in der Bevölkerung die Angst vor einer Überfremdung und wachsender Terrorgefahr. Die Pegidabewegung und die AfD erstarkten. Inzwischen erringt die rechtspopulistische Partei in einigen Bundesländern immer mehr Wählerstimmen.

Eine feindselige Einstellung gegenüber Vertriebenen und Flüchtlingen war und ist in unserem Land nichts Neues. Die große Zahl der Salzburger Exulatenen wurde von vielen ansässigen Ostpreußen als Konkurrenz um Arbeit und Land gefürchtet, deren fremde Sitten, ungewohnte Sprache und Kleidung abgelehnt. Nach dem Zweiten Weltkrieg fühlte sich eine große Anzahl von Vertriebenen aus den Ostgebieten ebenfalls nicht willkommen wie später viele DDR-Flüchtlinge, die Aussiedler aus Rumänien und den Nachfolgestaaten der Sowjetunion sowie die Bürgerkriegsflüchtlinge aus dem ehemaligen Jugoslawien.

Und wie erlebte nun die Trinkerfamilie ihre zweifache Vertreibung?

Zehn Generationen zählt sie jetzt seit dem Aufbruch aus ihrer österreichischen Heimat. Die beiden Salzburger Bergbauernfamilien vom Zächerlegg- und Kornberghof litten unter dem Verlust ihrer Heimat. Ihr Glaube und die enge Beziehung zu ihren Verwandten und Freunden aus ihrer Heimat wird ihnen die Kraft für den Neuanfang gegeben haben. Es dauerte aber sicher zwei Generationen, bis sie sich nicht mehr als Salzburger, sondern als Ostpreußen gefühlt haben.

Christian Trinker heiratete noch eine Salzburgerin, sein Sohn Mattes bereits eine junge Frau, die aus einer alten ostpreußischen Familie stammte, ihr Sohn Friedrich und der Enkel Paul ebenso. Jetzt waren sie wirklich angekommen. Die Salzburger Herkunft war ihnen weiter noch bewusst, erfüllte sie auch mit Stolz, doch in erster Linie waren sie jetzt Ostpreußen, sprachen auch den einheimischen Dialekt.

Vier Generationen Trinkers lebten in Ostpreußen, in erster Linie Bauern, aber auch Gerichtsdiener, Lehrer, Kantore, Pastoren. Mattes ließ seinen Sohn Friedrich studieren, dessen Töchter und Söhne durften dies ebenfalls. Pauls Söhne Bruno und Ernst folgten der neuen Familientradition, doch die Töchter erhielten keine Chance zu einer besseren Ausbildung, sie würden ja eh heiraten. Und nur ein Sohn konnte den Hof erben.

So verließen in der fünften Generation schon einige Trinker Ostpreußen, um in der Ferne ihr Glück zu versuchen. Allen voran Anna, ihr folgten ihre Geschwister Käthe und Paul, allein oder schon mit Ehepartner, die sich in Berlin eng zusammenschlossen.

Doch die Familien von Ida und Friedrich, Marie und Hans blieben in Steintal, ebenso Erika und Heinz. Rotraut und Bruno lebten in Sensburg.

Mit Beginn des Zweiten Weltkrieges kündigte sich die Katastrophe an. Erst wurden die Männer eingezogen, Bruno, die beiden Heinz, auch noch Paul der Dritte. Die Mütter und Frauen blieben zurück in Sorge um die Söhne. Einer von ihnen starb. Die Front rückte immer näher, und so mussten auch sie schließlich fliehen.

Alle überlebten die Flucht. Der größte Teil der Trinkers siedelte nun in Schleswig-Holstein und Berlin. Doch schon bald wurden neue Heimatorte gesucht, in Hamburg, Bremen, in Nordrhein-Westfalen, Bayern und im Rheinland. Auch sie litten unter dem Verlust der alten Heimat. Die Geschichten aus Steintal wurden immer wieder erzählt, wenn sich die Familie zu gemeinsamen Festen, Trauungen und Beerdigungen traf.

Inzwischen sind die Trinkers auf ganz Deutschland verteilt. Noch gibt es guten Kontakt unter einzelnen Familienmitgliedern, doch viele haben sich aus den Augen verloren. Die dritte bzw. vierte Generation wurde inzwischen schon außerhalb von Ostpreußen geboren, viele andere Familiennamen sind über die Heirat der Trinkerfrauen hinzugekommen. Es gab auch Scheidungen und Neuverheiratungen, unverheiratete Eltern.

Dennoch bleibt die Erinnerung an die fruchtbare und zähe Familie, die zweimal Flucht und Vertreibung erleben musste und jedes Mal in ihrer neuen Heimat wieder Fuß fasste.

Die Geschichte der Frauen

Im Vorangegangenen wurde die Geschichte der Familie Drinkher – Trinker, der Vorfahren meiner Großmutter Anna erzählt. Es ist eine patriarchale Geschichte, denn mit der Weitergabe des Namens über die Ehemänner wurde deren Weg weiterverfolgt. Sie heirateten Frauen, die anders hießen, ihren Namen aber bei der Hochzeit ablegten. Die Geschichte ihrer Familie klingt oft nur kurz an, sie wird nicht beschrieben. Beginnend bei Margaretha Schölperin über Christina Rainerin, Anna Buchsteiner, Barbara Steinlechner, Margarete Reiner, Anna Dorothea Scheel, Luise Werner und Elise Gollmer taucht eine bunte Vielfalt von neuen Namen auf; die Trägerinnen bringen sich in die Trinkerfamilie ein und beeinflussen sie nachhaltig. So sind sie in jeder der nachfolgenden Generationen ebenso vertreten wie ihre Männer, die den Namen Trinker weitergaben.

Daher kommen sie in dieser Geschichte ebenfalls zu Wort. Aufgewachsen in einer Welt, die von der männlichen Sichtweise bestimmt war, heirateten sie in fremde Familien ein, in deren Haus und Hof sie auch nach der Eheschließung zogen. Die Frauen, die einen Trinker heirateten, der einen eigenen Hof besaß, übernahmen als Ehefrauen die Haushaltsführung und Aufsicht über das weibliche Gesinde. Das erfüllte sie mit einem gewissen Selbstbewusstsein und Stolz.

Anders erging es den Schwestern und Töchtern, die keinen Bauern oder Handwerker heiraten konnten, sich als Mägde auf fremden Höfen verdingen oder auf dem heimischen Hof unter der Herrschaft der Mutter oder der Schwägerin weiterleben und arbeiten mussten. Aber dieses Los teilten sie mit den Brüdern, die ebenfalls in der Erbfolge keine Berücksichtigung gefunden hatten.

Die Trinkerfrauen hatten viel Kraft, überlebten alle die erste Geburt und gebaren zumeist viele Kinder. Manche Mütter hatten das Glück, dass alle oder fast alle überlebten; doch in vielen Familien starben eines oder auch mehrere Kinder früh. Auch wenn der Tod in der Vergangenheit häufiger und früher auftauchte, so war es für die Mütter auch damals schwer, ein Kind zu verlieren.

Manchen Frauen, wie auch Barbara, fiel es sicher nicht immer leicht, ihren Männern zu folgen, die ihren Glauben so hoch hielten, dass sie die Ausgrenzung und Verfolgung der ganzen Familie in Kauf nahmen und sogar bereit waren, für ihn ihre Heimat zu verlassen.

Diese Frauen hatten es sicher schwerer, die Strapazen der Flucht zu überstehen und in der neuen Heimat Fuß zu fassen. Immerhin starben fast ein Viertel aller Salzburger während der Vertreibung und in den ersten Jahren der Ansiedlung in Ostpreußen, darunter waren viele Frauen und Kinder. Andere Frauen hatten es leichter, in Ostpreußen zu überleben, waren vielleicht selbst überzeugter vom Glauben oder hatten genug von der Verfolgung in der Heimat, so auch Anna. Sie war zudem froh, dass ihr Mann die Kerkerzeit überlebt hatte.

Doch für beide, Anna und Barbara, und mit ihnen viele andere Salzburgerinnen hieß es, ein vertrautes Land mit einem gut eingerichteten Haus und Hof zu verlassen und in der Fremde neu zu beginnen; lange auszuharren, bis endlich das Land zugeteilt wurde und gemeinsam mit der Familie ein verfallenes Haus wieder aufzubauen, einen neuen Hausstand zu gründen.

Margarethe wurde schon in Ostpreußen geboren, ihre Eltern waren bei der Vertreibung noch jung und bald zu Hause in dem neuen Land. Es wurde noch viel in der Familie über die alte Heimat gesprochen, vor allem von der Großmutter, die ihren Mann früh verloren hatte. In Ostpreußen gehörten sie der »richtigen« Glaubensrichtung an, sie wurden nicht mehr verfolgt. Margarethe wuchs geborgen in der bäuerlichen Großfamilie auf, war Teil der Salzburger Gemeinde und heiratete den aus St. Johann stammenden Christian. Gemeinsam mit ihm bewirtschaftete sie einen kleinen Hof. Sie heiratete in keine Schwiegerfamilie ein, musste sich keiner Schwiegermutter unterordnen. Doch sie mussten beide schwer arbeiten, um ihren Lebensunterhalt zu verdienen, denn der Hof war klein und der Ertrag nicht besonders hoch. Sie bekam neun Kinder, von denen vier früh starben. Um diese wird sie sicher sehr getrauert haben.

Ihre Schwiegertochter Anna wurde die erste Trinkerfrau, deren Familie nicht aus dem Salzburger Land und nicht aus einer Bauernfamilie stammte. Deren Ehemann, Matthes, war eben kein Hoferbe und musste sich eine andere Erwerbstätigkeit suchen. Anna war bereits dreißig Jahre alt, als sie Matthes heiratete. Für die damalige Zeit waren ihre Chancen, noch einen Ehemann zu finden, nicht besonders hoch. So stimmten ihre Eltern, Besitzer einer altangesessenen Bäckerei letztlich der Wahl ihrer Tochter zu, denn als Ratsdiener war der Schwiegersohn sicher nicht standesgemäß. Sein Gehalt war niedrig, die Familie musste mit wenig Geld auskommen. Der älteste Sohn wurde nur fünf Jahre alt, auch Matthes starb früh. So musste die junge Witwe ihre Kinder allein aufziehen.

Glücklicher traf es Luise. Sie stammte aus einer wohlhabenden und toleranten Kaufmannsfamilie, in welcher die Töchter ebenso wie die Söhne eine gute Bildung erhielten. Wie ihre Schwiegermutter Anna zuvor setzte sie ihre Heirat mit einem Trinker gegen den Willen der Eltern durch.

Doch anders als Anna war sie sehr selbstbewusst und lebensfroh, entschied sich früh für den älteren Lehrer Friedrich. Ihre Kinder konnte sie in einem relativen Wohlstand aufziehen, keines von ihnen musste früh sterben. Das musische Leben bestimmte den Alltag der Familie und auch die Töchter erhielten wie ihre Mutter die gleichen Chancen wie die Brüder. Sie starb allerdings wie ihre Schwiegermutter Anna schon im Alter von 56 Jahren.

Elise suchte sich ebenfalls zielstrebig ihren Ehemann aus. Doch war es hier nicht die Bewunderung für den musikalischen und gebildeten jungen Lehrer wie bei Luise, sie verliebte sich in den jungen Landwirt, der als Verwalter auf dem Anwesen der Nadolnys tätig war. Sie wusste von der Verwandtschaft mit der reichen Großgrundbesitzerfamilie und erhoffte sich wohl, dass Paul ihr ein gutes Leben würde bieten können.

So wurde auch sie eine gute Bauersfrau und brachte den ihnen überlassenen Hof zum Blühen. Doch ihren Mädchen gab sie nicht die Chancen, die Luises Töchter bekamen, sie wurden nicht auf Höhere Schulen geschickt wie einige ihrer Brüder. Und groß war ihre Enttäuschung, als ihr Mann erblindete und früh den Hof an den Sohn übergeben musste. Sie wurde herrschsüchtig und hinterhältig und machte ihrer Schwiegertochter das Leben zur Hölle

Auch Anni hatte kein Vertrauen zu ihrer Mutter, verbarg ihre Schwangerschaft vor ihr und floh bei Nacht und Nebel nach Berlin.

Somit gibt es in der Geschichte der Trinkers nicht nur zwei große Vertreibungs- und Fluchtbewegungen, sondern auch die Flucht von Anni aus dem Elternhaus, die sich ganz allein auf den Weg machte. Hier waren es keine Glaubens- oder politischen Gründe, die Anni antrieben. Sie fürchtete die Verachtung und die Bestrafung der Eltern und der Gemeinde, oder die Zwangsverheiratung mit einem ungeliebten Mann.

Doch handelt die Geschichte der Trinkers nicht nur von Vertreibungs- und Fluchtbewegungen, sondern auch von lebendigen, durchsetzungs- und anpassungsfähigen Menschen, die immer wieder in einem anderen Land, unter anderen Lebensbedingungen neu anfangen und Fuß fassen konnten.

Der (freiwillige) Weg der Recherche

Zuerst einmal waren da die Berge. Im Alter von sechs Jahren sah ich sie das erste Mal. Von dem Zeitpunkt an fuhr unsere Familie jedes Jahr zum Wandern nach Bayern oder Österreich. In Bremen ist alles so flach, es gibt nur ein paar kleine Hügel im Bürgerpark oder Worpswede. So stand ich oft am Bahndamm, sah den Zügen nach und träumte mich in die Berge. Denn die ersten Jahre ging es per Bahn an den Tegernsee, zunächst mit dem D-Zug nach München, von dort ein schneller Lauf mit den schweren Koffern zum kleinen Starnberger Bahnhof, mit dem Bummelzug nach Gmund. Und immer wieder der Moment, wenn sich der Blick auf den Tegernsee öffnete mit den dahinterliegenden Bergen, da ging mir schon als kleines Kind das Herz auf. Die Wege auf die Berge waren so leicht, die Erwachsenen liefen so langsam und ich jede Strecke zweimal, vor und zurück, bis sie endlich nachkamen.

Später fuhren wir nach Österreich, Saalfelden und Bad Aussee. Meiner Bremer Freundin schrieb ich täglich lange Briefe und versuchte sie zu überzeugen, dass der Urlaub in den Bergen das Schönste überhaupt sei und beschrieb bis ins Detail jede einzelne Wanderung. Sie war da ganz anderer Meinung, verbrachte sie doch jeden Urlaub mit ihrer Familie an der See und so erhielt ich seitenlange Schilderungen der Tage am Wasser. Wir konnten uns beide gegenseitig nicht überzeugen.

Mein erster Freund liebte ebenfalls die Berge. Ihm folgte ich zum Psychologiestudium nach München. Auch wenn die Beziehung nicht lange hielt, war ich erst einmal da und die Alpen nicht mehr so fern.

Ein zweiter Weg eröffnete sich mir über die vielen Erzählungen meines Vaters. Seine Mutter, Anna Trinker, lebte mit ihrer Familie in Berlin, stammte aber aus Ostpreußen. In jedem Sommer fuhr sie gemeinsam mit ihren beiden Kindern in ihren Heimatort. Von diesen Reisen berichtete mein Vater, auch von der Geschichte der Großeltern. So sah ich den einen Großvater im ostpreußischen Gutshaus Klavier spielen und der Großmutter den Kopf verdrehen, ihre heimliche Flucht nach Berlin mit dem versteckten, schwangeren Bauch, den Opa auf der Operettenbühne und später als Klavierspieler bei den Stummfilmvorführungen.

Später ließ sich die jüngere Schwester meiner Großmutter mit Mann und Sohn in meiner Heimatstadt nieder. So erlebte ich hier Hochzeiten, Taufen und Beerdigungen und immer tauchte der Rest der Sippe auf und brachte den familieneigenen Pastor gleich mit. Alle diese Feiern verliefen nach einem ähnlichen Muster: Am Anfang waren alle noch recht steif, aber nach der Erfüllung des Pflichtteils, der ja meist in der Kirche und manchmal auch auf dem Kirchhof stattfand, versammelten sich im Haus meiner Großtante alle um den großen Tisch zum Essen. Hinterher wurden die Schnäpse serviert. Dann löste sich die Stimmung, vor allem bei den Beerdigungen. Alte Geschichten machten die Runde und es wurde immer lauter.

Als Kind saß ich dabei und staunte über die Veränderungen der Verwandten. Wie sich so viele Menschen in so kurzer Zeit verwandeln konnten! Die blassen, verweinten Gesichter röteten sich, die Augen blitzten. Die zuvor noch so verhaltenen Ostpreußen wurden immer lebendiger, lachten laut, klatschten sich auf die Knie und stießen ihre Nachbarn an. Zum Schluss bei der Verabschiedung waren alle erschöpft, aber selig und es wurde einander versprochen: Bei der nächsten Beerdigung sehen wir uns wieder.

Dann verließ ich Norddeutschland und studierte in München. Ab dieser Zeit gab es Trinker-Familientreffen, zu denen ich aber nie fuhr. Denn die späteren Berichte meines Vaters warfen kein so positives Licht auf die ostpreußische Verwandtschaft. Ich hörte von den verarmten Höfen, deren Bewohner Hitler die Schulden erlassen hatte. Aus Dankbarkeit waren fast alle ostpreußischen Bauern Hitler ergeben gewesen. Ich übertrug dies auf die Trinkers und wollte mit der vermeintlich »braunen« Verwandtschaft nichts zu tun haben. Selbst mit der Studentenbewegung verbunden war ich weit von ihnen entfernt. Doch die ostpreußischen Geschichten meines Vaters vergaß ich nicht und erzählte sie später auch meinen Kindern.

Ich erinnerte mich auch an seine Erzählungen von der Salzburger Herkunft der Trinkers, die wegen ihres evangelischen Glaubens zu Beginn des 18. Jahrhunderts aus Österreich vertrieben worden waren. Einer der ahnenforschenden Verwandten hatte sogar den Stammsitz der Familie im Salzburger Land gefunden. Er lag abseits, hoch in den Bergen. Die Trinkers hätten einst Trinkler geheißen, das »L« im Namen hatten sie wohl auf der Flucht verloren.

Der Name Trinkler war mir sympathischer, er klang für mich viel mehr nach Österreich und lud weniger zu Alkoholiker-Assoziationen ein.

Der Salzburger Hintergrund brachte mir diesen Familienzweig wieder sehr viel näher, denn, wie gesagt, ich liebte schon als Kind die bayerischen und österreichischen Berge. In meinen inneren Bildern lebten die Trinklers auf einer Alm in einem wunderschönen Bergbauernhof, umgeben von satten, grünen Wiesen, mit Blick auf die Stadt Salzburg. So war ich ja nicht ohne Grund zum Studium nach Süddeutschland gezogen.

2004 nahm ich als Co-Leiterin an einem Seminar zum Thema Kriegskinder teil. Gut fünfzig Jahre nach Kriegsende war es vielen Menschen, die Krieg und Vertreibung erlebt hatten, erstmals möglich, über ihre Erfahrungen zu sprechen. Auf diese Weise wurden auch die Erinnerungen an die Erzählungen meines Vaters über die Vertreibung der Trinkerfamilie wieder wach.

Kurz darauf besuchte ich das erste Mal ein Familientreffen und begegnete einer großen Familie, lebenslustig und alles andere als braun. Viele der Trinkermänner hatten wie mein verstorbener Vater ihre Haare früh verloren und erinnerten mich auch sonst an ihn.

Die verlorene Heimat war ein wichtiges Thema, viele Erinnerungen wurden gerade von den älteren Familienmitgliedern ausgetauscht. Doch die jüngere Generation wurde bereits in der Bundesrepublik geboren und kannte Ostpreußen nur noch aus Erzählungen der Verwandten und Reisen nach Masuren.

Über die Vertreibung selbst wurde nicht mehr gesprochen, auch die wenigen noch lebenden Familienangehörigen mochten nur noch ungern davon berichten, die Erinnerung an die erlittene Not, die Wiederbegegnung mit Angst und Tod waren zu leidvoll.

Zweimal mussten die Trinkers ihre Heimat verlassen, zuerst das Salzburger Land und gut zweihundert Jahre später Ostpreußen. Wie hatten die einzelnen Familienmitglieder dies verkraftet, wie war es ihnen ergangen? Wie ist es, aus religiösen und politischen Gründen vertrieben zu werden?

Und noch etwas lud zur Beschäftigung mit dem Schicksal der Salzburger Exulanten ein: Mein Mann selbst stammt aus einer katholischen Familie, die zusammen mit vielen anderen fast zur selben Zeit wie die Salzburger ihre belgische Heimat verlassen hatten und vom Abt von Seligenstadt in dem durch die Pest entvölkerten Raum in der Nähe von Offenbach angesiedelt wurde. Noch ist nicht klar, ob es auch hier religiöse Gründe waren, die zur Vertreibung der Katholiken aus einer evangelisch regierten Region führten, oder die Wallonen aus wirtschaftlicher Not den Weg in eine neue Heimat wagten.

Es hatten sich schon einige Trinkers und angeheiratete Verwandte auf die Suche nach den Vorfahren gemacht. So standen mir einige Unterlagen zur Verfügung, die den Ausgang der Nachforschungen bildeten. Es gab aber auch viele Lücken und Rätsel, die genaue Herkunft der ostpreußischen Trinkers war nicht eindeutig. Der Abgeordnete Johannes sollte der Stammvater sein, dann aber auch wieder nicht. Wer war es nun wirklich?

Die Suche gestaltete sich so spannend wie ein Kriminalroman. Der Weg führte über das Salzburger Landesarchiv, das Leipziger und evangelische Zentralarchiv zum geheimen Staatsarchiv in Berlin bis hin zu den Mormonendateien.

Allein der Eintritt in die Archive gestaltete sich als ein Eintauchen in eine eigene, neue Welt.

Große trutzige Gebäude, aus allen Epochen, gut gesichert, die Eingänge nicht immer leicht zu finden. Immer führte der Weg über einen Pförtner, der in den weiteren Weg einwies. Über die Garderobe, die Schließfächer bis in den Lesesaal, einem stillen Ort voller Tische mit Bildschirmen und konzentriert arbeitenden, forschenden Menschen. Oft wurden wir von den eingeweihten Mitarbeitern freundlich behandelt, die viele Hilfestellungen gaben und geduldig alle Fragen beantworteten, manchmal auch schulmeisterlich von oben herab. Viele Zettel mussten ausgefüllt werden, zur Anmeldung und zur Ausleihe der alten Bücher und Mikrofilme. Nach ihrer Abgabe, wieder an einem oder verschiedenen Orten, hieß es warten, bis das Gesuchte gebracht wurde. Und dann endlich lagen die alten, verstaubten, oftmals auch fleckigen, brüchigen Bücher vor uns/mir oder es wurden die Filme eingelegt. Dann wurde gesucht, geblättert, oft viele Seiten ohne Erfolg, bis die Augen brannten. Die Schriften waren oft schwer zu entziffern, mit kratzender Feder geschrieben, eng und mit vielen Tintenklecksen. Dann gab es wieder die Erleichterung, wenn der Dokumentierende sich mehr Mühe gegeben hatte, die Listen in Schönschrift geführt und sogar noch Register angelegt worden waren. Und wie groß war die Freude, wenn der Name Trinker doch noch auftauchte und sich als einer der zur Familie gehörenden erwies und Kopien gemacht werden konnten.

Meistens verging die Zeit wie im Fluge und erst nach vielen Stunden war die Rückkehr ins Sonnenlicht ein richtiger Schock, meistens begleitet von einer zufriedenen Erschöpfung, vor allem, wenn die Suche erfolgreich war.

Die Suche im Internet war weniger spektakulär, aber auch erfolgreich. Immer wieder gab es neue Hinweise auf Literatur und Datenbanken, so auch auf die Mormonendatei, in der noch eine große Anzahl von Trinkers zu finden war, von deren Existenz noch niemand wusste.

So schlossen sich viele Lücken, wurde einiges klarer, aber es entstanden damit auch immer neue Fragen.

Und ich begann im Internet auch nach dem Ursprung des Namens Trinker zu forschen. Das erwies sich als äußerst schwierig. Erst einmal wurde ich auf eine Menge Entzugskliniken verwiesen.

Auf der Rückreise von einem Wanderurlaub fanden mein Mann und ich die Bergbauernhöfe, von denen die beiden Drinkherbrüder Johannes und Wolfgang stammten. Sie heißen immer noch Kornberghof und Hof Zächerlegg und sind so noch in den Karten und Wegweisern verzeichnet. Sie liegen hoch über dem Tal mit einem unglaublichen Ausblick auf die umliegenden Berge. Zwar kreuzt das Tal jetzt eine intensiv befahrene, laute Autobahn, doch wir konnten ein inneres Bild von dem stillen, grünen Tal aus der Zeit vor zwei-, dreihundert Jahren entwickeln, als nur das Rauschen des Baches, das Klingen der Kuhglocken und das vereinzelte Singen der Vögel zu vernehmen war.

Auch die Gebäude sind nicht mehr die alten, welche die Trinkers 1732 verließen. Aber noch immer liegen die Höfe abgelegen, wie früher gehört viel Land dazu.

In Kamionken/Ostpreußen fanden mein Mann und ich vom Trinkerhof nur noch die Scheune vor. Aber wir trafen den jetzigen Besitzer nicht an und ein wild bellender Hund jagte uns schnell vom Gelände. Doch wir bekamen einen Eindruck von den bunt blühenden leicht hügeligen Wiesen und Äckern hinter dem Hof, die bis zum Wald reichten, den vielen Seen und der Weite der wunderschönen masurischen Landschaft.

Noch einmal machte ich mich im Frühjahr 2011 auf den Weg nach Ostpreußen, dieses Mal mit dem Cousin meines Vaters, Paul, und besuchte mit einer Gruppe von gut fünfzig Mitreisenden Masuren. Paul zeigte mir seine Heimat, auch den Hof, von dem er und meine Großmutter stammten. Wir sahen die alte, gemauerte Scheune und das kleine Insthaus, in dem heute die Witwe des ukrainischen Bauern lebt, der gemeinsam mit seiner Familie den Hof nach der Vertreibung der Trinkers übernommen hatte. Sie war eine liebe, noch sehr lebendige alte

Frau, die uns trotz ihrer Armut mit viel Wodka und großen Fleischplatten bewirtete. In den siebziger Jahren besuchte Paul sie und ihren Mann das erste Mal und ist seither in Freundschaft mit ihnen verbunden. Jetzt nach dem Tod ihres Mannes freut sie sich besonders über die finanzielle Unterstützung von Paul und anderen Besuchern.

Von der üppigen Tafel im kleinen Insthaus führte mich Paul auf seinen Heimathof und schilderte mir, wie der Hof einmal ausgesehen hatte. Es war zwar außer der schönen alten Scheune nichts mehr zu sehen, aber vor meinem inneren Auge entstanden die anderen Gebäude, das Gutshaus, die Ställe, der Blumen- und der Gemüsegarten und ich sah die alten Bewohner, Erwachsene und Kinder und die vielen Tiere in ihrem Leben auf diesem Hof.

Paul hatte mir bereits einiges von seiner Jugend in Ostpreußen erzählt, auch schon viele der Geschichten aufgeschrieben und eine Schrift zur Vertreibung der Bewohner Kamionkens verfasst. Nur die Flucht hatte er selbst nicht miterlebt, da er als junger Soldat bereits vorher die Familie verlassen musste. Aber es gibt noch einige Verwandte, die mit auf dem Treck waren und die ich noch interviewen konnte.

In gut zwei Jahren entstand so ein Bild von sieben Generationen, ein Stammbaum von über dreihundert Verwandten, die im Salzburger Land noch Drinkher hießen (nicht Trinkler). Die Geschichte der Zeit kam hinzu, Bilder aus diesen Epochen und Erzählungen. Diese luden ein zu eigenen Imaginationen, einem inneren Film, der sich mit dem Leben dieser Menschen füllte.

Und so beginnt die Geschichte in Österreich am Ende des siebzehnten Jahrhunderts mit Christina und Martin Drinkher, meinen Urururururur-Großeltern.

Danksagung zur 2. Auflage

Der Roman zur Geschichte der Familie Trinker erschien erstmals 2011 im Schardt-Verlag Oldenburg. Er ist inzwischen vergriffen. Seither wurde ich immer wieder von Interessenten angesprochen, die bedauerten, das Buch nicht mehr erwerben zu können. Daher freue ich mich, dass der Verlag Edition Falkenberg die Unfreiwilligen Wege noch einmal auflegen wird. Linda Falkenberg lektorierte den Text erneut sorgfältig. Dafür möchte ich mich herzlich bedanken.

2005 begann ich mit der Recherche zur Geschichte der Familie. So wuchs ein großer Stammbaum und ich beabsichtigte, eine Zusammenfassung des Weges der Trinker für die Angehörigen zu schreiben, aber dann zog es mich immer mehr in die Geschichte hinein.

Dass daraus dieses Buch wurde, habe ich vielen Menschen zu verdanken:

Der erste Dank gilt meinem früh verstorbenen Vater, an dessen lebendige Erzählungen über seine Ferienzeiten in Ostpreußen ich mich gerne erinnere.

Bedanken möchte ich mich auch bei meinem Großcousin Paul Trinker, das lebende und sehr lebendige Gedächtnis der Familie. Von ihm bekam ich viele Unterlagen, darunter Ergebnisse früherer Recherchen, aber auch von ihm verfasste Texte zu seinem eigenen Leben, zur Geschichte Steintals und der Flucht aus seinem Heimatort. Er malte Pläne von Haus und Hof und erzählte mir viele Geschichten aus seiner Kindheit und Jugend. Inzwischen ist er über 90 Jahre alt und immer noch der Mittelpunkt seiner großen Familie.

Seine Frau Elfi bekochte uns wunderbar bei meinen Besuchen in Nortorf, so dass Paul und ich uns gestärkt der Familiengeschichte widmen konnten, auch ihr vielen Dank!

Beide waren zusammen mit ihrem Sohn Horst und Maren das Herz der Reisegruppe nach Masuren. Sie brachten uns gemeinsam dieses schöne Land näher.

Mein Dank gilt auch vielen Mitgliedern der großen Trinkerfamilie. Sie berichteten sehr eindrücklich von der Flucht aus Ostpreußen, die sie noch als Kinder oder Jugendliche miterlebt hatten, oder schickten mir dokumentarische Filme über die Kriegs- und Nachkriegszeit.

Inzwischen sind einige Familienmitglieder verstorben, neue hinzugekommen. Die Familie entwickelt sich immer weiter!

Gemeinsam mit meinem Mann Winfried fuhr ich zu den ursprünglichen Lebensorten der Drinkher im Salzburger Land und der Trinker in Masuren. Er suchte mit mir zusammen so manches Archiv auf und ermutigte mich immer wieder weiterzuschreiben. Herzlichen Dank, Winfried!

Liebe Freundinnen und Freunde lasen den entstehenden Text, ermutigten mich zum Weiterschreiben und gaben mir wichtige Anregungen.

Dieses Buch widme ich meinen Kindern und Enkelkindern, auf dass sie ihren Lebensweg in Freiheit gestalten können.

Literatur

Max Beheim-Schwarzbach: Friedrich Wilhelm's Colonisationswerk in Lithauen, vornehmlich die Salzburger Colonie; Königsberg 1897; Reprint Leipzig 2005

Michael Becker und Monika Gaurek: Das Salzburger Freilichtmuseum in Großgmain; Hallein 2002

Gerhard Florey: Geschichte der Salzburger Protestanten und ihrer Emigration 1731/32; Graz 1986

Gerhard Gottlieb Günther Göcking: Der vollkommenen Emigrationsgeschichte von dem Erz-Bißthum Saltzburg vertriebenen und in dem Königreich Preußen grössten Theils aufgenommenen Lutheraner, Zweyter Theil; Frankfurt und Leipzig 1737

Hermann Gollup: Stammbuch der ostpreußischen Salzburger, neu herausgegeben vom Salzburger Verein; Bielefeld 1956

Friedrich Wilhelm Henning: Bauernwirtschaft und Bauereinkommen in Ostpreußen im 18. Jahrhundert, Würzburg 1969

Kenkel, Horst: Amtsbauern und Kölmer im nördlichen Ostpreußen um 1736 nach der »Repeuplierung« des Destrikts Litauen, Sonderschrift 23 des Verein für Familienforschung in Ost- und Westpreußen e.V., Hamburg 1972

Andreas Kossert: Masuren, Ostpreußens vergessener Süden; München 2001

Andreas Kossert: Ostpreußen, Geschichte und Mythos; München 2008

Andreas Kossert: Kalte Heimat, die Geschichte der deutschen Vertriebenen nach 1945; München 2009

Angelika Marsch: Die Salzburger Emigration in Bildern; Weißenhorn 1977

Manfred Nolde: Die Salzburger Emigranten: Alphabetisches Register und Quellenauszug der Personennamen in den Salzburger Emigrationslisten; Schwarzwald 1992

H. von Redern: Heimatsucher; Frutigen 1983

Reformation – Emigration, Protestanten in Salzburg, Ausstellung 21. Mai – 26. Oktober 1981 Schloß Goldegg-Pongau, Land Salzburg ; Salzburg 1981

Hans-Georg Tautorat: Um des Glaubens Willen, Toleranz in Preußen – Hugenotten und Salzburger; Düsseldorf 1985

Paul Trinker: Lebenserinnerung und Kriegserlebnisse; Selbstverlag

Paul Trinker: Flucht aus Steintal; Selbstverlag

Paul Trinker: 550 Jahre Steintal; Nortorf 1986

Ruth Maria Wagner und Hans-Ulrich Stamm: Die letzten Stunden daheim, Ostpreußens Schicksal in schwerer Zeit; Köln 1972

Max Walker: Der Salzburger Handel, Vertreibung und Errettung der Salzburger Protestanten im 18. Jahrhundert; Göttingen 1997

Verzeichnis derer zu freyem Kauff feil stehenden Güter der Emmigranten; Salzburger Landesarchiv

Karten

St. Johann / Salzburger Land, Kompass Wanderkarte; Innsbruck 2010

Straßenkarte Polen-Südliches Ostpreußen, (zweisprachig); Höfer Verlag 2005

Straßenkarte Polen- Nördliches Ostpreußen (zweisprachig); Höfer Verlag 2005

Die Familie Trinker im Salzburger Land

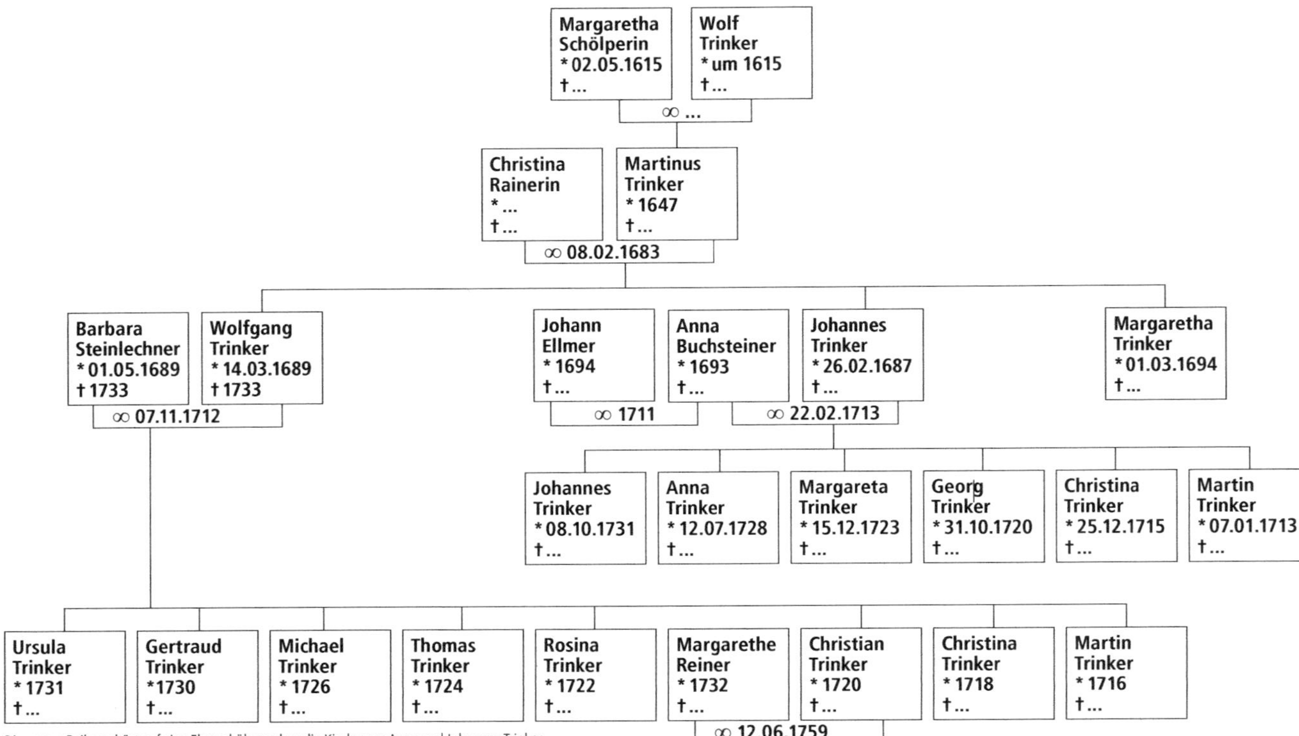

Die untere Reihe gehört auf eine Ebene höher neben die Kinder von Anna und Johannes Trinker.

Aus Drinkher wird Trinker – Die Familie in Ostpreußen – 6 Generationen

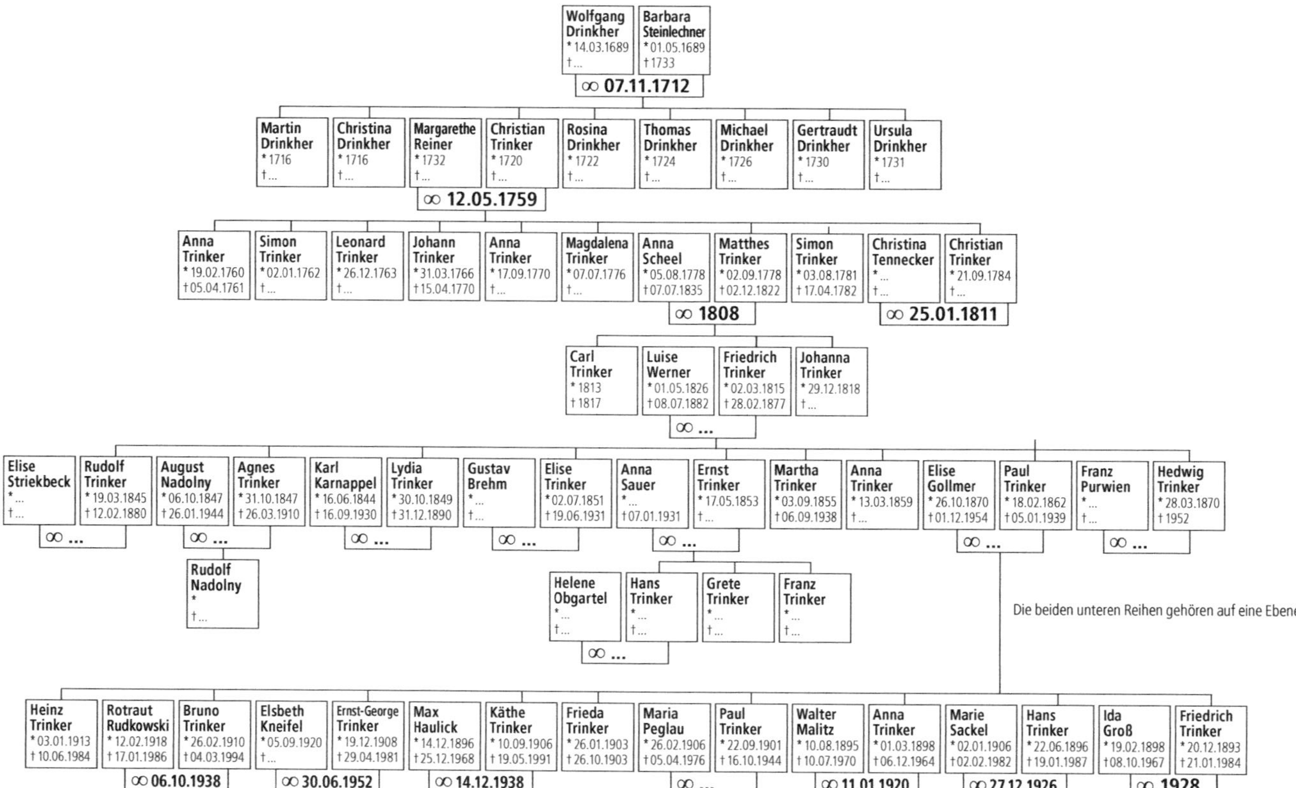